SFRATTATI

Quando arriva l'ufficiale giudiziario

GIUSEPPE MAROTTA

"La casa di un uomo è il suo castello."
E. Coke

"In casa mia meglio una rapa...
che all'altrui mensa tordo, starna o porco."
L. Ariosto

"In ogni casa c'è anche l'orrore della famiglia che vi è
inserita, il bisogno della fuga, tutti gli umori suicidi."
Marguerite Duras

"Anche un buco va bene, datemi un buco che mi adatto"
Silvia, una sfrattata

Prologo

"Le voci, le facce e le leggi della strada messe in pagina da uno che ha saputo ascoltarle con la giustizia del cuore e riferirle ai lettori con il passo sicuro del narratore"
Piero Colaprico - la Repubblica

◆ ◆ ◆

"Ogni mattina rovisto nella sporcizia delle vite altrui: di quelli che non rispettano i contratti, di quelli che non versano l'affitto, di quelli condannati a risarcire un danno che non voglio risarcire, o di quelli che non pagano le cambiali.

Ispeziono i loro appartamenti, frugo nei loro cassetti, infilo le mani nelle loro tasche. Ci vuole tatto per entrare in casa di sconosciuti da soli, senza scorte e chieder conto di un debito, minacciare un pignoramento o un sfratto.

Ci vuole tatto e coraggio. Bisogna entrarci in punta di piedi nelle case altrui. Anche questo fa parte del mio mestiere. In questi ultimi tempi, sempre più spesso, do ordine a fabbri solerti di cambiare le serrature di appartamenti oggetto di sfratto, perchè io sono un ufficiale giudiziario e sono pagato per eseguire tutto ciò.

Si dice che il mio sia il classico lavoro sporco che qualcuno deve pur fare. Ma vi assicuro che non è così: la professione è nobile e di ben altra pasta"

CONTENTS

Un'aquila che non sa volare

Io sono un'aquila che non sa volare.
Due volte a settimana vado in carcere e ci resto per un paio d'ore. Le guardie oramai mi lasciano entrare senza troppe formalità. «Conosco la strada» gli dico dall'altra parte del vetro e loro alzano la mano per salutarmi, poi schiacciano il bottone e la porta automatica lentamente si apre. Da lì, percorro il viottolo accanto alla rimessa dei pullman della polizia penitenziaria, quindi attraverso un atrio all'aperto fino alla palazzina dei reparti. Lì, un altro agente mi apre il cancello e, a passo lento, m'incammino lungo un corridoio dalle pareti robuste, da cui giungono rumori ovattati. All'altezza di ogni reparto mi fermo, mi avvicino al piantone e gli leggo la lista dei miei clienti. Lui schiaccia il bottoncino che apre il microfono e inizia a chiamarli: uno dopo l'altro, scandendo per bene prima il cognome e poi il nome.

I primi clienti arrivano pochi minuti dopo: uscire dalla cella è sempre un gran piacere. Si precipitano verso il corridoio, tutti baldanzosi, ed entrano nella stanzetta, in cui li attendo, con il viso acceso di speranza: non si sa mai che ci sia un indulto o un'amnistia dell'ultimo governo. Sono educati, i miei clienti: salutano e si avvicinano a me, garbatamente.

Ignorano che ad aspettarli ci sia l'aquila che non sa volare: l'*Aquila nera*, come mi chiamano lì dentro, perché il nero è segno di lutto, di cattivi presagi. E nera è la cronaca dei giornali che racconta dei loro misfatti. Ogni detenuto sa che quando arriva l'Aquila nera deve prepararsi al peggio: ci potrebbe essere una citazione che li chiami in giudizio, nuovi capi d'imputazione; oppure una richiesta di testimonianza in un processo contro un affiliato del proprio clan o nei confronti di un compagno di rapina; ci potrebbe essere il rigetto di un'istanza per un permesso d'uscita, o un appello del pubblico ministero che chieda un inasprimento della condanna; ci potrebbe essere la domanda di separazione da parte della moglie stanca di aspettare la fine della pena; oppure una richiesta di pignoramento per debiti lasciati fuori, prima dell'arresto; o peggio ancora l'intimazione dello sfratto dall'appartamento che occupava quand'era in libertà, come quella che ho notificato stamattina a Maurizio, ospite del terzo reparto.

È arrivato di corsa, Maurizio, in tuta e scarpette da ginnastica. Era nel campo di calcetto e aveva ancora il fiatone. Avrà avuto una quarantina d'anni, era abbronzato e aveva la faccia di chi si trova nel posto sbagliato.

«Com'è possibile?» mi ha chiesto. «È solo da due mesi che non pago: da quando sono finito qui.»

«Non lo so, guardi, provi a sentire il padrone di casa» ho risposto.

«L'ho chiamato, per dirgli di aver pazienza ma non mi risponde.»

«Non so che dirle » ho ribadito.

«Ma lei è andato anche a casa di mia madre, in viale Certosa?» mi ha chiesto preoccupato.

«No. Mi hanno indirizzato qui. Presumo che sia lei il titolare del contratto d'affitto, giusto? È lei il conduttore?»

«Sì, sono io. Sa, mia madre ha settant'anni» ha precisato, «se legge una cosa del genere muore. Gliene ho fatte passare già tante: spero che non ci andrà.»

«Se non mi presenteranno una citazione anche per sua madre, stia tranquillo, non ci andrò» l'ho rassicurato.

«Io vorrei, ma non ci riesco. Mia madre è da sola, adesso: se le viene un malore nessuno se ne accorge, capisce?»

L'ho guardato: era accigliato e si tormentava le mani. Così mi è venuta una gran voglia di chiedergli perché mai non ci avesse pensato prima a sua madre, prima che lo sbattessero in galera.

«Come mai è qua?» gli ho chiesto.

Lui ha sorriso leggermente: «Ho fatto una cazzatta Grossa». Poi si è fermato.

«Cioè?» ho chiesto.

«Ho subaffittato il mio box a un amico che trafficava stupefacenti. Mi dava duemila euro al mese» ha spiegato.

«Il box della casa in cui sta sua madre?» ho domandato.

E lui ha confermato: «Sì. L'ho fatta grossa, lo so. Era un periodo che mi andava tutto storto. Sono stato licenziato perché la ditta ha chiuso per la crisi. E da quel momento con mia moglie le cose si sono incrinate. La separazione è stata una guerra. Ho cercato di ottenere l'affidamento di mia figlia, ma non ci sono riuscito: gli avvocati volevano un sacco di soldi. Sono ritornato a vivere da mia madre nella casa che le avevo preso in affitto dopo la morte di papà, e così quando quest'amico mi ha proposto di affittargli il box ho accettato. Ero incensurato e insospettabile, mi aveva rassicurato lui. E invece una mattina sono arrivati i Gico della guardia di finanza e la festa è finita. Mi ricordo ancora la faccia incredula di mia madre, disperata. Come piangeva. E da quel giorno non ho più rivisto la mia bambina. La mia ex moglie non vuole che venga qui dentro, con mia madre. E forse ha ragione. Ma io ho diritto a vederla, mi ha detto l'avvocato. E spero che prima o poi qualcuno riesca a portarmela ai colloqui.»

Ecco, questo è il mio lavoro: porto in giro cattive notizie, recapito grane non da poco e raccolgo gli sfoghi altrui. Rincorro debitori incalliti o incolpevoli, e sfratto inquilini morosi: dentro, ma soprattutto fuori dal carcere.

«Rimetti a noi i nostri debiti come noi li rimettiamo ai nostri debitori», recita il *Padre Nostro*. Se così fosse, dico io, dovremmo essere tutti perdonati e a nostra volta dovremmo assolvere gli altri, per i debiti che non abbiamo mai riscosso e per i torti subiti. Se così fosse dovremmo vivere nella pace di Dio. Ma le parole delle preghiere si sprecano quaggiù, e non bastano le omelie di papa Francesco e la maggioranza cattolica di questo Paese. Non bastano. I versi delle preghiere volano via, si mischiano con lo smog di questa città e anneriscono, come le mie ali: le ali dell'Aquila nera.

E così ogni mattina, rovisto nella sporcizia delle vite altrui: di quelli che non rispettano i contratti, di quelli che non versano l'affitto, di quelli condannati a risarcire un danno che non vogliono risarcire, o di quelli che non pagano le cambiali e gli assegni che mi accingo, senza indugio, a protestare. Ispeziono i loro appartamenti, sbircio nei loro armadi alla ricerca di gioielli e altri beni preziosi da pignorare. Frugo nei loro cassetti, infilo le mani nelle loro tasche. Come un bambino goloso, raschio il fondo del loro bicchiere di nutella oramai vuoto: il fondo delle loro ultime risorse. Varco la soglia di case in cui aleggia la disperazione più cupa: case abitate da famiglie devastate dai debiti, monolocali occupati da mamme disperate, da padri ritornati improvvisamente single, da bambine orfane con genitori ancora vivi. E in questi ultimi tempi di crisi m'intrufolo sempre più spesso negli alloggi di disoccupati depressi, di cassintegrati avviliti, di coppie licenziate nello stesso giorno dalla stessa fabbrica in cui si erano conosciuti, in cui si erano innamorati: la stessa fabbrica su cui avevano scommesso prima di metter su famiglia. In questi ultimi tempi, sempre più spesso, do ordine a fabbri solerti di cambiare le serrature di appartamenti oggetto di sfratto, perché io sono un ufficiale giudiziario e sono pagato per eseguire tutto ciò.

Si dice che il mio sia il classico lavoro sporco che qualcuno deve pur fare. Ma vi assicuro che non è così: la professione è nobile e di ben altra pasta.

In fondo, io mi occupo di ripristinare un diritto leso, accertato da un giudice con una sentenza. Null'altro. Restituisco il dovuto, perseguo il sopruso. Se c'è un debitore è perché da qualche parte c'è un creditore in attesa di essere soddisfatto: un operaio privato del suo stipendio, una società sull'orlo del fallimento, un proprietario vessato dalla banca per le rate del mutuo acceso su un appartamento dato poi in affitto a un inquilino diventato ben presto moroso.

Ci vuole tatto per entrare in casa di sconosciuti, da soli,

senza scorte, e chieder conto di un debito, minacciare un pignoramento o uno sfratto. Ci vuole tatto e coraggio. Bisogna entrarci in punta di piedi nelle case altrui. E dicono che occorra una laurea. Io l'avevo, ed è forse per questo che sono finito qua. Anche se a volte mi soffermo a pensarci per bene, e vorrei scoprire in quale giorno ho abbandonato i miei sogni. In quale incrocio ho sbagliato direzione, in quale punto la strada mi ha tradito. Quando ho detto addio ai miei desideri e in quale buca li avrò mai seppelliti? In nome di che cosa ho lasciato che i miei progetti svanissero?

Io che sognavo una vita diversa. Che sognavo di scrivere romanzi, oggi scrivo relazioni di notifiche, verbali di sequestri, di pignoramenti, di rilasci di immobili. Immaginavo una vita dissennata, una vita da grande romanziere alla Bukowski: puttane e grandi bevute; una vita avventurosa, alla Hemingway: caccia grossa, Cuba, belle donne; oppure raffinata, alla Scott Fitzgerald: cocktail party, jazz, donne aristocratiche, e invece mi ritrovo impiegato in tribunale.

Quante ambizioni vengono represse dall'esigenza di portare un piatto caldo e un po' di pane sulla tavola dei nostri figli. Soffocate dalla necessità di pagare un mutuo trentennale per un appartamento che sarà nostro qualche mese prima di andare in pensione. Forse. Ambizioni accartocciate e buttate nello scarico del cesso in nome del posto fisso, dell'impiego statale, «dello stipendio assicurato», come diceva mia madre. Ma i sogni spezzati, prima o poi, tirano calci; i desideri inappagati riemergono sempre, sotto forma di chiazze rossastre sulla faccia, o con il fuoco che prende alla bocca dello stomaco.

«Con il lavoro che fa, l'ulcera è il minimo» mi rassicurò uno specialista un paio d'anni fa. «E mi raccomando una controllata alle coronarie, ogni tanto» concluse mentre m'invitava a rivestirmi. Ma come ho fatto a cacciarmi in questa situazione? mi chiedo spesso. Come ho fatto a diventare un'Aquila nera?

Commesso giudiziario a milano

Presumo che tutto abbia avuto inizio con un dettato. Era il 1991 quando superai il mio primo concorso pubblico nell'allora ministero di Grazia e Giustizia. Fu sufficiente possedere il diploma di licenza elementare e scrivere un dettato coi fiocchi, per essere assunto. Uno spasso, credetemi. Nessuna prova orale, solo un bel favoloso dettato in cui scrissi senza sbagliare: stazione, con una sola z; soqquadro con due q e infilai nel verso giusto una quantità discreta di a con l'acca, o senza, laddove erano richieste.

All'epoca frequentavo il terzo anno di Scienze politiche: avevo già superato un po' di esami ed ero pronto, se mi avessero attribuito un punteggio inferiore a dieci decimi, a presentare un mega ricorso agli organi competenti, come recitava il bando. Ma non ce ne fu bisogno, mi assunsero in prima battuta.

Tra l'altro, in quel periodo ero un mago dei concorsi pubblici, un'artista della carta bollata. Ogni lunedì mattina correvo in edicola a comprare: *Concorsi per tutti* e *il Posto*. Non ne perdevo un'uscita. Poi trascorrevo la settimana a battere a macchina domande di partecipazione, e a spedire raccomandate ai ministeri. In quegli anni le domande di partecipazione ai concorsi pubblici andavano redatte su carta bollata da cinquemila lire, o anche più.

Calcolai che, subito dopo la licenza liceale, spedii più di cento domande di ammissione ai concorsi pubblici. Una bulimia da carta bollata per il portafogli anoressico di mio padre, che pagò quel tributo come fosse una forma d'investimento che andai a riscuotere, neanche lo avesse già saputo, un anno dopo la sua morte.

In Campania, la mia regione, alla fine degli anni ottanta la disoccupazione toccava punte del trentasette per cento, ventidue più del dato nazionale. Una regione depressa, come sempre. E io quella penuria di lavoro l'ho combattuta inviando una quantità industriale di domande ai concorsi pubblici. A tutti. Nonostante frequentassi l'università e avessi grandi progetti da realizzare, presentai domanda per essere ammesso alla selezione di dieci bidelli all'università di Bologna. Se mi avessero assunto, sarebbe stato perfetto, avrei lavorato e seguito i corsi contemporaneamente: l'unico studente retribuito dall'università italiana.

Alla fine, vinsi il concorso più semplice, quello del dettato. E fui mandato a Milano: commesso giudiziario presso la Corte d'Appello. Era la qualifica più bassa, quella di commesso giudiziario: ma si dice che le montagne si scalino partendo dalla pianura. E io iniziai a scalare. Era il mese di novembre del 1991, da lì a poco sarebbe scoppiata Mani pulite: la più grande inchiesta giudiziaria sulla corruzione e sul finanziamento illecito ai partiti in Italia.

Mi sentii catapultato al centro della storia nazionale. Nel palazzo di giustizia di Milano stava accadendo qualcosa di epico e io ero in prima fila a godermi lo spettacolo della caduta delle statue del CAF: Craxi, Andreotti, Forlani. Assistevo alla liquidazione del Partito socialista italiano, protagonista sciccoso degli anni ottanta; alla fine ingloriosa della Democrazia cristiana, il partito pigliatutto; al dissolversi del Partito liberale italiano, di quello Repubblicano, del Socialdemocratico. I loro fondatori, Alcide De Gasperi, Luigi Einaudi, Giuseppe Saragat, Pietro Nenni, Sandro Pertini e tanti altri avevano salvato l'Italia dall'oppressione nazifascista, i loro eredi la stavano saccheggiando. Guardavo in diretta tutti i grandi processi, tutte le udienze. Ero un commesso giudiziario e in quanto tale avevo facile accesso alle aule in cui Di Pietro metteva alle strette gli imputati: i più importanti segretari di partito dell'epoca sfilarono davanti a me con le facce peste e gli sguardi appassiti. Un potere oramai logoro. Mi ricordo la bava di Arnaldo Forlani che parlò per ore davanti alla Corte, le ammissioni di Bettino Craxi, le difficoltà di Renato Altissimo. La gente per strada inneggiava ai magistrati eroi di quel palazzo di Giustizia, si radunava in corso XXII Marzo per sostenerli. « Colombo, Di Pietro non tornate indietro » urlavano le scritte sui muri. Molti si chiedevano se ce l'avrebbero fatta, se grazie a loro questo Paese si sarebbe potuto salvare. In molti ci speravano.

Il lavoro di commesso giudiziario era semplice: dovevo smistare la posta, recapitare sulla scrivania dei giudici i fascicoli delle cause, prima delle udienze, e riportarli in cancelleria subito dopo. Tutto qui. Di mattina lavoravo, di pomeriggio studiavo. Ancora pochi esami e mi sarei laureato. Avevo scelto Scienze politiche perché volevo diventare un giornalista: mi vedevo aggirarmi, con taccuino e macchina fotografica, tra le macerie delle grandi guerre del mondo. Non immaginavo che invece mi attendevano le macerie di questa crisi economica e che mi ci sarei addentrato così bene, fino a massacrarmi l'anima, come è accaduto con Ruggero: un imprenditore che ho dovuto sfrattare dalla sua villetta un paio di mesi fa e ancora oggi ricoverato al San Raffaele, reparto rianimazione: in coma, per la pazzia che commise quel giorno.
«Prima o poi, dovrò fargli visita» mi dico spesso. Intanto, aspetto che mi venga il coraggio.
Leggevo i servizi di Enzo Biagi, Giorgio Bocca, Giampaolo Pansa, divoravo i romanzi effervescenti di Oriana Fallaci. Ne rimanevo estasiato: erano i miei miti di allora, ed era quella la mia strada.
Tuttavia, Milano all'epoca, ai miei occhi, aveva ancora il fascino della città più vicina all'Europa. Indossava ancora bene il vestito scintillante degli anni ottanta. Conservava quasi intatta la consistenza della città che offre mille opportunità a chi sa coglierle. «Milano da bere» recitava il pay off dell'amaro Ramazzotti, in quel periodo. L'aveva coniato Marco Mignani, quello slogan: uno dei pubblicitari più bravi. E io, volevo berla tutta questa città.
Giorgio Bocca in un'intervista consigliava ai giovani di talento di lasciar perdere il giornalismo, che non era più il

mestiere romantico e avventuroso di una volta. C'era una nuova frontiera: la pubblicità. Un nuovo strumento efficace di comunicazione, un settore in espansione in cui far carriera. E io, che mi consideravo un talento nato, mi ci buttai a capofitto. Addio alle cronache di Oriana Fallaci. Mi lanciai ben presto alla ricerca di un'agenzia di pubblicità che mi assumesse: sarei diventato un copywriter, avrei creato slogan più accattivanti di «Milano da bere». Della comunicazione pubblicitaria, ammiravo la capacità di cogliere l'essenziale di un prodotto, i suoi aspetti positivi: una capacità che dovremmo sviluppare tutti, che aiuterebbe a vivere meglio. Mi colpiva la possibilità di esprimere un concetto vasto con due, tre parole e un'immagine: il trionfo della sintesi al servizio del consumismo. Un po' come la poesia al servizio della vita. La stessa funzione, la stessa grandezza. La mia tesi di laurea sulla Comunicazione sociale forse partiva da lì.

Ricordo che spedii più di cento curriculum alle agenzie di pubblicità, come avevo spedito più di cento domande ai ministeri per i concorsi pubblici: quando ho una passione non le lascio scampo, la cingo d'assedio, il fiato sul collo. Li spedii all'Armando Testa, alla McCann Erickson, alla Young & Rubicam, alla Saatchi & Saatchi. Tutti i guru dell'advertising mondiale avevano una sede a Milano, e tutte le loro agenzie avevano il mio curriculum nei loro file. David Ogilvy era diventato il mio nuovo mito. Jacques Séguéla, il mio mentore. Leggevo i loro libri, le loro interviste, seguivo conferenze, seminari. Ogni mattina, quando mi recavo in tribunale in via Durini, passavo sotto la sede della J. Walter Thompson: alzavo il naso e guardavo verso le grandi finestre che lasciavano immaginare open space all'americana. «Chissà come si lavora bene lì dentro » mi dicevo. « Sarà una favola. »

Ero certo che prima o poi avrei varcato una di quelle soglie: se allora mi avessero detto che c'era una soglia del carcere di Bollate che mi stava aspettando, se mi avessero detto che sarei diventato un'Aquila nera, avrei riso per ore.

Giornalista o Copywriter

La J. Walter Thompson non mi chiamò mai, e neppure le altre agenzie più in voga si fecero vive. Ebbi solo un piccolo assaggio di un'agenzia mezza scalcagnata, senza grossi clienti, che ben presto chiuse i battenti e mi licenziò senza avermi mai assunto. Poi null'altro. Intanto, l'inchiesta Mani pulite aveva preso il largo. I giornali veneravano i magistrati eroi e la gente per strada applaudiva alle loro imprese. Confesso che vederli all'opera, i magistrati eroi, con le loro toghe nere, i modi integerrimi, suscitavano un'ammirazione vera e smisurata. Lo so, sono facilmente impressionabile: mi piacciono i gesti plateali. Così per un po' vagheggiai l'idea di diventare magistrato; ma ben presto accantonai il progetto: occorreva una laurea in Giurisprudenza, una materia troppo arida per le mie corde.

Nel frattempo, mi ero laureato e riattaccai subito con i concorsi pubblici: ero un dottore, cavoli, avrei potuto trasportare fascicoli di udienze per sempre?

Ricominciai a darci sotto con le raccomandate ai ministeri: segretario comunale, cancelliere, commissario di polizia, ufficiale giudiziario. Tutti i concorsi che richiedevano il diploma di laurea in Scienze politiche mi videro tra i partecipanti. Se mi avessero assunto, «sarebbe stato per poco tempo» mi dicevo. Giusto per mettere a frutto la benedetta laurea che mi ero preso. Tanto prima o poi avrei spiccato il volo. Se le agenzie di pubblicità non mi volevano, che andassero in malora. Sarei potuto sempre entrare al *Corriere della Sera*: in fondo via Solferino era a due passi dal palazzo di giustizia. *La Repubblica* mi avrebbe cercato prima o poi, ne ero certo. Dopodiché, un romanzo via l'altro sarei diventato un nome importante nella letteratura mondiale.

Il secondo concorso che vinsi era per ufficiale giudiziario. È stato così che sono approdato all'UNEP, che sta per Ufficio Notifiche Esecuzioni e Protesti. Lo so, la parola «esecuzione» fa un certo effetto. «È una brutta parola» disse mia madre, la prima volta che glielo spiegai. È vero, sa di condanna a morte. E sotto qualche aspetto lo è: Ruggero ne sa qualcosa.

Girovagai un po' tra gli uffici NEP della Lombardia: Milano, Cassano d'Adda, Monza, Rho, e di nuovo Milano. Nei primi tempi non avevo compreso bene quali sarebbero state le mie funzioni. Non è che avessi un'idea chiara di cosa mi stava aspettando.

Me lo spiegò, in quattro parole, un vecchio collega che incontrai il primo giorno: «Facciamo un lavoro ingrato, ma utile» esordì. «La gente aspetta anni per ottenere una sentenza, a volte anche più di dieci, tra udienze, appelli e svariati rinvii. Perciò quando vince la causa occorre che ci sia qualcuno che trasformi in realtà, in moneta sonante quello che il giudice ha sentenziato sulla carta. Ci vuole una magia perché ciò accada, e noi siamo i maghi della legge: traduciamo la teoria in dati di fatto, il diritto scritto nel diritto concreto, realizzato. La 'effettività della legge' la chiamano i giuristi. In poche parole» continuò il vecchio collega, «dovremmo conseguire il risultato. Se la sentenza riconosce un debito, e chi ha perso la causa non vuole saperne di pagare, occorre che ci sia qualcuno di noi che vada a riscuoterlo, quel debito. Se l'inquilino non paga l'affitto occorre che uno di noi vada a dirgli che se ne deve andare, con le buone, e se si oppone, anche con le cattive. Sta a noi decidere, tempi e modalità di esecuzione. Siamo gli incursori del diritto, quelli che stanno in prima linea, che si lanciano all'attacco, e si beccano le randellate sul grugno, se quel giorno la polizia è impegnata altrove. Scordati l'ufficio, l'impiego comodo dietro la scrivania, al caldo d'inverno e al fresco d'estate: il nostro lavoro è là, in mezzo alla strada, tra i problemi della gente.» E, continuando a parlare, mi afferrò un braccio e mi condusse alla finestra dell'ufficio: «La vedi la statua della giustizia in mezzo al cortile del palazzo?» disse, indicandomela. Annuii. «In una mano ha la bilancia, nell'altra la spada. Ecco, noi saremmo la spada. La gente, sai, non è che ci ami tanto, starebbe a noi creare empatia, ma io me ne sbatto» concluse sorridendo. «Siamo noi la spada, non scordarlo!»

Quel discorso mi spaventò. Cosa sarei diventato? mi chiesi. Una spada, fredda e feroce? Dove mi avrebbe condotto questo lavoro? Sarei riuscito a non farmi coinvolgere nei drammi altrui?

Era il giugno del 1996. Da allora, non ho più smesso. «L'abitudine rende sopportabile anche le cose più spaventose» ha scritto Esopo. «E nulla è così assurdo che l'abitudine non renda accettabile» ha rincarato Erasmo da Rotterdam. E a me è successo proprio così.

Certo, non ho abbandonato del tutto il sogno, e a volte ancora immagino per me un lavoro più creativo, una vita da grande romanziere. Nel frattempo mi barcameno tra debitori e creditori e continuo a combattere per strada, con la miseria umana che ha spinto tutti, negli anni passati, a perseguire l'effimero possesso di cose rivelatesi per la maggior parte inutili, milioni di oggetti acquistati a rate che, col sopraggiungere della crisi, non sono riusciti più a pagare e per i quali, oggi, i venditori presentano il conto.

Nel frattempo, mi aggiro tra le rovine che questa recessione sta lasciando lungo il suo cammino. Dicevano che il 2013 sarebbe stato l'anno più tragico della crisi economica, tuttavia i primi mesi del 2014 non lasciano ben sperare: la disoccupazione è aumentata e il debito pubblico non accenna a scendere. Oggi l'elenco delle cose che non si riesce più a pagare si è allungato fino a toccare quelle per la maggior parte utili: i pedaggi dell'autostrada, le rate del condominio, quelle del mutuo, dell'automobile, della mensa scolastica dei figli e, soprattutto, il canone d'affitto. La pigione è una delle prime spese che si taglia quando si perde il posto di lavoro. Non si paga più e si aspetta, sperando che il proprietario sia magnanimo e che i servizi sociali vengano in soccorso assegnandoti una casa popolare.

Banco di mutuo soccorso

Salvatore Esposito l'alloggio popolare lo sta aspettando da un po'. Me l'ha detto stamattina quando mi sono presentato a casa sua per sfrattarlo, dopo che ero uscito dal carcere. Ha una moglie incinta, Salvatore, e due gemelline di sette anni, che per fortuna erano a scuola. Oggi mi è toccato pure rincuorarlo e prodigarmi con il proprietario affinché accettasse l'ennesimo rinvio.

«Dotto', dite quello che volete, ma a me mi sembra un'ingiustizia. Agli africani che abitavano al piano di sotto, in quattro e quattr'otto, gli hanno assegnato una casa in via Palmieri, mentre a me mi stanno facendo spantecare.»

Sono state queste le sue prime giustificazioni quando gli ho ordinato di uscire dall'appartamento.

Conosco Salvatore Esposito da una decina d'anni, da quando gli pignorai la prima Panda arancione che valutai seicentocinquanta euro: era quello il valore presunto di una probabile vendita all'asta. Mi ricordo che aveva un debito di quattromila euro con la cassa edile per contributi mai pagati, per cui la Panda arancione gliela dovetti pignorare per forza. E mi ricordo che anche in quell'occasione tirò giù un bel po' di madonne contro un egiziano che gli doveva ancora pagare il forno che gli aveva costruito nella pizzeria di viale Certosa.

«Lo so Esposito. Ma che ci posso fare. Sei andato a parlare con quelli dell'Aler?» gli ho chiesto.

«E come non sono andato, dotto'» ha confermato lui. «Mi hanno detto che primo, io non avevo diritto, se non dietro ricorso, a sapere perché agli extracomunitari di sotto gli avevano dato la casa popolare e a me no. E poi, visto che mi sono messo a fare il pazzo, si sono fottuti dalla paura e me l'hanno spiegato che quelli tenevano tre figli più di me, e quindi in questo caso era come se il loro reddito diventasse la metà. Per cui, se voglio pure io la casa popolare, devo aspettare che sistemano prima a quelli che stanno peggio di me, pure se sono extracomunitari.»

«Hai visto Esposito» l'ho rincuorato, «non è un'ingiustizia. Ci sono le graduatorie da rispettare.»

«Le graduatorie dotto'» ha ribattuto lui. «Ma che è colpa mia se questi sono peggio dei conigli: ogni anno la moglie dell'africano di sotto teneva sempre la panza avanti. Ha fatto sette figli in cinque anni. È un record, dotto'. Così per avere una casa, che devo fare, sette figli pure io?»

«Il problema è che le case popolari a Milano sono poche e devono pur trovare un criterio per assegnarle» gli ho spiegato.

«Le case popolari sono poche, ma gli extracomunitari sono tanti, dotto'» ha precisato lui, mentre accendeva una sigaretta.

«Fumate dotto'?»

«No grazie Esposito. Però non vorrei insistere, ma te ne devi andare adesso. Io devo far cambiare la serratura e consegnare le chiavi alla proprietà» gli ho ribadito, guardandolo fisso negli occhi.

«Oggi non posso proprio uscire dotto'» mi ha risposto con lo sguardo basso. «Datemi un altro mese che vedo di recuperare un po' di soldi, così pago i canoni arretrati al padrone e mi cerco un altro appartamento più piccolo. Ve lo giuro, dotto'!»

L'ho fissato per qualche secondo, poi gli ho chiesto: «Ma stai lavorando in questo periodo?»

«Arrangio la giornata dotto'» ha risposto lui. «Ci stanno 'sti cazzo di rumeni che faticano peggio dei ciucci, si accontentano di poco, e non fanno tante storie sui contributi e compagnia bella. E allora quando arrivo io, in qualche cantiere, che sono italiano, mi guardano quasi brutto perché lo sa come siamo noi italiani, no: vogliamo il primo, il secondo e pure il dolce. Ma adesso con questa crisi che ci sta, ci dobbiamo accontentare solo dell'antipasto, se ce lo danno.»

È stato in quel momento che mi sono rivolto al proprietario dell'appartamento che per tutta la conversazione se n'è stato lì, accanto a me, in silenzio, ad ascoltarci:

«Che dice signor Terenzi, è disponibile a concedere un'ulteriore, e le assicuro, ultima proroga di un mese?»

Il signor Terenzi mi ha guardato con gli occhi smarriti: uno studente sorpreso impreparato dal professore di diritto. Era come se dovesse cercare la risposta a un quiz, allungando il collo per copiare dal compagno di banco. Ignorava che la risposta esatta alla domanda, per lui difficile, che gli avevo rivolto fosse nella sua testa più che nella mia; io la soluzione al quesito giuridico la conoscevo, da sempre: volevo solo che lui acconsentisse.

Così mi ha scrutato con un'espressione piena di dubbi, per alcuni secondi, poi bisbigliando mi ha chiesto: «Lei che ne dice, dottore?»

Ho sorriso leggermente: sapevo che il signor Terenzi mi avrebbe risposto così: «Lei che ne dice, dottore?»

In genere, i proprietari di case in locazione si affidano a me per decidere la sorte dei loro inquilini morosi, a me che sarei quello che invece dovrebbe buttarli fuori. E vi assicuro che i signori Terenzi d'Italia sono quasi sempre disposti a concedere un'ultima proroga dello sfratto, quando glielo chiediamo.

Avere un tetto sulla testa è una priorità. Un diritto che dovrebbe essere garantito a tutti. «Qui le case popolari le assegnano agli extracomunitari e non agli italiani. Dovrebbero prima pensare a noi e poi a loro»: protestano quasi sempre così quelli che, come Salvatore Esposito, stanno subendo lo sfratto.

Ed è allora che accade il miracolo: perché di fronte alla scelta se buttare per strada una coppia con figli piccoli oppure aspettare ancora un mese per vedere cosa accade, in genere i signori Terenzi si armano di pazienza e aspettano. E poco importa se gli inquilini sono nigeriani, cinesi, ucraini, algerini, calabresi, napoletani o padani. Poco davvero. Negli anni non ho mai incontrato proprietari che si siano rifiutati di «concedere un ultimo mese di proroga. È come se si fossero sostituiti all'Aler che dovrebbe assegnare le case popolari o agli assistenti sociali che dovrebbero provvedere a trovare un alloggio ai poveri cristi che devo sfrattare. E i poveri cristi, per il cinquanta per cento, sono extracomunitari.

Credo che il governo dovrebbe ringraziare i signori Terenzi d'Italia, i quali si sono assunti l'onere di prorogare gli sfratti agli inquilini morosi, anche in assenza di una legge che lo preveda. Sono loro la croce rossa italiana dei futuri senzatetto, il banco di mutuo soccorso in questa crisi che ci sta impiccando. Sono loro che, silenziosi, attendono di ritornare in possesso dei propri appartamenti, e l'attesa non dura meno di due anni, e a volte non meno di tre. Tre anni con l'immobile occupato da cui non ricavano mezzo euro di pigione, e mai più lo ricaveranno: in Italia recuperare un credito è un'impresa destinata al fallimento. E poi c'è l'aggravante della rata del mutuo da onorare che alcuni proprietari hanno acceso sull'immobile affittato, e si sa che la banca ne reclama il pagamento puntuale.

Ciò che resta dunque è solo l'umana pietà, l'unico piacere, la consolante soddisfazione di aver evitato la crudeltà di mandare una famiglia sotto i ponti, o almeno di averla rinviata fino a quando si poteva, fino a trovare una soluzione adeguata, fino a far coincidere la data dello sfratto con «il reperimento di un nuovo alloggio», come scrivo ogni volta nel verbale.

«Però mi raccomando, dottore: che sia l'ultima» ha precisato infine il signor Terenzi.

«Non si preoccupi. Sarà l'ultima» l'ho rassicurato.

Esposito ha abbassato lo sguardo. Io che lo conosco bene, so che in quel momento, se avesse potuto, sarebbe andato a nascondersi chissà dove. Ho aperto il verbale e ho scritto 13 marzo in corrispondenza della casella del rinvio.

«Esposito, hai sentito il signor Terenzi? È disposto a concederti un'ultima proroga. A marzo però te ne vai» gli ho chiarito.

Esposito mi ha guardato come un naufrago disperato al quale sia stato lanciato un salvagente.

«Grazie dotto'» ha risposto annuendo, sempre con lo sguardo basso.

«Non devi ringraziare me Esposito, ma il signor Terenzi.»

«Grazie signor Terenzi» ha sussurrato.

«Però ve lo dico pure a voi, come l'ho detto al dottore. Voi dite quello che volete, ma a me questo fatto che danno la casa agli extracomunitari e a me no, non se ne scende proprio.» E per non mostrarsi a piangere dalla rabbia è corso in bagno. Ho temuto che volesse fare pure lui come Ruggero, perciò gli sono corso dietro per accertarmi che non chiudesse la porta.

«Tutto bene Salvatore?» gli ho chiesto.

«Tutto apposto dotto', mi devo solo sfogare, poi mi passa» mi ha detto.

Lo abbiamo salutato e ce ne siamo andati, mentre si asciugava le lacrime. Scendendo le scale ho sperato di non sentire colpi di pistola. E così è stato, per fortuna.

Ritorno in Kosovo

Sono tornato in ufficio per compilare l'avviso agli assistenti sociali per Salvatore Esposito. Davanti alla porta della mia stanza c'era una folla di avvocati e segretarie di studi legali che mi aspettava. Tutti pretendevano qualcosa: sfratti da eseguire, pignoramenti con asporto immediato dei beni, notifiche urgenti di opposizioni a decreti ingiuntivi.

Il lavoro in questo periodo aumenta ogni giorno, sempre di più: è direttamente proporzionale al propagarsi della crisi economica in corso. Più si aggrava e più sulla mia scrivania, e su quelle dei miei colleghi, lievitano pile di fascicoli. Di questo passo, prospetto, che per dicembre, inevitabilmente, giungeremo a un punto di saturazione e il nostro lavoro inizierà a calare: la gente, scoraggiata dai risultati ottenuti, non avvierà più cause legali. Verifico ogni giorno l'impossibilità di recuperare i crediti sanciti dalle sentenze, dai decreti ingiuntivi. Quando entro nelle banche, per pignorare i conti correnti, spesso vengo accolto dai sorrisetti ironici dei direttori o degli impiegati che mi preannunciano i saldi negativi dei debitori che devo colpire: i loro conti correnti sono quasi sempre a secco.

Vincere una causa è un risultato effimero, vuoto: in giro non ci sono più soldi. I creditori in sostanza non riescono a portare a casa nulla. E per giunta devono accollarsi anche le spese per il processo.

I piccoli studi legali iniziano a chiudere i battenti per mancanza di clienti, i grandi studi legali danno sforbiciate al personale e snelliscono le strutture.

I proprietari immobiliari hanno difficoltà ad affittare i loro appartamenti e temono di ritrovarsi in casa inquilini che, dopo aver pagato i primi canoni, diventeranno ben presto morosi; molte imprese continuano a ridurre l'organico con massicci licenziamenti. Prevedo inoltre una diminuzione dei pignoramenti: i beni che trovo in casa della gente, quando vi entro per un'esecuzione, sono privi del benché minimo valore commerciale e se fossero venduti all'asta non realizzerebbero un centesimo, e anche in questo caso i creditori devono anticipare le spese per organizzare una vendita giudiziaria destinata all'insuccesso.

Ogni giorno, per me e per i miei colleghi, è come girare la ruota di una lotteria perversa: gli estratti sono i debitori sfortunati perché riceveranno la nostra visita. Gli estratti sono quelli che sorprenderemo in casa, come se ci stessero inavvertitamente aspettando: loro saranno colpiti più facilmente perché, se sono in casa e ci aprono, non possono impedirci di entrare per effettuare il pignoramento dei beni; non possono rifiutarsi, pena la minaccia di chiamare in soccorso i carabinieri che arriveranno con una gazzella sotto casa, e per i vicini morbosi o per i passanti sarebbe uno spettacolo da non perdere. Così, per evitare la gogna, ci lasciano fare: tre, quattro pignoramenti, ogni giorno.

Chi non è in casa, o pur essendo in casa riesce a dileguarsi, e non ci apre, viene graziato. A meno che non ci sia un creditore ostinato, disposto ad anticipare le spese per metterci a disposizione un fabbro al quale ordineremo di aprire forzatamente la porta così da permettere agli addetti dell'istituto vendite giudiziarie di asportare i beni trovati nell'appartamento, ovviamente se avranno un valore commerciale accettabile.

Chi non ha scampo sono i piccoli imprenditori che, nonostante tutto, cercano di rimanere in vita: le loro aziende hanno sedi con indirizzi certi e orari di lavoro ben definiti, ragion per cui troviamo sempre qualcuno che ci apre e ci lascia pignorare. Spesso la nostra visita inaugura il declino dell'impresa: noi sanciamo l'inizio della fine.

Anche Dragan è un piccolo imprenditore edile che la crisi ha fatto secco. Quando sono rientrato in ufficio l'altra mattina, dopo la visita a Esposito, dall'assembramento di avvocati e segretarie in attesa davanti al mio ufficio è sbucata fuori la proprietaria dell'appartamento che lui occupa con la famiglia a Sedriano, accompagnata dal suo legale. Entrambi hanno insistito perché finalmente eseguissi lo sfratto nei confronti di Dragan, ma io oggi avevo in programma quello nei confronti di Tareq, un egiziano con cinque bambine, e con lui ci sarebbe stato da combattere, lo sentivo. Perciò non potevo sprecare tempo ed energie. Conosco i miei clienti oramai, e so che Dragan non ha maturato ancora l'idea che deve andarsene da questa casa. Se gli avessi chiesto di uscire sono certo che avrebbe piantato un sacco di storie.

Ci incontriamo all'imbocco del viottolo che conduce alla palazzina in cui abita. Ogni volta che arrivo per mandarlo via, Dragan preferisce venirmi incontro e discutere per strada: in casa c'è sua moglie con i bambini, e non vuole che lo vedano supplicarmi per l'ennesimo rinvio dello sfratto.

«Mettiamoci qua» mi dice, con una voce soffiata mentre mi afferra il braccio e mi spinge, come fossimo due ladri che s'acquattano, dietro la siepe che circonda il giardinetto condominiale. «Lì c'è la cucina, e mia moglie potrebbe affacciarsi» mi spiega, indicando il balcone al primo piano del palazzo.

Mi lascio condurre senza oppormi. «E la proprietaria dov'è?» chiede.

«Sta arrivando» rispondo, anche se non è vero.

Nonostante sia con un piede già fuori la porta, cerca di mantenere la posizione più a lungo possibile, ma il suo tempo è davvero scaduto e al prossimo accesso mi toccherà procedere.

In questi mesi, ho evitato di forzare troppo la mano; mi ha frenato sapere che sua moglie è di nuovo incinta e che i bambini hanno quattro e otto anni. Tuttavia speravo che ci sarebbe arrivato da solo a capire che la sua posizione non lascia troppi margini di trattativa: è un inquilino moroso da un anno e mezzo, con una sentenza di sfratto sul collo prossima all'esecuzione, e mi auguro fortemente che quando sarà il momento lasci l'immobile senza far capricci e senza costringermi a chiamare la forza pubblica: odio farlo per eseguire gli sfratti. Mi piacerebbe che i miei clienti si rendessero conto che se arrivo senza carabinieri è perché riconosco che il loro dramma merita rispetto e nessun clamore. Io mi inchino di fronte al loro dramma, compartecipo, sono compassionevole, ma vorrei che anche loro non approfittassero dell'indulgenza che gli concedo; e se gli spiego che la corsa è finita, che la scatola delle proroghe oramai è vuota dovrebbero credermi sulla parola, portare via le valigie e il cuore dalle case che occupano, oramai indebitamente, consegnando le chiavi al proprietario.

Mi piacerebbe che tenessero conto della cortesia che gli riservo, che apprezzassero questa gentilezza non dovuta che sento di offrire ogni volta che c'è da sfrattare qualcuno: è umiliante essere sbattuti fuori casa dai carabinieri o dalla polizia. E allora gli concedo sempre questa possibilità: uscire con i loro piedi dal campo, al terzo fischio dell'arbitro. In questi tempi di disperazione acuta, non è da sottovalutare.

Dragan mi aveva promesso, quando ci siamo visti il mese scorso, che sarebbe andato dalla proprietaria e che avrebbe pagato un po' di canoni arretrati, ma non l'ha mai fatto. La proprietaria era furiosa l'altro giorno nel mio ufficio. Ha detto che si è sentita prendere in giro. Che quell'albanese, lei lo chiama così anche se è del Kosovo, non si è più fatto vivo. «È da un anno e mezzo oramai che non paga più nulla e ha preso in giro anche lei, ufficiale» ha precisato più volte sperando di risvegliare in me un moto d'orgoglio.

«Cosa le aveva promesso, la volta scorsa?» mi ha chiesto sarcastica la proprietaria seduta di fronte alla mia scrivania. «Che sarebbe venuto da me e che mi avrebbe portato almeno qualcosa. È vero?»

«Sì, l'aveva promesso» ho risposto.

«E se l'avesse fatto, ufficiale, se fosse venuto almeno per dirmi: 'Toh, qui ci sono mille euro. Cercherò di riprendere

i pagamenti' ne avrei tenuto conto, sa. Avrebbe significato
che aveva avuto rispetto e considerazione per me. Io che li
ho sempre aiutati, lui, la moglie quand'era incinta del primo
bambino che ha perso... Sa che la moglie era incinta quando è
arrivata qui dal Kosovo? E dopo una settimana ha partorito.
Mi ricordo che in ospedale i dottori erano neri, volevano
mangiarselo: 'Ma come si fa a far viaggiare una donna in
queste condizioni!' gridavano. Ed era logico che poi il bambino
morisse. Ma lì, in Kosovo, dove stavano loro, hanno raccontato
che c'era la guerra all'epoca, era il maggio del 1999, e allora
anche la moglie aveva preferito affrontare il viaggio pronta
a partorire per strada piuttosto che rimanere a Pristina, o
come cavolo si chiama, e rischiare di morire sotto le bombe.
E, quando sono arrivati, io li ho accolti subito, e gli ho dato
questa casa. E mio marito in tre giorni gli ha pure trovato un
lavoro.»

«Allora Dragan come la mettiamo?» gli dico. «Sai che
quando arriva la signora dovrai uscire?»

«Dammi ancora un po' di tempo» risponde, «almeno fino a
quando mio figlio finisce la scuola, e poi vado. Ho già tutto
pronto: mia moglie con i bambini partiranno il 10 giugno:
loro vanno via e io lascio l'appartamento, promesso.»

«E dove vanno?» gli domando. «Hai trovato qualcosa a un
canone più basso?»

Lui scuote la testa: «Rimando la famiglia in Kosovo, io
cercherò di arrangiarmi; mi ospiteranno degli amici. Spero di
tirarmi su, di riuscire a lavorare un po', ma oramai qui non è
più il paradiso che abbiamo trovato quindici anni fa».

«Perché com'era quindici anni fa?» gli domando.

Lui sorride: «E perché non lo sai com'era qui in Italia?»

«C'era più lavoro, certamente» rispondo.

«Trovavo da lavorare dappertutto: molti cantieri
preferivano noi agli italiani perché non facevamo tante storie
per i diritti, i contributi, come li chiamate voi. Oggi non c'è più
nulla, neppure per noi.»

Solleva lo sguardo come se ricordasse qualcosa, poi

riprende: «Mi ricordo che dopo che avevo avviato anch'io la ditta, ho dovuto rifiutare dei lavori perché non avevo tempo. E in quel periodo ho sempre pagato regolarmente l'affitto, mai un giorno di ritardo: chiedi, chiedi alla proprietaria, le davo sei mesi anticipati. Le portavo l'assegno a casa, non volevo avere pensieri. Un assegno bello grosso: così io ero tranquillo per sei mesi, e lei era contenta. Non avrei fatto due figli, se non avessi saputo come sfamarli. Siamo stati bene in quegli anni. Proprio bene».

«E adesso tua moglie aspetta il terzo bambino.»

«È stato un errore, non ci voleva. Mi sono distratto un attimo...» dice sorridendo. «Però adesso c'è, e non voglio mandarlo via. È anche per lui che ho deciso intanto di far tornare mia moglie in Kosovo.»

«Cosa facevi con la tua ditta?» gli domando.

«Edilizia. Ristrutturazioni. Lavoravamo un sacco. Anche per il Comune ho lavorato. Tutte le case dietro la piazza, quelle del Comune, le ho ristrutturate io, con la mia ditta. E ora che avrei bisogno, non c'è in giro mezzo cantiere aperto.»

«Ma sei andato dagli assistenti sociali? Hai presentato domanda per una casa popolare o comunale, magari una di quelle che hai ristrutturato proprio tu?» chiedo.

«Non ce ne sono, mi hanno detto. Il Comune non ha case libere.»

«Potevi chiedere un contributo economico.»

«Non ne ho diritto: l'anno scorso avevo un reddito alto e allora non ho diritto, mi hanno risposto in Comune.»

«Dovresti usare i risparmi, o li hai mandati tutti in Kosovo?» gli dico, sorridendo.

«Quali risparmi» mi risponde con un'aria triste. «Ho perso tutto quello che avevo da parte. Ero riuscito ad aggiudicarmi due lavori grossi, per due società immobiliari che mi avevano sempre pagato. Ho anticipato settantamila euro per avviare i lavori in due loro cantieri, dei lavori importanti, mi avevano detto. Mi fidavo di quelle società e ci sono cascato. Alla fine le società sono fallite e finora non sono riuscito a recuperare un centesimo. E quel poco che mi era rimasto l'ho speso in avvocati, che però mi hanno già detto che dovrò sudare tanto per riuscire a recuperare forse meno della metà di quello che ho anticipato.»

«E adesso?» gli domando. «Dove stai lavorando?»

«Ora sono tutti fermi, te l'ho detto. Mi chiedono i preventivi, ma poi non fanno i lavori perché non hanno soldi. Le banche hanno chiuso i rubinetti e non danno prestiti, è tutto bloccato. Mi credi che non so come dar da mangiare ai miei figli, la sera?»

«E come fai?» domando.

«Un po' mi aiuta mio fratello, ma anche lui è a casa da due settimane, licenziato insieme ad altri venti. Non c'era lavoro e lo hanno lasciato a casa. Anche sua moglie era impiegata in quella azienda, prima hanno lasciato a casa lei, e adesso lui. Perciò ho deciso di riportare la famiglia in Kosovo. Poi magari andrò pure io.»

«Ma in Kosovo c'è più lavoro? Non credo!»

E lui: «Il lavoro in Kosovo non manca, ma tu lavoreresti per centosessanta, centottanta euro al mese? Come fai? Però lì c'è la casa di mio padre, potremo stare da lui per un po', ed è certo che non mi darà mai lo sfratto. Ha un orto grande, ci sarà cibo per i miei bambini. Almeno per loro» conclude con una voce tirata e le lacrime pronte.

Lo guardo: abbassa gli occhi e serra le mascelle per cercare di non piangere, ma alla fine cede e le lacrime scendono. Mi assale un imbarazzo terribile, così rovisto nelle tasche per offrirgli un fazzoletto, qualcosa per asciugarsi, ma non ho nulla. Sono qui di fronte a quest'uomo, bello, alto, in salute e mi chiedo se tutte queste qualità potranno servigli ancora a qualcosa. Se ce la farà a rialzarsi. Gli spiego che per dargli ancora un po' di tempo, almeno fino a quando il bambino non finirà la scuola, lui dovrà tirare la cinghia, mettere da parte un po' di soldi e andare dalla proprietaria. Vale molto quel gesto, gli spiego.

«Perché non ti sei fatto vivo con la proprietaria? Ti stava

aspettando, sarebbe stata disponibile a darti una proroga se le avessi portato dei soldi e se le avessi raccontato delle tue sventure.»

«Hai ragione, ma mi vergognavo. Ho sempre pagato, con quale faccia potevo presentarmi lì, e chiedere di non pagare più?»

«Avresti dovuto comunque portarle dei soldi, anche una piccola parte, per non averla col fiato sul collo. È molto arrabbiata sai. È venuta nel mio ufficio, se l'è presa anche con me: potrebbe sospettare che non voglio sfrattarti chissà per quale motivo. Invece se tu avessi spiegato a lei quello che stai spiegando a me, avrebbe capito. Adesso sarà difficile dirle che non andrai via fino a giugno: siamo a febbraio, Dragan, e non posso darti un rinvio di quattro mesi, lo capisci?»

Mi guarda, e annuisce.

«Sto aspettando delle risposte per due preventivi che ho presentato, se diranno di sì questa volta chiedo degli anticipi e corro dalla proprietaria.»

«E se ti diranno di no? Come farai?» domando a bruciapelo.

«Vedrò se mio fratello potrà farmi un altro prestito, anche lui però ha due bambini ed è stato licenziato, te l'ho detto.»

Tiro fuori la penna e inizio a compilare il verbale. Scrivo che la parte tenuta al rilascio mi chiede una proroga, e che intende recarsi quanto prima dalla parte istante per cercare di sanare la morosità, quindi rinvio al 9 aprile, riservandomi di richiedere la forza pubblica. Non aggiungo altro. Chiedo a Dragan di firmare, lui scarabocchia qualcosa e mi restituisce la penna.

«Grazie, fratello» sussurra.

«Non ringraziarmi Dragan, cerca piuttosto di far visita alla proprietaria, ti sta aspettando. Non rischiare. Chiedi a lei di lasciarti dentro fino a giugno, perché io non posso garantirti più nulla. È già la terza volta che ci vediamo io e te, ed è la terza volta che mi racconti la stessa storia. E poi è da un anno e mezzo che non paghi, ricordatelo. Se non paghi almeno qualcosa, a maggio non avrai altre scuse e rischierai di trovarti per strada con i bambini: io ti ho avvisato.»

«Non preoccuparti» mi dice mentre allunga la mano per salutarmi: «Ma non avevi detto che sarebbe arrivata la proprietaria?» domanda, prima che mi allontani.

«Sarà in ritardo» rispondo, «ma io non posso più aspettarla. Ho un altro sfratto da eseguire oggi.»

«È dura per tutti in questo periodo, vero?» dice.

Annuisco. «Ciao» lo saluto e lui s'allontana. Ad attenderlo sulla porta del palazzo c'è una donna con un bambino in braccio: scambia qualche battuta con Dragan, poi solleva lo sguardo verso di me, qualche secondo e alza la mano per salutarmi. Ricambio, e mi avvio verso la mia macchina.

Percorro pochi metri e il cellulare squilla. Sul display appare il nome di Mariano, il mio amico infermiere. Mi fermo di colpo per parlare.

«Ciao» gli dico, «hai saputo qualcosa allora? Come sta?»

«Niente di nuovo. È stazionario.»

«Ma i medici cosa pensano, ce la farà?» domando.

«Che posso dirti, non si sbilanciano, sai. Loro sperano e aspettano: in questi casi, aspettano.»

«Ma tu cosa credi, la tua esperienza cosa ti suggerisce?»

«Guarda, ne ho vista di gente che si è svegliata dopo mesi, ma ci sono anche tanti altri che non hanno mai più aperto gli occhi. L'unica nota positiva è che Ruggero è stazionario, da quando è entrato in coma le sue condizioni non sono peggiorate e diciamo che questo potrebbe essere un buon segno. Prima o poi potrebbe reagire e chissà, magari svegliarsi.»

«Speriamo» dico.

«Devo salutarti adesso» risponde Mariano.

«Ti ringrazio, quando puoi fammi sapere.»

«Dai, ogni tanto passerò da lui e ti aggiorno.»

«Grazie» gli dico, mentre salgo in macchina. Mi prende il magone. La scena di Ruggero riverso a terra in una pozza di sangue non mi abbandona. Socchiudo gli occhi e sospiro. Metto in moto la macchina e mi avvio verso la casa di Tareq.

Immersa nell'atmosfera rarefatta dell'ultima nebbia invernale, la mia vecchia Focus procede a tentoni. Percorro viottoli pietrosi, stradine dissestate che attraversano terreni incolti coperti da lenzuolate di ghiaccio. In giro ci sono casolari abbandonati, e scheletri di alberi spogli: Ermanno Olmi avrebbe potuto girare qui il suo *L'albero degli zoccoli*.

L'appuntamento è in una cascina in aperta campagna, a nord di Milano. Il proprietario e l'avvocato sono già qui ad aspettarmi, sotto il portico invaso dalla nebbia e dai fumi delle montagnette di letame ancora caldo, sparse intorno. Scendo dall'auto e mi avvio verso il portico. Pochi minuti e giunge anche la gazzella dei carabinieri, con il maresciallo Coppola: ha la faccia ruvida, il maresciallo Coppola, ma è un tipo tranquillo perché sa il fatto suo. È uno vecchio stampo, conosce tutto di tutti e sa come agire in certe situazioni. È da un po' di anni che mi assiste negli sfratti in questa zona e mi ha risolto faccende ingarbugliate che non sto a raccontarvi qui.

Saliamo al primo piano della cascina e busso alla porta di Tareq, una vecchia conoscenza. È da due anni che cerchiamo di farlo uscire, ma niente. Quest'anno è la seconda volta che ci provo... non ce l'ha fatta neppure il mio collega l'anno scorso, per ben tre volte ha cercato di mandarlo via, eppure è un tipo categorico, non si lascia impietosire facilmente. «Buona fortuna» mi ha detto stamattina quando ha saputo che andavo da Tareq.

«Perché buona fortuna?» gli ho chiesto.

«Vedrai che non ci riuscirai neanche stavolta» ha risposto.

«Ma ho tutto quello che mi serve» ho ribattuto. «Ho il fabbro, la forza pubblica, gli assistenti sociali: oramai deve solo andare.»

«Assistenti sociali?» e ha sorriso.

E così oggi, tra me e il mio collega, è la quinta volta che ci proviamo.

Busso, e dopo qualche secondo Tareq compare: apre la porta, esce e la richiude immediatamente. Poi vi si appoggia con la schiena.

«Buongiorno Tareq» gli dico.

«Buongiorno» risponde lui con aria dimessa.

«È pronto per andare? Sa che oggi dobbiamo concludere?» gli spiego.

Dietro di me ci sono il maresciallo Coppola, il proprietario e l'avvocato che lo squadrano. È uno scenario minaccioso quello che ha davanti Tareq, e lui lo comprende. Avverte i nostri occhi su di lui, impazienti: sente che questa volta facciamo sul serio e non ci tireremo indietro. E se non bastassero i nostri sguardi, ne ha conferma quando vede arrivare le due assistenti sociali del Comune: le riconosce, nei giorni scorsi è andato da loro più volte per cercare una soluzione.

«Ho bisogno di un po' di tempo ancora, non posso andare via così, dove porto loro?» esordisce poi con fermezza Tareq, mentre spalanca la porta alle sue spalle e ci lascia guardare dentro.

È uno spettacolo penoso quello che ci appare: una stanza con la cucina disadorna e sporca, le pareti scrostate dall'umidità. Seduta in un angolo in fondo, una signora con un vestito arabo e lo chador ci fissa per un attimo, senza espressione, poi abbassa lo sguardo; appoggiato a una parete, un divano con la stoffa logora e unta ospita cinque testoline graziose, mezze rapate, che ci guardano con gli occhioni infossati. Tareq ne chiama una per nome e la testolina graziosa accorre senza commenti. Lui l'afferra per le spalle e le chiede di mostrarci l'orecchio sinistro e la testolina ubbidisce: «Vedi questa» dice Tareq, indicando una medicazione dentro l'orecchio della bambina, «è stata operata la settimana scorsa: come faccio a portarla via, con questo freddo, se non mi danno un'altra casa?»

La bambina lancia un sorrisetto e io mi volto a guardare le assistenti sociali; una delle due mi precede, allargando le braccia: «Purtroppo non siamo riuscite a trovare alcun alloggio per i signori. Abbiamo contattato una casa famiglia del Comune qui accanto, ma non hanno più stanze libere».

«Com'è possibile?» domando. «Di solito in casi del genere il Comune mette a disposizione degli alloggi d'emergenza. È da due anni che andiamo avanti con questa storia, voi lo sapete, no?»

«Le case d'emergenza sono tutte occupate. Lo sa anche lei quanti sfratti abbiamo dovuto affrontare negli ultimi mesi» spiega l'assistente sociale.

E non posso che darle ragione: gli sfratti in questa zona sono aumentati del quaranta per cento dall'anno scorso e molti altri sono già maturi per l'esecuzione. È una strage che non accenna a placarsi.

Scorro una mano tra i capelli e do ancora una sbirciata allo squallore di quella stanza misera: le bimbe sedute sul divano hanno le faccine sporche e vestitini leggeri, a tratti si spintonano e sghignazzano; una di loro mi guarda e sorride. Faccio un passo in avanti per entrare ma Tareq mi blocca, e come un guitto spinge all'interno la testolina con l'orecchio ferito, chiude immediatamente la porta e vi si para davanti gonfiando il petto. È un uccello spaurito che difende il suo nido.

«Qui non entri» mi dice. «C'è mia moglie.»

«Volevo solo vedere in che condizioni è l'alloggio» rispondo alzando le mani in segno di resa.

«Per me ora va bene quest'alloggio. Fino a quando non avrò un'altra casa, va bene.»

«Lascialo entrare Tareq, che non le farà nulla, a tua moglie» interviene il maresciallo Coppola.

«Ci sono le assistenti sociali» gli spiego. «Se possiamo valutare in che condizioni vivi magari troviamo una soluzione. Questa cascina è pericolante, non puoi stare qui, lo capisci? Potrebbe crollare tutto» aggiungo, per convincerlo a lasciarmi entrare.

«Se ci sono qui le mie bambine, la cascina non cadrà: Allah è grande e protegge i suoi figli» risponde a tono Tareq.

«Guardi che noi le conosciamo le condizioni dei locali» mi assicura la seconda assistente sociale. «I vigili urbani sono venuti più volte a effettuare accertamenti.»

Poi si rivolge a Tareq: «Perché le bambine non sono andate a scuola, oggi?»

«E come facevo a mandarle: una è ammalata, l'avete vista, e le altre non potevo portarle, non sapevo quando venivate qua, e volevo aspettarvi.»

«Avete capito? Ci ha fatto un favore» sbotta il proprietario rivolgendosi a me. «Ma insomma, ufficiale, questo è un paradosso, ora anche con le assistenti sociali presenti non riusciamo a mandarlo via!»

«Senta, sto valutando la situazione, nessuno ha detto che non lo manderemo via» rispondo senza guardarlo.

«Ma lui non ha voglia di cercare un'altra casa, qui sta bene, non paga un euro e fa quello che gli pare» ribatte il proprietario.

«Tu non dire questo di me» lo aggredisce Tareq. «Lui deve portare rispetto» incalza, rivolgendosi a me. «Io sono ingegnere, sto cercando lavoro ed è difficile trovare un altro appartamento, senza lavoro.»

«Sì, la storia che sei ingegnere la racconti da due anni, ma non ti ho mai visto andare a lavorare» risponde il proprietario.

«Senta» dico al proprietario, «lei vuole protestare o vuole che liberiamo l'alloggio? Per cortesia...» e lo fisso insistente. Lui abbassa lo sguardo.

Poi mi rivolgo a Tareq, dandogli del tu: «Ascolta Tareq, non mi devi spiegare chi sei: ingegnere o contadino non m'importa, da me avrai sempre lo stesso trattamento. Se deciderò che tu devi uscire, uscirai. Qui, purtroppo, non puoi più stare. Ti abbiamo dato tutto il tempo per organizzarti. Mi dicono che te ne sei andato in Egitto per un po', quando sei ritornato hai occupato questa casa, senza contratto.»

«Ma io ho pagato l'affitto» m'interrompe lui.

«Sì, quando avevi il contratto» s'inserisce il proprietario, «prima che andassi in Egitto, e quando sei ritornato ti sei messo di nuovo qui dentro, ma il contratto era scaduto.»

«Ma tu hai preso i miei soldi però. Io conosco i miei diritti» urla Tareq.

«Tareq, non urlare. Parla con calma» interviene deciso il maresciallo Coppola.

«Io sono calmo, ma lui dice bugie.»

«Tareq, qui nessuno dice bugie» lo interrompo.

«Non tu, dici bugie» precisa lui, «ma il proprietario.»

«Ho capito, Tareq, ma devi ascoltare me. Purtroppo il giudice ha deciso che tu da qui te ne devi andare. È da due anni che te lo diciamo e oggi è arrivato il momento, mi dispiace.»

«Ma tu dammi un altro mese che io trovo la casa, se il Comune mi aiuta io trovo la casa» mi implora Tareq.

«In verità, noi due mesi fa l'avevamo trovata una collocazione per te e la tua famiglia, ma hai detto che non andava bene» gli ricorda un'assistente sociale.

«Era una stanza e un bagno piccolo. Noi siamo in sette.»

«Non gli va mai bene nulla» incalza il proprietario.

«Ufficiale, allora che si fa?» interviene l'avvocato.

«Sembra che il signor Tareq non voglia capire che se ne deve andare.»

«Piano piano lo capirà, avvocato, non si preoccupi» rispondo distrattamente.

La situazione è stagnante, il maresciallo Coppola è pensieroso e ciò mi preoccupa. Immagino stia pensando alle bambine, a quando gli chiederò di intervenire per farle uscire dalla casa. Immagino che stia sperando, come me, che Tareq non faccia resistenza e accetti di togliere le tende tranquillamente. Ma dove andrà, in una fredda mattina di febbraio, con cinque testoline graziose e una moglie ammutolita, se il Comune non gli darà una mano? E sono certo che anche il maresciallo se lo sta chiedendo.

Mi avvicino a Coppola e tentiamo di allontanarci insieme, ma l'avvocato ci raggiunge subito: «Vi dispiace se ascolto anch'io il vostro piano d'attacco?» dice sorridendo. Lo guardo senza rispondere e inizio a parlare con Coppola: «In questi casi dovrei chiederle di farli uscire, ma ci sono le bambine, maresciallo: se Tareq si oppone dirò alle assistenti sociali di prelevare le bambine e portarle via, e a lei di evitare che Tareq glielo impedisca».

«Ma non è possibile che il sindaco non possa fare nulla. Qui ci sono cinque bambine che hanno l'età delle mie nipotine, ufficiale, e il sindaco deve fare qualcosa. Insista con le assistenti sociali la prego, vedrà che troveranno una soluzione.»

«Maresciallo» interviene l'avvocato, «è la terza volta che veniamo qui con le assistenti sociali e ogni volta c'è stato qualcosa che non andava. Oggi questo sfratto deve essere eseguito, non accetterò proroghe.»

«Ci stiamo provando, avvocato» rispondo mentre torno verso Tareq.

«Ascolta Tareq» gli chiedo, «non hai qualche amico, qualche parente che possa ospitarti per un po' di tempo, fino a quando le assistenti sociali non troveranno posto in qualche casa famiglia o finché non si libera una casa d'emergenza?»

«No, non ho nessuno e poi il Comune dice che non c'è niente per me. Hai sentito anche tu, no?» conclude rivolgendosi alle assistenti sociali.

«Al momento l'unica cosa che il Comune può fare è darle un contributo economico per prendere in affitto una casa» spiega l'assistente sociale.

«E poi?» mi chiede lui.

«E poi devi arrangiarti, Tareq. Devi lavorare e pagare come tutti» rispondo mentre le assistenti sociali annuiscono.

«Ma è difficile per me trovare un lavoro e trovare una casa. Ci proverò, ma io sono straniero e in questo periodo, in zona, non vogliono più affittare agli stranieri.»

«E fanno bene» commenta il proprietario.

«Guardi che in questo periodo anche gli italiani hanno difficoltà a pagare l'affitto, glielo posso assicurare. E parlo di gente che ha sempre onorato i propri debiti» dico rivolto al proprietario. Lui alza le spalle, e io inizio la trattativa con Tareq.

«Non so che cosa dirti, Tareq. Purtroppo il Comune in questo periodo non ha case disponibili, ma in qualche modo, se esci, dovrà aiutarti» concludo.

«Forse non siamo state chiare» precisa una delle assistenti sociali. «Noi attualmente non possiamo aiutare proprio nessuno.»

«Ci sono le bambine» ribatto, «c'è una famiglia che sta per essere sfrattata con cinque minori e dovrete occuparvene. Vi avevo informato, lo sapevate già dalla volta scorsa. È da due anni che lo sapete.»

«Non possiamo, comunque» risponde l'altra.

«E perché mai non potete?»

«Il tribunale per i minori non ci ha dato ancora alcuna risposta» spiega lei. «Lo avevamo informato, sa, per oggi. Avevamo chiesto che ci dessero disposizioni in merito, ma nulla.»

«Cosa significa, nulla?» sbotto io. «Ora siamo qui e io devo eseguire uno sfratto e voi dovreste prendere in consegna le bambine.»

«Non possiamo se non c'è l'ordine dell'autorità giudiziaria» ribatte l'assistente sociale.

Sorrido incredulo: «Sono io l'autorità giudiziaria in questo momento, sono io che dirigo lo sfratto e sono io che richiedo il vostro intervento» concludo perentorio.

E lei: «No, per noi vale solo l'ordine del tribunale per i minori, senza quell'ordine non ci muoviamo». È un braccio di ferro che non mi aspettavo.

«Roba da matti» sbotta l'avvocato.

«Maresciallo dica qualcosa lei» sollecita il proprietario.

E Coppola: «Io mi devo coordinare con l'ufficiale giudiziario.

È lui che decide».

L'avvocato non si arrende e tuona contro di me: «Ufficiale, se lei rinvia presenterò un esposto alla Procura della Repubblica. Oggi non ci sono scuse per non eseguire questo sfratto. Abbiamo i carabinieri e le assistenti sociali, qualcuno dovrà prendersi cura di queste persone ».

«Avvocato, per me è chiaro, ma a quanto pare non lo è per loro» dico, rivolgendomi alle assistenti sociali: «Mi costringete a scrivere che rinvio lo sfratto perché vi rifiutate di dare assistenza ai minori». Tareq alla parola «rinvio», sembra rianimarsi.

«Non ci stiamo rifiutando» scuote il capo una delle due, «solamente non possiamo agire perché non ci sono gli estremi per applicare l'articolo 403.»

«Il 403 del codice civile?» domando.

«E certo, quale sennò. Noi possiamo intervenire solo quando il minore si trovi in una condizione di grave pericolo per la propria integrità fisica e psichica» mi spiega l'assistente sociale.

«Allora io chiedo a Tareq di uscire e portarsi via le bambine; se non vuole, chiedo ai carabinieri di allontanare dal l'appartamento i genitori, così le piccole rimarranno da sole e a quel punto dovrete intervenire necessariamente, visto che le bambine rimarranno incustodite, in una casa fatiscente» le spiego a mia volta.

L'assistente sociale mi guarda smarrita, non si aspettava forse che le prospettassi una soluzione simile.

«Non credo, sa, che possiamo intervenire così, alla leggera» risponde, dopo qualche secondo di perplessità: «Devo chiedere al mio superiore» afferra il cellulare e vi pigia sopra.

Tareq continua a implorarmi con gli occhi e io cerco di ignorare il suo sguardo che mi ferisce. Mi trovo in brutte acque, Tareq, mi verrebbe da dirgli. Vorrei darti una mano, ma dall'altra parte non ne vogliono sapere. O forse hanno ragione loro: non hanno case, non hanno fondi. E tu sei stato anche un poco schizzinoso, Tareq, diciamo la verità: se tu non avessi rifiutato quella mezza stanza con il bagno piccolo che ti avevano offerto due mesi fa, oggi non avresti avuto me alle costole e poi, chissà, magari col tempo avresti trovato un alloggio migliore. Non capisco perché non hai accettato, Tareq, visto che anche qui sei stipato come in un pollaio che sta pure per crollare: almeno lì, non avresti rischiato di morire sotto le macerie.

Per un po' riesco a sostenere lo sguardo di Tareq, poi esplodo: «Ma secondo te Tareq possiamo fare queste sceneggiate tutte le volte? Sono due anni che andiamo avanti così». Lui annuisce.

«Cosa ci posso fare. Dammi ancora un po' di tempo che io trovo sicuramente una casa» insiste.

«Hai avuto tutto il tempo che volevi: anche l'altra volta ti ho dato 'ancora un mese', Tareq» rispondo tutto d'un fiato.

«Ma un mese è poco, dammene due, troverò una casa più grande e vado via, promesso» non cede.

Il proprietario e l'avvocato sorridono.

«Tu cosa ridi?» chiede conto Tareq, a voce alta. «Se io dico 'vado', vuol dire che vado. La mia parola vale, sai!»

«Anche il mese scorso avevi detto così!» gli ricorda il proprietario, avvicinandosi bruscamente a lui.

«Tu hai sempre preso i tuoi soldi, cosa vuoi adesso?» s'infuoca Tareq, sollevandosi sulla punta dei piedi. Il maresciallo Coppola allunga il braccio per evitare il contatto tra i due: «Allora, vi devo ammanettare entrambi?» li minaccia, con la sua aria da mastino, e i due s'acquietano all'istante.

L'assistente sociale avanza verso di me con il cellulare in mano: «Senta, c'è il mio dirigente che vorrebbe parlarle».

Dall'altra parte del telefono una voce stentorea inizia subio ad ammonirmi: «Senta, lei faccia molta attenzione a quello che fa perché l'articolo 403 del codice civile parla chiaro: se non ci sono gli estremi per la sua applicazione, io non posso intervenire».

Così iniziamo a battibeccare per telefono, davanti allo

sguardo attonito dei presenti.

«Senta lei» rispondo. «Innanzi tutto non usi questo tono con me. E poi l'articolo 403 o 404 che sia, a me interessa ben poco. Io so solo che siete stati avvisati in tempo e che oggi siamo ancora qui a combattere tra di noi, mentre avreste dovuto già trovare una soluzione, un alloggio per il signor Tareq e le sue bimbe.»

«Ma qui non siamo in America» risponde il dirigente.

«Che c'entra l'America?» ribatto.

E lui: «in America, forse lei non lo sa, gli assistenti sociali hanno il potere di agire autonomamente; qui in Italia siamo vincolati a ciò che ci dice il tribunale per i minori».

«Proprio non riusciamo a intenderci noi due!» sbotto io. «Qui non si tratta di tribunale per i minori, ma di minori che potrebbero trovarsi abbandonati da qui a qualche minuto, se i genitori non li porteranno via con loro quando darò l'ordine ai carabinieri di farli uscire dall'appartamento – sempre se possiamo definirlo tale: quella che mi trovo di fronte è una stamberga, una topaia, e lei dovrebbe esserne a conoscenza. Anzi, mi chiedo come sia stato possibile permettere che delle bambine vivessero in condizioni simili per anni.»

«Guardi, è tutto scritto nella relazione che abbiamo inviato al tribunale per i minori» ribatte lui, «ma se non ci hanno ancora risposto, cosa posso fare ancora?»

«Può intervenire in attesa della risposta» osservo, «perché credo, tra l'altro, che sempre il suo articolo 403 dovrebbe prevedere anche l'intervento nei casi in cui i minori siano in stato di abbandono, o vivano in ambienti pericolosi e per nulla sani. Pertanto, quando darò l'ordine ai carabinieri di sgomberare i locali e i genitori varcheranno la soglia della porta senza trascinarsi dietro le figlie, ci saranno delle minorenni abbandonate in un ambiente lercio e pericolante per cui lei potrà applicare tutti i 403 che vuole. Giusto?»

«Sempre se ce lo ordina il tribunale per i minori» insiste il dirigente, e riprende: «E poi mi sa che la legge sugli sfratti...»

«La legge sugli sfratti...» lo interrompo, con un tono acceso

«... non dice che se ci sono dei minori lo sfratto è rinviato, vuole capirlo o no!» Lo incalzo: «Io lo sfratto lo devo eseguire, ora. Qui ci sono i carabinieri, gli assistenti sociali, c'è un fabbro, un avvocato, il proprietario e ci sono io: tutti quelli che devono eseguire lo sfratto, perciò io adesso do ordine ai carabinieri di condurre fuori i genitori, se loro porteranno con sé le bambine saremo tutti contenti, se invece le lasceranno in casa voi dovrete intervenire.»

Oramai sono un fiume che scorre veloce verso il mare, vorrei fare in modo che si prendano cura delle graziose testoline senza colpe, rinchiuse in quel tugurio e sto bleffando, alla grande. So già che non darò alcun ordine di sgomberare se il burocrate con cui sto litigando non dirà alle assistenti sociali di prendersi cura delle bimbe e di questa famiglia. Non sottoporrò le bambine all'ennesima tristezza, di vedere i loro genitori portati via dai carabinieri. Affronterò impavido gli strali del proprietario e le denunce dell'avvocato. Verbalizzerò i motivi del rinvio, sperando che un pubblico ministero attento non mi accusi di omissione d'atti d'ufficio nel caso in cui l'avvocato dovesse denunciarmi. Cercherò di fare del mio meglio.

Tuttavia vorrei provare a risolvere la questione, adesso. Se forzo la mano probabilmente le assistenti sociali tireranno fuori il coniglio dal cilindro e porteranno via la famiglia di Tareq da questa bolgia deprimente.

Ma non succede nulla, dall'altra parte del telefono il burocrate è irremovibile, un granito che non si smuove. Infatti, lascia passare qualche secondo prima di rispondere: «Senta, non so cosa dirle. Devo sentire il tribunale per i minori, per il momento le assistenti sociali non possono fare nulla. Lei faccia quel che crede» e riattacca.

Tiro un lungo respiro per evitare di smadonnare davanti a tutti e restituisco il cellulare all'assistente sociale. Mi avvicino a Tareq e gli chiedo di uscire. Lui mi guarda incredulo, e ripete ancora una volta la solita storia che non può uscire, che non sa dove portare le sue bambine e mi implora i soliti due mesi per organizzarsi e andare. «Promesso» ripete. L'avvocato, preoccupato, mi chiede se ho davvero intenzione di concedergli altri due mesi. E io rispondo che in qualche modo questa faccenda si dovrà risolvere. Lui minaccia esposti in Procura, e dietro di lui s'accoda il proprietario. Guardo Coppola, che annuisce. Apro il fascicolo e verbalizzo la cronistoria di questa mattinata stramba, dopodiché invito i presenti a firmare, uno a uno. Tareq ringrazia, saluta tutti alzando la mano e si chiude la porta del suo nido alle spalle. Il proprietario scuote la testa, l'avvocato allarga le braccia.

Li informo che provvederò a inviare copia del verbale al tribunale per i minori al fine di sollecitare un intervento immediato. Le assistenti sociali mi assicurano che appena giunte in ufficio faranno altrettanto, anzi chiederanno conto delle loro istanze che non hanno ancora avuto risposta.

E intanto spero che per il 15 aprile, data in cui ho rinviato lo sfratto, in questa catapecchia malsana e triste, in mezzo a una landa desolata, non ci sia più nessuno.

«Promesso» sembrano rispondermi, con occhi rassicuranti, le assistenti sociali, mentre allungo la mano per salutarle. Il mio collega stamattina aveva ragione: neanche questa volta sono riuscito a mandare via Tareq. Entro in macchina, accendo il motore e mi avvio verso l'ufficio: per oggi può bastare.

In viaggio verso Bollate

Nelle settimane scorse ci sono state ancora proteste contro gli sfratti e contro la crisi. In via Inganni, si sono verificati scontri tra la polizia e i manifestanti che volevano impedire lo sloggio di una ragazza con la madre anziana e un bambino di due anni. In via San Gregorio, davanti alla sede di Equitalia, il movimento dei forconi ha manifestato in mutande per ricordare tutti gli imprenditori che si sono suicidati per le difficoltà economiche. Stamattina, mentre mi recavo in carcere a Bollate per le mie due ore da Aquila nera, ho attraversato la città: davanti a molte fabbriche, prossime alla chiusura, c'erano presidi di lavoratori in assemblea sotto bandiere dei sindacati che sventolavano. Alcuni operai discutevano animatamente, davanti al fuoco acceso nei secchi di metallo. Altri montavano tende per passarvi la notte. A distanza di sicurezza, c'era sempre una pattuglia dei carabinieri che vigilava.

In molti quartieri popolari è un proliferare di mercatini dell'usato e di compro oro che hanno sostituito oramai il monte dei pegni.

Per giungere al carcere di Bollate, in questo periodo, occorre impegnarsi in una gimcana di cantieri stradali aperti in vista dell'Expo 2015 per il quale si stimano quindici milioni di visitatori provenienti da ogni parte del mondo: significherà ricchezza tutto questo flusso di gente? Oppure sprofonderemo ancora più in basso, sommersi dai debiti, come accadde alla Grecia dopo le olimpiadi del 2004 ad Atene?

Molti politici sostengono che l'Expo segnerà la svolta dell'Italia. Ci saranno benefici per tutti o solo per la solita cricca di amici? mi chiedo, mentre parcheggio davanti al carcere e penso che nel frattempo le pratiche di sfratto sulla mia scrivania continueranno ad aumentare.

Stamattina a Maurizio, ancora ospite a Bollate, notificherò la convalida del suo sfratto da viale Certosa: il giudice ha deciso che entro il 10 aprile dovrà lasciare l'appartamento.

Quando glielo dico inizia ad agitarsi. «Come farà mia madre?» mi chiede. «Devi darmi una mano» aggiunge subito dopo.

«Posso avvisare gli assistenti sociali» gli dico, «però tua madre dovrà fare altrettanto. Dovrà presentarsi da loro e avviare le pratiche per cercare di ottenere una casa popolare.»

«Ma non ci riuscirà mai: il 10 aprile è tra un mese più o meno, come farà, dovrà presentare mille incartamenti, immagino.»

Gli spiego che dopo la convalida dovrà attendere che le arrivi il precetto, poi l'avviso di sloggio. «Passerà ancora qualche mese, prima che debba uscire definitivamente» lo rassicuro. «Potrebbe farcela, se si attivasse subito.»

«Speriamo» mi dice, poi aggiunge: «Ma giuro: se non danno la casa popolare a mia madre, scappo da qui e vado a occupargliene una io. Con mia moglie abbiamo fatto così all'epoca e nessuno è mai più venuto a romperci». Lei abita ancora lì, al Giambellino: da sei anni oramai.

«E con la tua bambina come va?» gli chiedo. «L'hai più vista?»

Scuote la testa: «Macché. Quella troia della mia ex moglie non la lascia venire. Mia madre sarebbe disponibile a portarmela ogni tanto ai colloqui. Ma lei niente. E anche gli psicologi sono dalla sua parte. Hanno scritto che è ancora presto, che occorre preparare la bambina a vedere il padre rinchiuso qui dentro e che ci vuole tempo. E il giudice non firma il permesso senza il parere favorevole degli psicologi. Ma io sto impazzendo».

«È una bambina, devi capire che non è semplice. Vedrai che prima o poi la lasceranno venire» rispondo.

«Ma almeno farmela sentire per telefono, dico io. E invece niente. Tutto chiuso» conclude amareggiato.

«Come si chiama tua figlia?» gli chiedo.

«Giovanna! Si chiama Giovanna, la mia piccolina» risponde con gli occhi che sorridono.

«Ricordati di spiegare a tua madre che deve rivolgersi ai servizi sociali, mi raccomando» gli rammento prima di lasciarlo. Lui annuisce. Mi saluta alzando la mano e se ne va mentre legge la convalida dello sfratto. Proseguo lungo il corridoio. Il mio compito di Aquila nera si conclude al secondo reparto in cui notifico una citazione per furto con scasso a un uomo sulla cinquantina e un'intimazione a testimoniare a un ragazzo siciliano che accoglie la notizia con un sorriso inaspettato per un'Aquila nera: «A Catania devo andare a testimoniare? Che bello. Vado pure a mare questa volta!» esclama ridendo. Poi mi allungo verso l'ufficio ragioneria per verificare se ci sono soldi sul conto corrente di Erminio, un detenuto in semilibertà. Una società finanziaria, a cui aveva chiesto un finanziamento, sta cercando di recuperare parte di quanto le spetta e mi ha presentato un pignoramento presso terzi sperando che Erminio disponga di qualcosa in carcere con cui pagarlo: «Sul conto ci sono diciotto euro» mi dichiara l'ispettore responsabile. «Che faccio, glieli devo bloccare, comunque?» mi chiede, attonito.

«Secondo la legge sì e deve comunicare all'avvocato la somma di cui il detenuto dispone» gli spiego.

Notifico il pignoramento e mi avvio verso l'uscita. Sono già in macchina, quando mi squilla il cellulare.

Le lacrime di Silvia

Appena dico: «Pronto!» una voce femminile dall'altra parte del filo si scusa per avermi disturbato. È una voce accorata; una voce di quarant'anni, più o meno. Mi spiega, tutto d'un fiato, che ha ricevuto un avviso di sloggio e vorrebbe sapere come comportarsi; vorrebbe sapere in quanto tempo dovrebbe andar via; vorrebbe sapere cosa le accadrà adesso.

Fermo l'auto e le dico di calmarsi, di parlare lentamente. Le chiedo come si chiama e dove abita: notifico decine di avvisi di sloggio, ogni mese, e spesso non trovo in casa nessuno, a volte neppure nei giorni in cui dovrei eseguire lo sfratto. Mi è accaduto, in più di un'occasione, di sfrattare qualcuno senza averlo mai incontrato, senza sapere che faccia avesse: quando andavo a notifi care gli atti non era mai a casa; oppure aveva lasciato l'immobile, l'aveva abbandonato senza consegnare le chiavi al proprietario. È una vendetta astuta, quella di non consegnare le chiavi. Si costringe in questo modo il proprietario a buttare via dei soldi pagando un fabbro per aprire la porta e cambiare la serratura. Tra inquilini e proprietari covano certi odi a volte, cosicché non basta non aver più pagato l'affitto, occorre dare una lezione, punire il proprietario fino in fondo. E così non gli si restituiscono le chiavi o gli si danneggia l'appartamento, gli si dà fuoco, come sembra abbiano fatto con un alloggio che mio fratello aveva dato in affitto, alcuni anni fa: l'inquilino moroso si era dileguato e l'appartamento era stato bruciato. Un mistero.

Quando invece mi accade di sfrattare qualcuno senza averlo mai incontrato, se anche il giorno dello sfratto l'inquilino è assente, sono io che ordino al fabbro di forzare la porta e cambiare la serratura. E chissà perché quando rientro in ufficio, dopo aver eseguito lo sloggio, accade a volte che i miei affittuari «sconosciuti», quelli appena sfrattati, saltino fuori come per incanto e si materializzino davanti alla mia scrivania. Spuntano con le loro facce incredule, l'aspetto minaccioso, quasi offesi per aver subito quell'affronto, incavolati neri per aver trovato la serratura cambiata nella porta del loro appartamento di cui non pagavano l'affitto, da due anni e più. E in questi casi, ogni volta, mi sorprendo della loro abilità a orientarsi nel labirinto del palazzo di giustizia, in quel gomitolo di corridoi alla ricerca del mio ufficio, sapendone l'esatta ubicazione e il numero della stanza e trovandolo senza troppa fatica: «Se foste stati in casa ad aspettarmi stamattina» li ammonisco, «o se foste venuti qualche giorno prima qui da me, o se vi foste fatti vivi almeno con il proprietario, avreste evitato il cambio della serratura, avreste portato via, già stamane, la vostra roba dalla casa senza rincorrere il proprietario, il quale, d'accordo, ha l'obbligo di restituirvi la roba che vi appartiene, mobili, indumenti e tutto il resto, però non potete mica pretendere che stia a vostra disposizione e corra ad aprirvi l'appartamento. Dovrete accordarvi con lui, in base ai suoi impegni: così verrà, vi aprirà la porta e voi ultimerete il trasloco, in pochi giorni, ovvio» e li mando via, con cortese fermezza.

Perciò, quando qualcuno s'informa in anticipo su cosa potrà accadergli, o chiede consiglio su quale sia la via più saggia da percorrere, riceve tutta la mia attenzione. E questa voce femminile affranta, dall'altra parte del telefono, che m'implora affinché le spieghi quale sia la procedura che segue la notifica dell'avviso di sloggio e cosa debba aspettarsi di lì a qualche mese, otterrà da me risposte sincere.

«Ma lei come si chiama?» le domando per la seconda volta. «E dove abita?»

«Mi chiamo Silvia e sono di Pero» risponde con una voce sommessa.

«Sì, ma Silvia come?» E lei sbiascica un cognome, tra le lacrime, un cognome che non capisco e allora glielo chiedo ancora. E lei lo ripete allo stesso modo e io per la seconda volta non l'afferro: è agitata e smania di raccontarmi la sua storia.

«... perché le volevo spiegare il motivo per cui mi sono ritrovata in queste condizioni...» sospira e poi riprende: «di non riuscire a pagare l'affitto» e scoppia in un pianto.

Cerco di calmarla: le dico che se non capisco non posso aiutarla. Che ora non c'è bisogno di piangere, ma di spiegare.

«Se mi ha telefonato è perché vuole sapere cosa fare, giusto?» le domando, mentre rinuncio a chiederle per l'ennesima volta il cognome.

«Sì» risponde con un filo di voce.

«Potrebbe leggermi per bene l'intestazione del foglio che ha ricevuto?» le chiedo per capire a che punto siamo con la procedura e se davvero quello che ha ricevuto sia un avviso di sloggio. A volte, i miei clienti confondono la convalida di sfratto con il precetto e il precetto con l'avviso di sloggio.

«Sì» piagnucola. Poi la signora si ammutolisce, ma il suo respiro mi giunge chiaro attraverso il telefono. Aspetto qualche secondo.

«Signora?» dico, temendo che stia per avere un malore.

«Signoraaa?» ripeto.

«Sì» risponde con voce esile.

«Può leggermi l'intestazione?»

«Devo andare di là, a prendere il foglio» mi dice.

«E vada. Che cosa aspetta?»

«Sì, adesso vado a prenderlo e glielo leggo, lei però stia lì, non riattacchi.»

«Vada, che sono qui» rispondo flemmatico.

Nell'attesa, infilo l'auricolare al cellulare e mi avvio. La voce femminile ritorna, dopo qualche minuto.

«Eccolo qua, cosa le devo leggere?»

«Mi legga l'intestazione» le chiedo.

«Corte d'Appello di Milano – Ufficio NEP...»

«Sì, mi legga dopo.»

«Avviso di sloggio. Io sottoscritto ufficiale giudiziario...»

«Questo è l'ultimo foglio che ha ricevuto?» la interrompo.

«Sì, sono andata a ritirarlo al municipio stamattina: l'altro giorno quando lei è passato da casa mia, ero andata in farmacia. Mi scusi se non mi son fatta trovare, ma non sapevo che lei passasse.»

«Immagino» rispondo, «non si preoccupi. Ha fatto bene a telefonarmi» le dico.

E poi: «Senta, se continua a leggere vedrà che c'è una data in cui io dovrei venire, sarebbe la data del mio primo accesso, mi può dire quando sarà?»

«Aspetti che la cerco» risponde con una voce umida, e sono certo che tra qualche secondo riprenderà a piangere.

Infatti: «C'è scritto: 12 maggio» legge singhiozzando, e senza aspettare una mia spiegazione riprende: «Perché sa, io... se lei mi concedesse qualche giorno...»

«Ma io il 12 maggio...» cerco d'interromperla di nuovo, ma non ci riesco. Vorrei spiegarle che c'è la possibilità di un rinvio, che quella del 12 maggio è una data in cui ci incontreremo per la prima volta, ed è prassi che, la prima volta, non si esegua lo sfratto. Ma Silvia non mi ascolta più, sovrappone la sua voce alla mia, con un tono mesto e riversa un fiume di parole attraverso il cellulare: frasi smozzicate infarcite di lacrime, singhiozzi e soffiate di naso: «Vorrei dirle che se lei mi dà qualche giorno io il 28 aprile ho un'udienza a Milano».

«Per cosa?» le chiedo.

«Perché io ho ceduto l'attività e quelli non mi hanno pagato e allora io spero che il giudice mi riassegni il mio bar, quello che ho ceduto. Se rientro in possesso del mio bar ricomincerò a lavorare e potrò pagare tutti i canoni d'affitto arretrati» e giù lacrime, senza sosta.

«È da tre anni che combatto» riprende «non so quanti rinvii ci sono già stati per quest'udienza. Ma come funziona la giustizia in Italia?»

«Il suo avvocato cosa dice?» chiedo.

«Che devo aver fiducia: intanto quelli sono ancora lì che guadagnano con il mio bar senza darmi un soldo e io non riesco più a pagare l'affitto. Se ottengo indietro il mio bar» continua, «io riprendo a pagare tutto. Io spero che mi ridiano il mio bar» ripete piangendo.

E lo spero anch'io. Mi fa tenerezza, Silvia. Non so che aspetto abbia, non so nulla di lei, ma la sua voce è uno strazio. C'è una sconosciuta dall'altra parte del telefono che mi sta raccontando il suo dramma. Ne ho viste e sentite lacrime in anni di questo lavoro: molte erano false, buttate lì per guadagnar tempo, per ricavarne un rinvio. In quelle di Silvia non c'è niente di recitato, nessun calcolo, lo percepisco: sono lacrime sincere, lacrime cocenti. Fermo la macchina, non riesco a proseguire. Silvia, dall'altra parte non smette.

Non è la prima volta che ascolto i racconti della mala giustizia che si accanisce contro i miei clienti. Vorrei allungare una mano attraverso il cellulare, abbracciarla forte, e fermare quei singhiozzi. Vorrei dirle che andrà tutto bene, che c'è sempre un giudice a Berlino che, seppure in ritardo, le darà ragione. Qualcuno ha detto che la giustizia è lenta, ma inesorabile e vorrei che lei nutrisse questa speranza, che avesse fede.

Vorrei augurarle che il bar possa ritornare presto nelle sue mani: così potrà riprendere i pagamenti dei canoni d'affitto e io e lei non ci incontreremo mai. Che il 28 aprile possa essere il giorno della verità, che il giudice non si riservi ancora di decidere e che non ci sia l'ennesimo rinvio. E spero che le ridiano quel benedetto bar e soprattutto, che quelli che oggi stanno guadagnando con la sua attività non siano della 'ndrangheta o della camorra, che da queste parti si sono intrufolate per bene oramai e divorano molte attività commerciali. Mi auguro che abbia un uomo forte accanto, e che possa contare su un avvocato esperto e agguerrito: spesso l'avvocato in gamba è l'unica variabile che assicura il successo nel marasma del nostro sistema giudiziario.

Silvia sembra acquietarsi, la sento respirare e soffiarsi il naso e allora ne approfitto e le spiego quello che avrei voluto dirle dall'inizio: che il 12 maggio non eseguirò lo sfratto; che come da prassi lo rinvierò almeno di un mese, un mese e mezzo, poi vedremo; che mi richiami qualche giorno prima di quella data e le dirò quando mi presenterò per la seconda volta, così se il 12 maggio avrà qualche impegno non sarà obbligata ad aspettarmi: passerò da casa sua e le lascerò un avviso nella buca delle lettere, con l'indicazione del giorno del secondo accesso. Quell'avviso, le spiego, potrà esserle utile se volesse far domanda per una casa popolare.

Silvia abbonda nei ringraziamenti e si scusa ancora per avermi disturbato al telefono: «Ma non sapevo cosa fare, non sapevo dove sbatterla questa testa» conclude.

«Non si preoccupi. Si ricordi piuttosto di chiamarmi qualche giorno prima del 12 maggio e le dirò la nuova data.»

«Lei è gentile» risponde.

Ma il 12 maggio, tiene a precisare, mi aspetterà comunque. Rimarrà a casa tutto il giorno: sarà più serena, se riuscirà a parlarmi di persona. Ho riavviato la macchina e mi sono diretto in ufficio. Ad attendermi c'era Caterina, la mia collega addetta alle notifiche dirette agli uffici e alle cancellerie del palazzo di giustizia. Mi ha guardato compassionevole, prima di avvicinarsi: «Devo notificarti una convocazione, purtroppo» mi ha detto.

«A me?»

«Mi dispiace» e mi ha infilato tra le mani un invito a fornire chiarimenti, richiesti dal «grande capo», ossia dal magistrato di sorveglianza dell'UNEP della Corte d'Appello: l'avvocato di un proprietario di un immobile che ho liberato a gennaio ha presentato un esposto contro di me per uno sfratto che ho eseguito a Sedriano, nei confronti di un certo Nasim Abdel Muhammad, e il «grande capo» vuole sapere come sono andati i fatti, se sono stati commessi degli abusi, delle omissioni e compagnia bella.

Me lo aspettavo, dico tra me: mentre cerco di ricordare dettagli e circostanze degli eventi. Nasim Abdel Muhammad. Me lo ricordo bene! Mi giocarono davvero un brutto scherzo lui e sua moglie. Lui egiziano, lei italiana: due canaglie matricolate che non vi dico. Fu una brutta storia quella, davvero una brutta storia. Ne avrò da scrivere al magistrato di sorveglianza. Altro che.

La vendetta

Nasim Abdel Muhammad entrò nella mia stanza con un'aria circospetta, quella mattina. Un'aria circospetta e la faccia da funerale: con l'umore identico di chi deve estrarre un molare e il passo scontroso. Chi viene da me spesso si presenta così. Prima d'imboccare la via crucis che conduce al mio ufficio scruta con attenzione i lati della strada: se c'è qualcuno che spunta all'orizzonte aspetta che si allontani, dopodiché si avvia furtivo verso le scale che conducono davanti alla mia porta dove incontra gli sguardi avviliti di altri disperati come lui, in attesa di essere ricevuti.

Nasim aveva un viso spento e la pelle umidiccia la prima volta che venne a trovarmi. Indossava un vestito di buona fattura e portava baffetti curati che, nonostante tutto, restituivano un'alta dignità alla sua faccia malconcia: «Sono egiziano», esordì, «e ho ricevuto questa».

Afferrai la busta dalle sue mani ossute e olivastre: conteneva un'intimazione di sfratto per morosità, ed ero stato io a notificarla a sua moglie qualche giorno prima.

La citazione era chiara, gli spiegai: doveva presentarsi in udienza e discutere della faccenda dello sfratto col giudice, non con me.

«C'è scritto che me l'ha portato lei», replicò.

E mi sorprese che mi avesse dato del «lei»: gli extracomunitari, in genere, sparano il «tu» senza troppe scuse, e io ricambio volentieri.

«Io l'ho solo consegnata. Vede qui?» dissi, indicando con un dito la data di udienza. «Il 7 giugno, dopodomani, dovrà presentarsi dall'altra parte dello stabile, davanti al giudice.»

«Il giudice? Tu non sei un giudice?» mi chiese meravigliato e rincuorato dalla mia spiegazione che lo spinse a darmi del «tu», automaticamente.

«No! Sono un ufficiale giudiziario» risposi.

«E io cosa devo dire al giudice? » incalzò.

Allargai le braccia: «Cosa vuoi che ti consigli? Digli che hai bisogno di qualche mese di proroga per poter pagare».

«Pagare? Ma io non ho soldi per pagare. Io voglio chiedere la sospensione. L'hanno detto alla televisione, anche ieri sera, che c'è la sospensione di tutti gli sfratti. Tu lo sai che c'è la sospensione? Anche questa devo chiedere al giudice, o a te?» domandò tutto d'un fiato.

«Anche per quella devi far domanda al giudice, nel tuo caso» risposi.

E lui: «Ma riguarda lo sfratto. Tu sei ufficiale giudiziario, non devo chiederla a te la sospensione, ne sei sicuro?»

Accennai un sorriso.

«Perché ridi?» mi rimproverò. «Io ti chiedo per un problema serio e tu ridi?»

«Non ridevo per te» risposi. «Faccio questo benedetto lavoro da cent'anni e tu mi chiedi se sono sicuro che non devi chiedere a me. Comunque non credo, sai, che il giudice accoglierà la tua domanda di sospensione» gli spiegai. «Quella viene concessa solo in caso di sfratto per finita locazione e se possiedi requisiti particolari. Per esempio, se nella tua famiglia c'è una persona anziana che supera i sessantacinque anni, oppure una persona con un handicap o con malattie incurabili e se i componenti della famiglia hanno un reddito molto basso: deve essere inferiore a ventisettemila euro, se ricordo bene. Qui leggo invece che tu sei citato per morosità, quindi per te non è prevista alcuna sospensione.»

«Sei sicuro?» mi domandò ancora.

E questa volta avrei voluto rispondergli di «no», perché iniziava a starmi sullo stomaco. In genere quelli troppo dubbiosi mi stanno sempre sullo stomaco, che siano italiani o extracomunitari: l'eccessiva diffidenza è irritante, oltre che da sciocchi. E così avrei voluto rispondergli che non ero sicuro di niente, nemmeno che io fossi un uffciale giudiziario. Avrei voluto dirgli di correre dal suo avvocato e chiedergli di presentare comunque domanda per la sospensione, così l'avvocato gli avrebbe spillato ancora un po' di soldi e lui sarebbe stato soddisfatto. Avrei voluto dirgli tutte queste cose e invece mi limitai a fissarlo per qualche secondo, in silenzio: occhi negli occhi che lo spaventarono. Così abbassò lentamente il capo e alzò una mano in segno di resa: «Scusa» disse con una voce accorata, «ma sono molto preoccupato: mia moglie è incinta, non possiamo andare via da quella casa adesso, lo capisci?»

«Potrei anche capire, fatto sta che qui leggo che sono almeno otto mesi che non versi un euro d'affitto. Perché non hai pagato in tutto questo tempo?» lo interrogai.

E lui: «Sono stato licenziato. L'azienda è andata in crisi e mi hanno lasciato a casa».

«Mi dispiace, io però, non posso aiutarti ora. Intanto, presentati all'udienza, dopodomani: vedrai che il giudice ti darà un po' di tempo. Dopodiché inizia a organizzarti però: se il proprietario non ti consentirà di rimanere oltre il tempo che ti ha concesso il giudice, dovrai uscire da quella casa, prima o poi.»

«Cosa vuol dire 'un po' di tempo'? Se non posso chiedere la sospensione, il giudice mi ordinerà di uscire.»

«Potresti richiedere il 'termine di grazia'» gli dissi. «Quando sarai in udienza, chiedi che ti sia concesso il termine di grazia ai sensi dell'articolo 55, così avrai tempo per recuperare un po' di soldi e pagare i canoni arretrati. Spiega al giudice che sei stato licenziato, che tua moglie è incinta: ti verrà incontro.»

«Cosa devo pagare? Io sono stato licenziato, l'azienda è fallita e non mi hanno dato ancora mezzo euro di liquidazione e gli avvocati hanno già detto di rassegnarci, che sarà una battaglia lunga, e speriamo di beccare qualcosa alla fine. Come faccio a pagare?» replicò, con gli occhi sgranati.

«Vabbè, intanto cerca di guadagnare qualche mese. Magari nel frattempo troverai un lavoro e con il primo salario cerchi di sanare la morosità. In questo modo il proprietario riceverà quanto gli spetta, e potrebbe rinunciare a sfrattarti. »

«Ma se non trovo lavoro, come faccio?»

E io: «Cosa posso dirti, Nasim, vai dagli assistenti sociali. Chiedi un sostegno al reddito, intanto. Muoviti! Fai qualcosa! Non aspettare: il tempo passa in fretta e in un baleno potresti ritrovarti sulla strada».

«Loro possono aiutarmi? Tu dici che gli assistenti sociali possono aiutarmi?»

«Lo spero, Nasim. Loro dovrebbero aiutarti. Se dimostri che in questo periodo non hai un reddito, che tua moglie è incinta, che avrete lo sfratto, una soluzione dovrebbero trovarla.»

«Tu dici?»

«Provaci, intanto» gli risposi e allungai la mano per salutarlo.

Lui si alzò di scatto, mi strinse la mano tra le sue e s'inchinò leggermente. Stava per allontanarsi quando ritornò indietro, tirò fuori una biro dalla tasca, e mi chiese: «Dimmi ancora come si chiama quell'articolo per la sospensione. Scrivilo qua per favore» e mi allungò il foglio con la citazione che aveva ricevuto.

Scrissi: «Articolo 55, termine di grazia, legge n. 392 del 1978» e mentre gli restituivo la citazione gli ricordai ancora che se il giudice gli avesse concesso il termine di grazia lui nel frattempo avrebbe dovuto sanare la morosità, o quantomeno, iniziare a pagare qualche canone. «Ricordati che il termine di grazia viene concesso proprio per dare un po' di respiro alle persone per pagare. Se però non paghi, dovrai uscire» gli dissi.

Nei giorni successivi mi dimenticai di Nasim: ebbi molto lavoro e di quella conversazione non ricordavo quasi più nulla. Ma il 7 giugno lo trovai ad aspettarmi davanti alla porta del mio ufficio.

«Ciao» mi salutò.

«Ciao.»

«Ti ricordi? Io sono venuto qua a chiederti informazioni, l'altro giorno, e voglio ringraziarti.»

«Per cosa?» risposi. «Non ho fatto granché.»

«No, tu hai fatto tutto! Grazie» e mi allungò la mano. Io gliela strinsi e lui appoggiò subito l'altra mano sulla mia, pronunciando ancora una serie di «grazie! grazie!»

«Tu mi hai detto dell'articolo 55 e io l'ho chiesto al giudice e lei me l'ha concesso, capisci posso stare tranquillo per un paio di mesi» mi spiegò esultando.

«Sono contento» gli risposi, «però guarda che due mesi passano in fretta. Inizia a cercare un'altra casa, mi raccomando.»

«Ci proverò, ma mia moglie è incinta e il dottore ha detto che deve stare a letto. E adesso cosa succede?» domandò.

«Adesso devi pagare, altrimenti se dopo due mesi non paghi il proprietario tornerà dal giudice e il giudice convaliderà lo sfratto. »

«Ma io non posso pagare, sono stato licenziato, ti ricordi?»

«E allora devi lasciare la casa Nasim. Il giudice ti ha concesso il termine di grazia affinché tu possa pagare, non certo per restare due mesi in più nel l'appartamento senza scucire un soldo. L'hai capito questo? Se sapevi che non avresti potuto pagare non dovevi chiedere il termine di grazia» gli dissi.

Lui mi guardò e sorrise. «Perché sorridi, Nasim?» chiesi. «Ti sto spiegando una cosa seria e tu sorridi?»

«Tu italiano poco furbo. Se uno ti dà una cosa gratis perché non prenderla» rispose con un mezzo sorriso.

«Per correttezza, Nasim. Se poi non posso rispettare l'impegno preso, non m'impegno.»

E lui: «Ma oggi c'erano anche tanti italiani che sono andati dal giudice e tutti sono usciti contenti: tutti hanno ottenuto il termine di grazia e tutti dicevano che non avrebbero pagato. Perché non vai a dire anche a loro che non sono corretti?»

In fondo Nasim non aveva tutti i torti, pensai: se la legge glielo consentiva, perché non approfittarne?

«Hai ragione, Nasim, però mettiti nei panni del proprietario: sei in casa sua e non paghi nulla. Lui tuttavia continua a versare le spese condominiali, le tasse, e tutto ciò che serve per il tuo appartamento da cui non guadagna un euro. Avrebbe ragione di arrabbiarsi prima o poi, non credi?» tentai di spiegargli.

«E che si arrabbi, sai che mi frega» fu la sua risposta immediata.

«Mia moglie è italiana» continuò, «sa come vanno le cose qui in Italia: mi ha già detto che lo sfratto non ci sarà prima di un anno e mezzo, perciò posso anche non pagare più. E poi lei è incinta e tu non puoi toccarla» concluse tutto d'un fi ato.

Ed ecco che Nasim ricominciava a starmi di nuovo sullo stomaco. In genere tutte le persone che dicono «tanto tu non puoi toccarmi» mi stanno sempre sullo stomaco.

Tirai un sospiro interminabile per non esplodere e con un tono sereno replicai: «Guarda Nasim, se proprio la metti così allora spiega a tua moglie, visto che è italiana, che primo, non è assolutamente vero che lo sfratto ci sarà tra un anno e mezzo; secondo, non c'è alcuna legge in questo Paese che vieti di sfrattare una donna incinta. Tuttavia il problema non è questo: se tua moglie starà male il giorno dello sfratto chiamerò un medico e le chiederò di farsi visitare affinché il medico accerti se può uscire di casa o no. Nel caso non possa uscire quel giorno, rinvierò lo sfratto di appena una settimana: per cui avrai il mio fiato sul collo fino a quando non te ne vai da quell'appartamento» conclusi, abbozzando un sorriso gelido.

Fui convincente come al solito, infatti Nasim mutò all'istante atteggiamento ed espressione del volto e i suoi occhi ancora una volta si abbassarono umiliati.

«Posso sedermi?» chiese.

«Accomodati pure.»

Sedette lentamente, poggiò i gomiti sulla mia scrivania e infilò entrambe le mani nei capelli all'altezza delle tempie: «Ma dimmi, sinceramente, quanto tempo mi rimane?» sussurrò, con lo sguardo basso.

Quella sua domanda, «quanto tempo mi rimane?», pronunciata in quel modo, come fosse stato un condannato a morte da una malattia incurabile mi risuonò nella mente come un'eco fastidiosa, come un rullo di tamburi prima di una battaglia, il presagio di una tragedia.

Osservai Nasim in quella posizione disperata: sopra una camicia dal collo smangiato indossava ancora il vestito di buona fattura del primo giorno che lo incontrai. Lo fissai a lungo, mentre cercavo le parole giuste per spiegargli cosa sarebbe accaduto nei mesi successivi: «Se non paghi, il proprietario chiederà al giudice di convalidare lo sfratto e allora dobbiamo rivederci, perché sarò io che dovrò notificarti la convalida».

«Cosa vuol dire 'convalidare lo sfratto', questo non è già lo sfratto?» domandò agitando la citazione tra le mani mentre sollevava lentamente la testa.

«Convalidare, vuol dire che il giudice, quando verrà a sapere dal proprietario che non hai pagato durante il termine di grazia, ti ordinerà di uscire entro una data che lui stabilirà» gli dissi.

«E se non esco per quella data?»

«Ci sarà un altro atto giudiziario che l'avvocato del proprietario mi chiederà di consegnarti, si chiama 'precetto'. Lì, ci sarà scritto che dovrai uscire entro dieci giorni da quando lo ricevi» spiegai con calma.

«E se non esco entro dieci giorni?» domandò timidamente.

«Ti notificherò l'avviso di sloggio in cui troverai la data che ho scelto per lo sfratto. E quel giorno dovrai uscire» replicai.

«E se non esco?» domandò subito, con l'aria di un bambino assetato di risposte.

«La prima volta che arrivo, in genere, non eseguo lo sfratto. Magari lo rinvierò ancora: un mese, un mese e mezzo. Ma poi la seconda volta che mi presento dovrai uscire.»

«E se non esco?» ripeté, meccanicamente.

Ti caccio fuori a pedate, Nasim! mi venne voglia di rispondere, ma non lo feci.

«Be', Nasim, vedremo. Ora non posso dirti nulla. Ma siamo partiti che dovresti pagare l'affitto entro i due mesi: ti hanno concesso un termine di grazia, non scordarlo. Ora però dovrei far entrare altre persone» gli dissi guardando verso la porta del mio ufficio.

Lui si alzò e mi ringraziò di nuovo, cerimonioso come sempre: la mia mano tra le sue.

«Grazie, amico mio » disse.

«Di nulla» risposi, e lui se ne andò.

Passarono alcuni mesi da quella mattina e Nasim incrociò di nuovo la mia strada. L'avvocato del proprietario aveva chiesto la convalida dello sfratto e l'aveva consegnata al mio ufficio per notificargliela. Nasim, com'era prevedibile, non aveva pagato nulla durante i due mesi di grazia che gli erano stati concessi e il giudice aveva convalidato lo sfratto con l'ordine di uscire entro il 10 ottobre.

Mi recai al suo indirizzo per notificargli l'atto, bussai più volte ma nessuno rispose.

Avrei potuto depositare la convalida dello sfratto all'ufficio protocollo del Comune di residenza e poi, come previsto dal codice, inviargli una raccomandata e informarlo che poteva ritirarla presso il municipio, ma trovai gli uffici chiusi quel giorno e allora ritornai da Nasim il giorno dopo: la seconda volta fui più fortunato. Bussai e una voce flebile rispose: «Chi è?»

«Salve, sono del tribunale» dissi. «È per una notifica a Nasim Abdel Muhammad.»

«Aspetta» rispose la voce flebile.

Dopo alcuni minuti vidi arrivare Nasim: aveva la faccia scarna e preoccupata.

«Ciao amico» disse alzando una mano.

«Ciao Nasim. Come va?»

«Male amico mio: mia moglie è a letto e il bambino soffre.»

«Ma dov'è, in ospedale?» chiesi.

«No, è qui sopra, a casa. Vuoi vederla?» disse.

«No, non devo vederla, devo solo lasciarti questa, Nasim. È la convalida, ti ricordi? Vedo che non hai pagato in questi mesi...»

«Io non posso, te l'avevo detto. Ho parlato con il

proprietario, ma lui niente. Dice che devo andare via. Ieri ho litigato con lui, perché mi ha chiamato il suo avvocato e mi dice di uscire. Ma anch'io ho un avvocato, e mi dice di aspettare.»

«Hai preso un avvocato?» gli chiesi. «Perché spendi soldi per un avvocato, spendili per pagare l'affitto piuttosto» gli dissi.

«No, è avvocato gratuito dell'associazione egiziani.»

«E allora perché non chiedi di darti una casa, all'associazione egiziani?» domandai sarcastico.

E lui: «E secondo te associazione ha case per tutti gli egiziani qui in paese? Loro ti aiutano con avvocati, con i medici ma non hanno case».

«Sei andato dagli assistenti sociali? » chiesi.

«Certo amico mio, ma non c'è niente, così mi hanno detto. Il Comune non ha case a disposizione per adesso, bisogna aspettare che esce il bando per le case popolari, ma non ora: il bando uscirà ad aprile, l'anno prossimo.»

«È un po' tardi, non so se ce la farai a rimanere in questa casa fino a quando ti assegneranno una casa popolare.»

«Quanto tempo mi rimane?» chiese di nuovo.

«Non posso dirlo adesso, Nasim» risposi garbatamente. «Dipende dal proprietario, dal suo avvocato. Adesso, dovranno aspettare il 10 ottobre e vedere se tu esci o no; se non vai via mi porteranno l'atto di precetto da notificarti, in cui ci sarà scritto che dovrai lasciare l'appartamento entro dieci giorni, te lo ricordi? Te l'ho spiegato quando sei venuto nel mio ufficio; e dopo ci sarà 'l'avviso di sloggio', e quando arriviamo all'avviso di sloggio siamo quasi al capolinea Nasim, perché se non sarà la prima volta, se non sarà la seconda, alla terza dovrai uscire.»

«E più o meno quanto tempo passa per tutto questo?» domandò.

«Siamo a settembre, credo che per novembre ti arriverà il precetto, poi a dicembre l'avviso di sloggio: per gennaio, febbraio dovrai prepararti a uscire, Nasim.»

«Io cerco sai, vado in giro. Ma qui nessuno vuole più affittare agli extracomunitari. Poi nel paese sanno che non ho pagato: il proprietario dice in giro che mi sta sfrattando per questo motivo e nessuno vuole affittarmi una casa.»

«E tu che ne sai?» domandai.

«Me l'hanno riferito i miei amici: lui ha detto a tutti che mi sta mandando via perché non pago. 'Perché vai in giro a dire questo?' gli ho chiesto e lui ha risposto che devo andare via da questo paese e non devo fregare altri proprietari come ho fatto con lui. Tu lo conosci?»

«No Nasim, conosco il suo avvocato. Se tu paghi almeno qualcosa, mi sembra disponibile a risolvere la faccenda. Però se non ti fai vivo, lui non può aiutarti.»

«Ma io non ho più soldi, cosa gli racconto all'avvocato? All'inizio davo soldi senza contratto, sai? Tutto in nero amico, senza mai ricevuta. Lui ha preso un sacco di soldi da me, e ho sempre pagato regolare.»

«Cosa posso dirti, Nasim. Cerca ancora, sia la casa che il lavoro.»

«Va bene dammi questa, poi ci penso io» disse.

Gli consegnai la convalida dello sfratto e me ne andai. Lui rimase lì per un po', a fissare il foglio che gli avevo lasciato. Lo guardai, aveva uno sguardo poco rassicurante. Alzai la mano per salutarlo prima d'andar via in auto, lui mi guardò senza rispondere.

Passarono tre settimane dalla notifica della convalida, quando l'avvocato del proprietario mi presentò il precetto da consegnare a Nasim. Aspettai qualche giorno prima di notificarglielo. Poi una mattina mi decisi, e andai a casa sua. Bussai e dopo un po' rispose una voce di donna. Attaccai con la frase di rito: «Buongiorno, sono del tribunale: è per una notifica per Nasim Abdel Muhammad».

«Quinto piano» disse la voce femminile. Entrai nel palazzo e un cartello con la scritta «ascensore rotto» mi annunciò che dovevo scalare una montagna. La scalai.

Al quinto piano trovai una porta socchiusa, bussai. La moglie di Nasim arrivò dopo qualche istante. Aveva una pancia pronta a scoppiare e la faccia stanca.

«Non c'è il signor Nasim Abdel?»

«Lo vede da qualche parte?» rispose la donna spalancando la porta d'ingresso e guardando all'interno dell'appartamento.

Accennai un sorriso ebete. «Lei è la moglie?» domandai.

«Sì.»

«E si chiama?» chiesi con la penna tra le dita, pronto a scrivere il suo nome nella relazione di notifica.

«Ma di cosa si tratta?» chiese la signora.

«Guardi, è una notifica di un atto giudiziario, non posso dirle altro. Sa per la privacy, dovrei consegnargliela in una busta chiusa» risposi.

E lei: «Cos'è, ancora per lo sfratto? Se è per lo sfratto glielo dica pure al proprietario che io da qua non esco» iniziò a urlare. « Non esco fino a quando non ci danno una casa decente. Ha capito? Glielo dica!»

Tirai un sospiro.

«Ma il proprietario non c'entra» abbozzai «dovreste rivolgervi al Comune.»

«Qui non c'è niente: il Comune è in deficit. Ci hanno detto di aspettare. Perciò come aspettiamo noi, aspetta anche il proprietario. Glielo dica!» replicò la donna con fermezza.

Sospirai ancora.

«Signora, io capisco» spiegai con calma «però non deve rivolgersi a me in questo modo. C'è ancora un po' di tempo, poi vedremo. Intanto, come ho già consigliato a suo marito sarebbe il caso che iniziaste a cercare un altro appartamento.»

E lei: «Non c'è nulla da vedere, sa. Guardi in che condizioni sono!» disse, mentre si accarezzava la pancia bella tonda. Poi aggiunse indispettita: «È stato lei a dire a mio marito che devo uscire anche se sono incinta?»

Cercai di giustificarmi, ma prima di replicare trattenni il fiato qualche secondo e, per sottrarmi dal suo sguardo sprezzante, aprii le mani come le aprono i fedeli in chiesa quando recitano il *Padre Nostro*: «No, guardi» spiegai, «io ho solo detto a suo marito che purtroppo» e sottolineai purtroppo, «non esiste una legge che vieti di eseguire uno sfratto nei confronti di una donna incinta».

E lei, quasi aggredendomi: «Non esiste una legge, ma esiste l'umanità! Lei ce l'ha, l'umanità?»

«Signora, non dipende da me» ribattei con calma. «Io lo sfratto posso rinviarlo una volta, anche due volte, ma poi dovrete uscire e credo che sarebbe opportuno già d'ora preoccuparsi di cercare un altro appartamento. Tutto qui.»

«No, guardi, io non mi preoccupo per niente. Dovrebbe essere il proprietario a preoccuparsi. Glielo dica» chiarì, per l'ennesima volta.

La conversazione iniziava ad appesantirsi e volevo allontanarmi: la signora sapeva il fatto suo e temevo che avrebbe potuto accusare un malore e incolparmene. Era agitata: ogni tanto si reggeva la schiena con le mani. Se si fosse sentita male in quel momento avrei perso un sacco di tempo e giù in macchina avevo quintali di atti giudiziari da notificare in giornata, molti con termini processuali pronti a scadere. Dovevo allontanarmi a ogni costo.

«Va bene signora, adesso devo proprio scappare» le dissi. «Comunque c'è ancora un po' di tempo, poi vedremo. Se mi dice come si chiama, così le notifico l'atto» e le mostrai il precetto che avevo tra le mani.

«Scriva che sono la moglie» rispose.

«Sì, ma ce l'avrà un nome e cognome questa moglie» insistetti sorridendo, per uscire dall'impaccio.

«Sono la moglie e basta!» rispose con la faccia livida.

Mi arresi. Scrissi nella relazione di notifica: «In mani della moglie» pur sapendo che non era proprio corretto e che avrei dovuto indicarne anche il nome e cognome, e se Nasim avesse avuto un avvocato in gamba, avrebbe potuto far annullare la notifica. In fondo era un arabo e avrebbe potuto avere anche due o più mogli.

Ma volevo andarmene, sparire dalla scena e allora scrissi: «In mani della moglie» più veloce della luce. Imbustai l'atto e glielo ficcai tra le mani, salutandola. Mentre scendevo le scale, alle mie spalle, sbatté la porta.

I dieci giorni previsti dal precetto passarono in fretta. L'undicesimo giorno, l'avviso di sloggio era già sulla mia scrivania e ciò era un segnale chiaro: il proprietario non vedeva l'ora di liberarsi di Nasim. Erano trascorse solo due settimane da quando gli avevo notificato il precetto ed ero di nuovo davanti alla porta di casa sua con l'avviso di sloggio tra le mani. Prima di partire avevo scrutato la mia agenda, zeppa di appuntamenti per esecuzioni e notificazioni d'ogni sorta: pignoramenti, citazioni, obblighi di fare, decreti ingiuntivi e sfratti. Avevo giorni con sei o sette sfratti previsti: alcuni maturi per essere eseguiti, altri cui potevo concedere una leggera proroga. Eravamo in piena crisi, e la mia agenda era un bollettino di guerra. Ricordo che trascorrevo mattinate intere a pignorare, in case di poveri cristi, beni inutili e di scarso valore commerciale che nessuno avrebbe mai acquistato all'asta. E giorni in cui l'unica scritta che campeggiava al centro della pagina della mia agenda era: «Sfratto in via tal dei tali, ore 10, eseguire. Inviare fax alla forza pubblica». Tra questi spazi, dopo aver calcolato termini e scadenze per la notifica, trovai anche la data da fissare sull'avviso di sloggio per Nasim, la data in cui avrebbe dovuto lasciare l'immobile: il 15 novembre.

Mi recai a casa sua di pomeriggio, sperando di trovare qualcuno. Citofonai. Dopo qualche secondo la serratura del portone scattò: qualcuno aveva aperto senza rispondere. Varcai l'ingresso del palazzo: quel giorno l'ascensore funzionava e non dovetti scalare la montagna. Al quinto piano suonai più volte alla porta di Nasim, ma nessuno rispose. Eppure qualcuno aveva schiacciato il pulsante del citofono per aprire. Bussai allora con le mani, ma il risultato non cambiò. Bussai ancora e chiamai: «Nasim, sono l'ufficiale giudiziario, mi puoi aprire?» Ascoltai in silenzio, sperando di percepire qualche segnale di vita nell'appartamento. Ma nulla. Ripresi l'ascensore per andare via, e mentre le porte si chiudevano sentii lo scatto della serratura della porta dell'appartamento di Nasim: era in casa.

Provai a bloccare le porte scorrevoli, ma non feci in tempo e l'ascensore s'avviò. Giunto al piano terra, schiacciai a lungo il pulsante del quinto piano per ripartire senza che le porte si riaprissero. Risalii e qualcuno che attendeva nell'atrio del palazzo, assestò due, tre pugni forti sulla porta dell'ascensore, sbraitando a piena gola. Quando fui davanti all'appartamento di Nasim, bussai di nuovo. Attesi che mi aprisse qualcuno, ma nessuno arrivò. Iniziai a sospettare che fosse uno scherzo di Nasim. Può accadere a volte che i miei clienti cerchino di evitare di ricevere la notifica: aprono il portone, magari credendo che a bussare sia stato un loro familiare che rientra, e poi quando si accorgono che invece è l'ufficiale giudiziario scompaiono, si dileguano, diventano silenziosi. Ed era forse quello che mi stava accadendo con Nasim: c'era, ma non voleva che lo beccassi. Forse.

Scampanellai e bussai e chiamai un'ultima volta: «Nasiiim?» Nulla.

Ripresi l'ascensore e durante il tragitto controllai gli orari dell'ufficio protocollo del municipio per verificare se ce l'avrei fatta a depositarvi la copia dell'avviso di sloggio in modo che nei giorni seguenti Nasim potesse andare a ritirarla. Avevo ancora cinque minuti. Ero pronto a schizzare via, ma non feci in tempo perché quando le porte si spalancarono ebbi la visione: Nasim, era lì ad aspettarmi.

Impalato, sull'orlo dell'ascensore a bloccare l'uscita, mi squadrava in silenzio con occhi spiritati.

«Nasim!» trasalii per lo spavento.

«Cos'altro vuoi adesso?» domandò con una voce spettrale.

Avrei voluto chiedergli subito se era stata sua moglie ad aprirmi, ma aveva un'espressione arcigna, cupa, che spense ogni mia curiosità.

«Era per questo Nasim», e gli mostrai l'avviso di sloggio. «Ho fissato il primo accesso per il 15 novembre.»

Lui allungò la mano e afferrò il documento. Tentò di leggere qualcosa, poi chiese: «E che farai il 15 novembre? Io non so dove andare. Tu mi devi aiutare!»

«Te l'ho già spiegato, Nasim» risposi accennando un sorriso.

E lui, serio: «E tu spiegamelo un'altra volta».

«Te l'ho detto Nasim, magari il 15 novembre potrei rinviare ancora, ma poi dovrai uscire. Se non a dicembre, a gennaio sei fuori.»

«Gennaio? Ma io non riesco! Tu mi devi aiutare. Il mio avvocato ha detto che tu puoi aiutarmi» rispose.

E il tuo avvocato è un demente! pensai. Poi cercai di spiegargli che potevo aiutarlo la prima volta, la seconda se avessi avuto sfratti più urgenti da eseguire ma poi sarebbe arrivato anche il suo turno e quando sarebbe arrivato non ci sarebbero state più proroghe: il proprietario aveva diritto alla restituzione del suo appartamento e lui, come migliaia di altri prima di lui, doveva prepararsi e lasciare quella casa.

«Ma io non so dove andare. Il proprietario deve aspettare. Tu lo conosci, il proprietario?» domandò ancora.

«No, Nasim, non conosco il proprietario.»

«Com'è possibile che tu fai lo sfratto a me, ma non conosci il proprietario?» ribatté incuriosito.

«Lo conoscerò certamente il giorno che dovrai uscire Nasim: dovrà presentarsi per prendere possesso del suo immobile, a meno che non deleghi il suo avvocato.»

«Tu puoi parlare con lui, lui è bravo. Il mio avvocato dice che puoi parlare con il proprietario e se tu vuoi puoi ancora rinviare.»

Non c'era verso: Nasim aveva inserito un disco e riavviava il play ogni tre minuti.

Così sfoderai la mia frase di rito: «Va bene Nasim vedrò cosa posso fare». E subito l'espressione del suo volto da cupo si tramutò in sereno: era quello che voleva sentirsi dire e io, vergognandomene un po', lo accontentai.

Come previsto, il 15 novembre lo sfratto di Nasim venne rinviato. Mi recai a casa sua e trovai sia lui che la moglie.

Dissi loro che, essendo quello il primo accesso, avrei rinviato ma dal prossimo potevano esserci dei problemi: era più di un anno che non pagavano l'affitto e l'avvocato del proprietario, quand'era venuto a presentare i titoli esecutivi per richiedere l'accesso di quel giorno, aveva iniziato a pressarmi affinché la procedura di sfratto si concludesse entro l'anno.

«Ma tu avevi detto a gennaio, non a dicembre!» disse Nasim.

«Sì Nasim, ma non avevo escluso che potesse accadere anche a dicembre» risposi.

«E tu non farlo accadere. Il mio avvocato mi ha detto che se tu vuoi, puoi rinviare.»

«Sì, il tuo avvocato Nasim... il tuo avvocato farebbe meglio ad aiutarvi a trovare un altro alloggio» replicai.

«Ma non ci sono alloggi. Aiutami tu» disse.

«Se sapessi come fare, ve lo direi. Fuori la situazione è drammatica: non siete gli unici in difficoltà, in questo periodo.»

La moglie di Nasim si alzò e andò verso il lavandino: lentamente, strisciando i piedi. La pancia sempre più gonfia, la faccia sempre più stanca. Versò un bicchiere d'acqua da una bottiglia.

«E gli altri come hanno fatto a risolvere questo problema?» domandò, dopo aver bevuto.

«Alcuni si sono spostati a Milano: avevano fatto domanda per la casa popolare e l'hanno ottenuta» spiegai. «Adesso però i bandi sono chiusi. Provate a chiedere nei Comuni qua intorno. Ogni tanto li riaprono: perché non l'avete ancora fatto?»

«Io ho chiesto» rispose Nasim, «ma al municipio mi hanno detto che ora i bandi sono chiusi, e che potrò presentare domanda solo per il Comune dove abito o dove lavoro; io abito qua, e qua il Comune non ha case libere da assegnare a chi ha lo sfratto, e poi non lavoro: sono stato licenziato e quindi non posso fare domanda nel Comune dove lavoravo, perché non lavoro più lì. Comunque occorre almeno un anno prima che ti diano un alloggio, da quando aprono i bandi: tu mi lasceresti qui dentro per un anno?»

«Se potessi, perché no.»

«Comunque noi da qui non andiamo via!» sentenziò la moglie di Nasim. «Lo sappia.»

«Mi rendo conto signora, però quando sarà il momento dovrete uscire, non mi costringerete mica a venirci con i carabinieri, quel giorno? Non avete qualcuno che può ospitarvi, una sorella, qualche amico?»

«Tu trovi amici quando hai bisogno?» intervenne Nasim. Accennai un sorriso.

«Mia sorella vive in un bilocale e sono già in quattro, secondo lei potrebbe ospitare anche noi tre?» spiegò la moglie di Nasim, accarezzandosi la pancia.

Ero di nuovo in trappola e cercai di liberarmi subito. Afferrai il verbale del primo accesso e, dopo averlo compilato, in corrispondenza del rinvio scrissi la data del 10 gennaio.

«Ecco qua Nasim» gli dissi, «ci vedremo il 10 gennaio, temo che per quella data dovrete uscire. Oltre non posso andare. Ti chiederei perciò di farmi trovare l'appartamento vuoto, così il 10 gennaio mi consegni le chiavi e almeno una cosa la risolviamo. Poi vedrai come pagare i canoni arretrati.»

«Ma se io vado via perché devo pagare i canoni arretrati?» chiese.

«Perché comunque sei stato in quest'alloggio tutto questo tempo senza pagare, Nasim. Però questo a me non interessa, dicevo per dire. Se poi il proprietario vorrà metterci una croce sopra, buon per te.»

La mattina del 7 gennaio, davanti al mio ufficio c'era il solito assembramento di avvocati e segretarie in attesa di parlarmi. Il proprietario dell'appartamento di Nasim e il suo avvocato furono i primi a entrare.

Conoscevo l'avvocato da tempo: era piuttosto malleabile. Avevo eseguito degli sfratti nei confronti di alcuni suoi clienti e ricordai che si era presentato più volte in ufficio per supplicarmi dei rinvii, che in parte aveva ottenuto. Quella mattina si trovava dalla parte opposta della barricata ed ero curioso di sapere come si sarebbe comportato. Agli avvocati accade spesso di ritrovarsi seduti davanti agli ufficiali giudiziari in veste ora di legale dei proprietari ora di difensore di inquilini sull'orlo dello sfratto: e ogni volta per loro è un lavoraccio imbastire discorsi improvvisati, cavar dalle labbra parole coerenti pur di ottenere un rinvio della procedura o chiederne l'immediata esecuzione. I loro clienti hanno sempre ragione.

Strinsi la mano al proprietario: aveva uno sguardo tiepido e dita callose di chi lavora la terra. Non mi sembrava un duro. Mi spiegò che non ne poteva più di pagare spese condominiali e tasse per un appartamento da cui non ricavava un soldo da più di un anno: era pieno di debiti e per soddisfare i creditori avrebbe dovuto vendere l'immobile. Aveva infatti un'azienda agricola che era in perdita, aveva acceso un mutuo per acquistare un terreno e la banca gli stava alle costole e voleva portarglielo via: da sei mesi oramai non riusciva più a pagare le rate. Io ascoltavo, annuendo.

«Guardi ufficiale» esordì l'avvocato, «il mio cliente avrebbe già un acquirente della casa. Però questo signore ha vincolato l'acquisto allo sfratto. Se l'appartamento non è libero, lui non compra. Capisce che il mio cliente è in difficoltà, e non può aspettare oltre: il 10 gennaio questo sfratto lei lo deve eseguire.»

Cercai di spiegare che non era mia intenzione rinviare lo sfratto, tuttavia c'erano dei problemi: «La signora è incinta!» dissi.

«Lo sappiamo» rispose l'avvocato, «ma non possiamo certo aspettare che partorisca. Dopo avranno la scusa del bambino appena nato e la situazione si aggroviglia.»

«Lo so, ma dobbiamo essere cauti» risposi. «Se la signora si farà trovare a letto quel giorno, potrebbe essere complicato farla andar via.»

«Porteremo un medico, la faremo visitare» intervenne l'avvocato.

«Sì, ma lei sa benissimo che potrebbe rifiutare la visita. In questo caso occorrerebbe un TSO che allungherebbe i tempi.»

«Cos'è?» chiese il proprietario.

«Trattamento Sanitario Obbligatorio» gli spiegò l'avvocato. «Quando qualcuno rifiuta di farsi visitare, lo si carica sull'ambulanza e lo si porta in ospedale con la forza.»

«Insomma» intervenni, «non è proprio così, però è l'unico modo per allontanare un inquilino che si fa trovare a letto ogni volta che si tenta di sfrattarlo.»

«Se ci sarà da richiedere un TSO lo faremo» replicò l'avvocato.

«Io direi che sarebbe meglio trovare un punto d'incontro, magari concordando il rilascio spontaneo » conclusi.

«In che senso? » chiese il proprietario.

«Nel senso che valuteremo quel giorno che intenzioni hanno: se ci chiedono qualche settimana sarebbe meglio concederla, in modo che rilascino spontaneamente. Eviteremmo un sacco di problemi: richiedere un TSO porterebbe via molto più tempo, ve l'ho detto.»

«Dovremmo aspettare ancora?» intervenne il proprietario. «Eh no, per favore ufficiale. Io non sono affatto d'accordo, sa. Ma gliel'ha detto, avvocato, che all'udienza quel signore ha avuto il coraggio di richiedere il termine di grazia? Dopo otto mesi che non pagava, anche il termine di grazia ha chiesto. E il giudice gliel'ha concesso, sa. Una vera presa per i fondelli, quella concessione. Se non hai sborsato per otto mesi, mi chiedo, per quale ragione dovresti farlo entro i prossimi tre? Io vorrei sapere come fanno a conoscere tutti questi cavilli! Ne sanno più loro, di leggi, che gli avvocati. È incredibile.»

Sorrisi. «Guardi che a volte sono i giudici a concederlo, anche senza la richiesta da parte degli sfrattati» dissi.

«Sì, ma nel nostro caso le posso assicurare, dottore» intervenne l'avvocato, «che qualcuno l'aveva imbeccato per bene quel signore: all'udienza tirò fuori un foglietto su cui c'era scritto il numero esatto della legge e dell'articolo: il 55, quello del termine di grazia, appunto.»

Però!, pensai.

«Allora come ci regoliamo, ufficiale, mi sa già dire l'ora dello sfratto? E se interverrà con la forza pubblica?» riprese l'avvocato.

Aprii l'agenda e scrissi in corrispondenza del 10 gennaio: «ore 11 sfratto Nasim». Spiegai che ci saremmo visti davanti al portone dello stabile alle undici, e chiesi di presentarsi con un fabbro. Per la forza pubblica avrei provveduto io: in caso di necessità, avrei chiamato i carabinieri. «Spero tuttavia che almeno della forza pubblica non ci sia bisogno » aggiunsi.

«Ah, lo spero anch'io. Però quello lì è una testa matta, vedrà cosa ci farà passare» rispose il proprietario. E visto ciò che poi accadde, aveva ragione a stare sulle spine.

Li salutai piuttosto turbato: Nasim si aspettava ancora un rinvio e la moglie aveva minacciato chiaramente che quell'appartamento non l'avrebbero lasciato così, su due piedi.

La mattina dello sfratto arrivai puntuale a casa di Nasim. Il proprietario era stato più puntuale di me ed era già lì impalato, davanti all'ingresso del palazzo. Aveva tuttavia un'aria serafica che prometteva una buona trattativa. Chi invece non mi piaceva affatto era il fabbro che si era portato dietro: una faccia da brutto ceffo sopra un giubbotto nero da naziskin; completamente rasato e con un cerchietto di metallo all'orecchio sinistro. Faceva freddo, e quella mezza canaglia aspirava una Marlboro con l'espressione di chi se ne infischia del mondo, un animale a sangue freddo. Conosco quasi tutti i fabbri della zona, ma con lui non avevo mai lavorato.

Più che sostituire serrature, sembrava avere le carte in regola per correre a massacrare gli extracomunitari e tormentare i barboni alla stazione centrale.

Cercai di ignorarlo. Allungai la mano al proprietario e non a lui che se ne stava appoggiato su una spalla al portone del palazzo, dietro la nuvoletta di fumo della sua sigaretta, e mi fissava smanioso come a dirmi che non vedeva l'ora di scassinare la porta e che a scassinare porte ci godeva appieno.

«Lui è il fabbro» disse il proprietario, indicandolo. Poi aggiunse: «L'avvocato mi ha detto che lei doveva presentarsi con la forza pubblica, ma qui non vedo nessuno.»

«Dica al suo avvocato che decido io se chiamare o no la forza pubblica» risposi.

«Ma quale forza pubblica» intervenne il fabbro, «ci sono qua io, vedrà che appena mi vedono, alzano i tacchi e se la svignano 'sti randagi.»

Mi voltai verso di lui: Ecco, appunto, pensai fissandolo per qualche secondo, tu adesso te ne stai qui a cuccia e aspetti il mio comando se ci sarà, ma ne dubito. Intanto stattene al freddo che magari crepi e siamo tutti contenti.

Lui mi guardò con un sorriso beffardo, aspettando un mio cenno che non tardò. «Ecco, appunto» ripetei ad alta voce. «Forse è il caso che lei aspetti qui fuori quando la chiamerò. Ora saliamo noi due.»

«No mi scusi, eh» ribatté, venendomi incontro. «Fa freddo e io non sto qui ad aspettare se lei mi chiama o no. O mi dice adesso quello che devo fare o me ne vado.»

Il proprietario m'interrogò con gli occhi.

E così gli spiegai che se Nasim era in casa e ci apriva, il fabbro, per conto mio, poteva anche andarsene; casomai l'avrebbe richiamato successivamente solo per cambiare la serratura. Nel caso non ci fosse stato nessuno, avrei dovuto chiamare i carabinieri e, solo dopo il loro arrivo, avrei chiesto al fabbro di aprire la porta.

La faccia da galera ascoltò la mia spiegazione e poi chiese: «Sì, ma io adesso cosa devo fare?»

«Aspetti che saliamo e glielo dico» risposi.

E lui: «Allora salgo con voi».

«Non se ne parla» dissi io, «lei aspetta qua: se c'è bisogno la chiamo.»

E lui: «Aspetto tre minuti e me ne vado, ho altre cose da fare!»

E io: «Glielo dirò in due minuti» e mi avviai sulle scale.

Giunti davanti alla porta di Nasim bussai una sola volta e

lui ci aprì. Fui contento che ci fosse. Nell'ascensore, mentre salivamo, avevo sperato di trovarlo in casa, così avrei evitato di far sfondare la porta e avrei potuto parlargli.

Nasim ci fece entrare. Sua moglie era seduta su un divano con le gambe divaricate e la pancia immensa: la reggeva con le mani.

«Come va, allora?» chiesi a Nasim.

«Male» rispose con una faccia smunta e subito sparò la sua richiesta: «Abbiamo bisogno di altri giorni per trovare casa. È difficile, sai».

«Altri giorni, quanti?» domandai, e già il proprietario iniziava a borbottare.

«Almeno tre mesi: il tempo che lei partorisce e possiamo cercare una casa.»

«Tre mesi sono davvero tanti» risposi lentamente.

«Neanche tre giorni! » intervenne il proprietario furente.

«Lei non può parlare!» lo aggredì la moglie di Nasim.

«Questa è casa mia e posso dire quello che voglio!» ribatté il proprietario.

Fu un attimo e mi ritrovai in mezzo a un fuoco incrociato di parole, di urla e di insulti.

«Tu non dici questo a mia moglie, capito? Tu porta rispetto!» rimbeccò Nasim, fermando la sua faccia a un centimetro da quella del proprietario.

«Lascialo perdere questo vecchio rimbambito» strillò la moglie dal divano.

«Nasim!» urlai «per cortesia, siediti!»

«Vecchio rimbambito sarà tuo padre» ribatté il proprietario.

«Signori! Per favore!» urlai ancora. Tutti si acquietarono per un istante. Ma il proprietario riattaccò subito: «Ufficiale, chiami i carabinieri, li sbatta fuori!»

«Senta» dissi rivolgendomi al proprietario, «si calmi, ragioniamo. I carabinieri li chiameremo se sarà necessario. Intanto cerchiamo di capire cosa vogliono i signori.»

Il proprietario sgranò gli occhi: «Perché non l'ha ancora capito, dottore?» rimarcò. «Vogliono restare ancora tre mesi senza pagare! È incredibile!»

«Ma questo non è possibile, e loro lo sanno» risposi lentamente.

«Ecco, appunto» aggiunse il proprietario. Nasim, mi guardò.

«Mi sembra di avertelo spiegato, Nasim» continuai. «Oggi sono qui per eseguire lo sfratto. Mi dispiace se non hai ancora trovato una casa, ma oggi io devo chiudere, purtroppo» dichiarai, con piglio deciso.

«E come lo esegue se io da qua non mi sposto?» se ne uscì, con aria spavalda, la moglie di Nasim, seduta alle mie spalle.

Mi girai lentamente verso di lei. Avevo già vissuto situazioni analoghe. Certe battute, certi modi di fare, certi atteggiamenti dei miei clienti si ripetono spesso durante gli sfratti: cambiano i personaggi, ma non le sceneggiature. Era un copione che avevo sentito recitare altre volte, e ogni volta ecco quella frase insolente – *io da qua non mi sposto* – mi pulsa feroce nella mente: parole, arroganti e sciocche, che in genere mi spingono ad afferrare il cellulare e a pigiare i numeri della caserma, ma non per chiamare semplici carabinieri, in questi casi vorrei che mi rispondessero i NOCS, le teste di cuoio, per cacciare via, senza più ragioni, chi crede di poter estorcere con le minacce ciò che non riesce più a conseguire con il diritto.

Però, quella mattina, la frase era scandita da una donna pronta a sparare fuori il suo marmocchio, e Dio non volesse che magari, in tutta quell'agitazione, le si rompessero le acque lì per lì. Confesso che mi spaventai. Dovevo trovare una soluzione, dovevo compiere un miracolo di saggezza: inventarmi qualcosa per accontentare entrambi, proprietario e donna incinta, e possibilmente senza spargimenti di sangue, di lacrime, di liquidi amniotici e cordoni ombelicali da tagliare.

Così, per fare in modo che i personaggi di quella scena tacessero, cercai a mia volta il silenzio, e iniziai a fissarli. E più li guardavo, più loro si ammutolivano in attesa di una mia parola, di una mia decisione. Prolungai volutamente l'attesa della mia risposta e mi soffermai a lungo sui loro sguardi che indagavano su di me, incuriositi: ero un attore sul proscenio che godeva dell'ammirazione del pubblico, ero Adriano Celentano all'Ariston, tanti anni fa, in una puntata di *Sanremo*: una pausa memorabile. E devo aver tirato fuori una faccia angelica, quella volta; pietosa, non saprei; devo aver assunto un'espressione caritatevole, di quelle che mostrano i mendicanti quando chiedono l'elemosina ai fedeli all'uscita dalla messa, perché i volti di Nasim, di sua moglie e del proprietario si rilassarono lentamente. Dopo aver prolungato quel silenzio per minuti infiniti, l'oracolo che albergava in me, si svelò: «Guardate» dissi con voce carezzevole, «ci siamo cacciati in una situazione davvero angosciante.» Tutti mi guardarono attoniti. Sembravamo personaggi caduti dal quadro di un pittore realista: un povero ufficiale giudiziario, una donna incinta, un marito inerme e un proprietario indifeso.

«La signora potrebbe partorire adesso» continuai, lanciando un'occhiata al proprietario. «In questo caso il marito dovrebbe correre in ospedale con lei. E se ciò accadesse, la signora avrebbe bisogno dei vestiti in questi giorni: e dove andrebbe a cercarli il marito, se non qui, in questa casa?» Nasim annuì.

«Ma lei» ripresi, rivolgendomi al proprietario che mi guardava sbigottito «non vorrebbe certo che la signora partorisse adesso, vero?» il proprietario chiuse gli occhi e chinò il capo. «Anche perché» continuai, «se vogliamo dirla tutta, se la signora e suo marito lasciano i loro mobili qui dentro, lei non godrà mica del possesso pieno dell'immobile, sa? Gli dovrei concedere almeno una ventina di giorni per portar via l'arredo. Non le pare?»

Il proprietario allargò le braccia senza replicare.

«E lei dovrebbe essere qui presente quando loro chiederanno di portare via tutto. E allora forse è opportuno» conclusi «che li lasciamo dentro ancora qualche giorno a completare il trasloco, così alla fine se ne andranno in pace.»

Seguirono attimi di silenzio: il proprietario mi fissava incredulo e Nasim lo fissava in attesa di risposta. L'unica che non si era fatta incantare dai miei suoni di flauto era stata la moglie di Nasim: fu lei a rompere il silenzio non appena sentì la parola trasloco: «Il trasloco?» disse la donna. «E dove li porto i miei mobili?» aggiunse, dopo una breve pausa.

«Signora mi ascolti» dissi a bassa voce, «quando lei andrà a partorire questa casa rimarrà incustodita e potrò venire qui e far cambiare la serratura; dopodiché lei, suo marito e il suo bambino non potrete più entrare. Per cui mi dia retta, porti via la sua roba, entro venti giorni, così magari gli assistenti sociali, in questa situazione di emergenza potranno darvi una mano. Se però lei si ostina a restare qui, faremo le sceneggiate, certamente, ma alla fine dovrete comunque andare via. Lo capisce?» La signora mi ascoltò in silenzio, inerme, arrendevole, una lacrima iniziò a scorrerle sul viso: probabilmente l'avevo convinta. Nasim le si avvicinò e le strinse la mano, il proprietario abbassò la testa, contrito. Per un attimo pensai al bambino in quella pancia rotonda: anche lui sul punto di essere sfrattato dalla sua casa, ignaro delle storture del mondo in cui si accingeva a entrare.

Un velo di tristezza calò su tutta la scena. Nasim allungò un fazzoletto alla moglie e, nello stesso istante in cui la signora lo afferrò, saltammo tutti in piedi per lo spavento: bam! bam! bam!, qualcuno stava bussando violentemente alla porta.

Mi girai di scatto sobbalzando e mi fi ondai ad aprire: una grossa nuvola di fumo di sigaretta m'investì; sventolai la mano per disperderlo e mi apparve la faccia da carogna del fabbro: l'avevo dimenticato all'addiaccio, ed era sopravvissuto.

«Allora?» grugnì quell'avanzo di galera. «Cosa si fa? Devo aspettare ancora?»

«Se ne vada, non ho più bisogno di lei» gli dissi sprezzante.

«E chi mi paga?» chiese lui.

Mi girai verso il proprietario, aveva un'espressione affranta, come a chiedermi: ma allora lo rinvia davvero?

«Che fa, regola adesso, con lui?» gli domandai, additando il fabbro.

Il proprietario mi venne incontro: «Mi tocca pagare pure il fabbro e lei non esegue neanche lo sfratto» borbottò.

«Gliel'ho spiegato» risposi. «Vedrà che in venti giorni troverà l'appartamento vuoto e potrà affittarlo di nuovo. Ha visto in che condizioni è la signora?» conclusi.

E lui: «Ma lei aveva promesso che avrebbe eseguito oggi; aveva anche promesso che avrebbe chiamato i carabinieri e nel caso, anche l'ambulanza, e invece qui non si è visto nessuno; e adesso mi dice di aspettare ancora venti giorni e mi chiede di pagare pure il fabbro che lei mi ha chiesto di portare. Guardi che quello lì può trasportare i mobili dal cognato, se vuole. Il cognato di Nasim ha un'autofficina grande, qui in paese, con molto spazio: in attesa della casa, può portarle lì le sue cose.»

«Sì, ma non può farlo certamente ora. Noi gli diciamo che tra venti giorni deve farci trovare tutto libero: se accetta bene, altrimenti uscirà oggi.»

«E se tra venti giorni siamo di nuovo daccapo? » chiese il proprietario.

E io: «Non credo, sa. Vedrà che libera tutto. La signora ha compreso benissimo che la corsa è finita. E poi, mi scusi, per lei sarebbe una seccatura venire qui ogni volta, aprire la porta e aspettare che portino via la roba: potrebbero volerci settimane. Mi dia retta, io ho esperienza: concediamo gli ultimi venti giorni, così anche loro si sentiranno in debito e vedrà che lasceranno l'appartamento libero da tutto, entro quella data».

«Lei dice?» abbozzò il proprietario.

«Si fidi di me» risposi convinto, mentre una nuvola di fumo m'investì di nuovo: il fabbro aveva acceso un'altra sigaretta.

«Scusi, ma qui non può fumare!» gli dissi.

Lui mi fissò, aspirò a lungo l'ultimo tiro e soffiò ancora una quantità di fumo esagerata verso l'alto, dopodiché spense la mezza sigaretta residua con il tacco degli anfibi.

«Paghi il signore e lo congedi» dissi al proprietario mentre rientravo nell'appartamento.

Il proprietario mi raggiunse pochi minuti dopo. Mi guardò come se avesse urgenza di comunicarmi qualcosa. Lo ignorai, e cercai di concludere l'accordo tra le parti.

«Allora Nasim, ci siamo intesi? Vi concedo gli ultimi venti giorni per ultimare il trasloco. Oggi è il 10 gennaio, ci rivediamo il 30 e mi consegnerete le chiavi e l'appartamento vuoto. Di più non posso darvi.»

«Ed è pure troppo» intervenne il proprietario, inaspettatamente. E fu l'inizio di una nuova schermaglia.

«È pure troppo quello che ho pagato in tutti questi anni» protestò Nasim «prima in nero e poi con la scusa che dovevi fare il contratto, hai aumentato il canone.»

«Se non ti andava bene, potevi non accettare» rispose a tono il proprietario.

«E dove me ne andavo? Poi ti sei dimenticato che quando lavoravo hai avuto sempre i tuoi soldi. Sono stato sempre puntuale» precisò Nasim.

«Sì, ma poi con la scusa del licenziamento... »

«Sentilo» intervenne la moglie. «Adesso il licenziamento è una scusa per non pagarlo. Tra un po' ti dirà che ti sei fatto licenziare apposta: ma lascialo perdere 'sto vecchio rincoglionito. Non rispondergli più.»

«Non ti metto le mani addosso perché sei incinta!» l'aggredì il proprietario.

«Senta, quando ha detto che ce ne dobbiamo andare? il 30 gennaio?» strillò la moglie di Nasim, rivolgendosi a me.

«Venti giorni da oggi...» abbozzai. «Sì, il 30 gennaio.»

«Stia tranquillo, per quella data la lasciamo questa casa di merda: adesso però andate fuori perché non mi sento bene!» aggiunse a voce alta la signora.

«Ecco chiamiamo l'ambulanza» urlò il proprietario.

«Non chiami nulla, vai fuori!» replicò la moglie di Nasim.

Fu in quel momento che Nasim si alzò di scatto e corse ad aprire la porta: «Vai ora! Vai! Vieni il 30 gennaio e ti diamo le tue fottute chiavi!»

Il proprietario mi guardò implorante, in attesa di una mia reazione, io invece gli feci cenno col capo di uscire e lui si allontanò scuotendo la testa. Mi avvicinai a Nasim e gli chiesi di firmarmi il verbale. Lui scarabocchiò il suo nome, mi restituì la penna e rientrò in casa sbattendo la porta.

«Ma le sembra giusto che ci abbiano trattato in questo modo? Lei si è fatto addirittura cacciare fuori» protestò il proprietario.

«Ci sono abituato, comunque non accade spesso. Deve capire: lei è incinta, lui è stato licenziato e il Comune non ha soldi per aiutarli: uscire fuori di testa in queste condizioni non è difficile» risposi.

«Sa cosa ha detto il fabbro?» disse il proprietario.

«Sentiamo.»

«Che non ha mai visto uno sfratto così, che si discute, che si parla. Ma quando mai. Si va con la forza pubblica e si sbatte fuori senza troppe ragioni.»

«Perché ha fatti molti sfratti quello là?» domandai.

«Non lo so, ma lui sa che gli sfratti si fanno così.»

«Ed è informato male» risposi, mentre scendevamo le scale.

«Mancava che prendesse una pistola e ci sparasse un colpo» concluse il proprietario.

«Oppure che si sparassero loro. Sa, queste situazioni sono delicate, occorre essere prudenti» aggiunsi, pensando a tutto quello che mi era accaduto con Ruggero.

«Lei vuole risolvere sempre tutto con la filosofia: sa che la filosofia non serve in certi casi? Questa è gente che sa come fare, gliel'ho detto, no? Se ne approfittano, conoscono le leggi. Il mio avvocato ancora non si capacita che in udienza quello là ha tirato fuori il foglietto con su scritto 'articolo 55 del termine di grazia'. Così mi ha fregato altri due mesi di affitto.»

«Ha ragione, però se questa è la legge, che cosa possiamo farci? Mi firma il verbale?» gli domandai.

Il proprietario gettò uno sguardo sul foglio: «Ma ha scritto che io non volevo concederglielo il rinvio?»

«Certo. Però ho precisato che alla fine lei concorda,

altrimenti saremmo stati lì tutto il giorno» spiegai, mentre gli offrivo la penna per firmare.

Il proprietario mi guardò perplesso, esitò qualche secondo, poi finalmente firmò con un'espressione incerta, che lasciava trasparire tutto il suo disaccordo.

Seguirono giornate alquanto serene, con vari sfratti rinviati e alcuni portati a termine, per fortuna, senza spargimento di sangue e truppe d'assalto. Mi aspettavo che anche quello di Nasim si sarebbe concluso allo stesso modo, sebbene a volte, ripensando a quanto era accaduto nell'ultimo accesso, mi prendeva un fuoco d'ansia allo stomaco e m'invadeva un pessimismo sconfinato. Quando ciò succedeva, nella mia testa era tutto uno spuntare di pistole, pistole che sparavano: una in mano a Nasim, una in mano al proprietario; era tutto un riecheggiare di urla strazianti della signora incinta e di vagiti strozzati sul nascere. E poi c'era sempre la scena con Ruggero, che ogni tanto riaffiorava: Ruggero steso nel bagno in una pozza di sangue.La faccia scarna di Nasim, e quella sofferente di sua moglie, l'espressione delusa del proprietario si riproponevano come dei flash assillanti che mi sfiancavano. Tuttavia, per darmi un tono, mi dicevo che, nonostante tutto, Nasim e sua moglie avevano comunque accettato di andarsene via, pur non sapendo dove andare: «Alla fine tutti se ne fanno una ragione» continuavo a ripetermi. In fondo erano bastati solo un po' di fantasia, e nervi saldi: la nave stava per attraccare al porto e i clandestini presto sarebbero scesi.

Il 30 gennaio, davanti a casa di Nasim, trovai il proprietario ad attendermi da solo.

«E il fabbro, dove l'ha lasciato?» gli chiesi.

«No, questa volta non lo chiamo» mi rispose. «L'altra volta mi è toccato pagarlo: novanta euro per l'uscita.»

«Tanto ci consegneranno le chiavi e potrà farlo venire dopo, una volta che saranno usciti» risposi, ignaro di ciò che sarebbe accaduto.

«Com'è andata in questi giorni?» gli domandai. «Ha visto se hanno portato via i mobili?»

«Sono passato da queste parti verso il 20 gennaio per dare una sbirciata. Nasim mi ha visto dalla finestra ed è sceso. Era tranquillo. Mi ha detto di non preoccuparmi che se ne sarebbe andato e che oggi sarebbe ritornato a consegnare le chiavi in sua presenza.»

«Aspettiamo allora: provi a chiamarlo al cellulare» dissi.

Il proprietario chiamò più volte, ma nessuno rispose. Dopo un po' il cellulare risultò spento. Aspettammo ancora una decina di minuti, prima di salire. Giunti davanti al l'appartamento schiacciai il pulsante del campanello, ma non suonò: la corrente elettrica era stata già staccata. Bussai con le mani e provai a chiamare più volte: «Nasiiim! Nasiiim!» Niente. Ebbi comunque un leggero sospetto: che Nasim e sua moglie fossero ancora dentro. Provai allora a interpellare un vicino di casa: bussai alla porta accanto e, dopo un paio di scatti della serratura, aprì un signore sulla settantina. Aveva l'aria di sapere già chi fossimo e cosa gli avremmo chiesto: ero certo, come accade spesso durante gli sfratti nei palazzi, che, mentre io trafficavo davanti alla porta di Nasim, lui se n'era stato con l'occhio incollato allo spioncino per godersi lo spettacolo. Era uno dalla lingua sciolta, e sembrava eccitato per la gioia di essere stato invitato a partecipare all'evento.

Mi disse, senza giri di parole, che aveva visto Nasim due giorni prima e che ci aveva pure litigato per via dei rumori: martellava qualcosa nell'appartamento e lui gli aveva bussato e se n'erano dette quattro, come al solito. Poi nel pomeriggio Nasim aveva caricato alcune cose in macchina e se n'era andato, da solo, e da allora non l'aveva più visto né sentito.

«E cosa aveva da martellare?» chiese il proprietario.

Sperai che non fosse quello che temevo.

«Sembrava che inchiodasse quadri al muro, non saprei definirlo quel rumore. Come se conficcasse chiodi in ogni centimetro delle pareti. Un rumore sordo, ogni due, tre minuti. Per un paio d'ore, direi. Poi non ce l'ho più fatta e gliel'ho cantate.»

Diedi ancora un paio di bussate alla porta, poi chiesi al proprietario: «Può chiamare il fabbro? Si faccia dire se viene subito, così avviso i carabinieri».

«Ma come? Questa volta che sono andati via, chiama anche i carabinieri?» obiettò il proprietario.

«E come sa che sono andati via? Magari sono dentro e non ci aprono. Potrebbero aver commesso una pazzia» risposi.

«In che senso? Che si sono ammazzati?» intervenne il proprietario ridendo.

«Chi, Nasim e sua moglie, si sono ammazzati?» replicò il vicino, incredulo. «Allora lei non li conosce.» Aggiunse, con l'espressione divertita.

«Perché?» domandai.

«Quei due sono privi di scrupoli, sa. Mi dispiace per lui» continuò, indicando il proprietario, «ma fa bene a mandarli via: sono perfidi, spigolosi e vendicativi. Molto vendicativi. Al signore che abita al piano di sotto gli scuotevano ogni giorno la tovaglia con i rifiuti del pranzo o della cena sul balcone, dovreste vedere che schifezze volavano giù. E quello li ha portati davanti al giudice di pace, che li ha condannati. Però dopo qualche giorno si è ritrovato tutta la macchina rigata.»

«Beghe condominiali, insomma.»

«Guardi, non tanto lui, ma sua moglie: era micidiale. Non ne lasciava passare una» concluse il vicino.

Il proprietario intanto aveva chiamato il fabbro.

«Cinque minuti e arriva» mi disse.

«Spero che non sia lo stesso dell'altra volta» mi augurai. Non rispose. Infatti, dopo alcuni minuti mi ritrovai di fronte la solita faccia spavalda di quel mezzo scassinatore, con la sigaretta in bocca. Mi guardava con un sorriso beffardo, come a dirmi: «Hai visto, coglione, come si fa?»

Gli ordinai di buttare la sigaretta perché eravamo in un luogo chiuso. E lui aspirò l'ultimo tiro, bello abbondante da farsi esplodere i polmoni, che purtroppo non esplosero; quel tiro gli consumò quasi tutta la sigaretta che calpestò con gli anfibi sul pianerottolo. Il vicino mi guardò perplesso borbottando, fino ad ammutolirsi come un coniglio. Io alzai gli occhi al cielo e allargai le braccia: speravo solo di concludere in fretta e senza troppe grane.

«Inizio?» chiese quella specie di fabbro.

«Aspetti che proviamo a sentire i carabinieri.»

«Non ce n'è bisogno» rispose lui a tono.

«E lei che ne sa» ribattei. «L'ho visto l'altro giorno quel signore con la moglie: era su un camion pieno di roba, stava traslocando. Dentro non c'è più nessuno» dichiarò.

«Ma se hanno sentito che martellava fino a ieri?» intervenne il proprietario.

«Per me non c'è nessuno, poi faccia come vuole» ribadì il fabbro.

Chiamai i carabinieri. Il maresciallo rispose che non aveva uomini disponibili: c'erano stati degli arresti poche ore prima e tutti erano impegnati. Gli spiegai il problema, gli dissi che temevo di trovare una brutta sorpresa dentro l'appartamento, e lui serafico rispose di procedere pure e, in caso di difficoltà, di chiamarlo che sarebbe arrivato di persona.

A questo punto, avrei avuto un buon motivo per rinviare lo sfratto: perché rischiare se non c'era la forza pubblica? E se dentro ci fosse stato Nasim ad aspettarci con una mitraglia in mano per farci tutti secchi? Chi poteva assicurarmi che, appena aprivamo la porta, l'appartamento non sarebbe saltato in aria? Era accaduto già una volta, nel 2002, a Milano: un uomo disperato aveva riempito l'appartamento di gas e il vice questore Paolo Scrofani, di quarant'anni appena, era morto nell'esplosione, mentre lo sfrattato s'era solo un po' ammaccato. Poteva accadere.

Tuttavia l'istinto mi spingeva a immaginare tutta un'altra scena: quella del suicidio di entrambi. Più passavano i minuti e più maturava in me la certezza che in quella casa mi sarei trovato davanti due cadaveri, quello di Nasim e di sua moglie con un bimbo in grembo.

Che avessero traslocato nessuno poteva affermarlo con

certezza, magari erano solo un bluff il camion avvistato sotto casa dal fabbro o le rassicurazioni di Nasim al proprietario qualche giorno prima dello sfratto; ed era probabile invece che le martellate sentite dal vicino rientrassero in un piano sciagurato per farla finita. La crisi economica in quel periodo stava facendo strage: ogni due, tre settimane qualche sfrattato si toglieva la vita. Negli ultimi mesi era accaduto a Bologna, a Falconara, a Cairo Montenotte e a Roselle, in provincia di Grosseto. Era accaduto anche in altri posti e sarebbe accaduto ancora.

E così ero lì lì per rinviare lo sfratto. Ero pronto a dire al proprietario che non avevo intenzione di far aprire alcunché, fino a quando non fossero arrivati i carabinieri. Ma i carabinieri quel giorno non sarebbero arrivati. Immaginai le reazioni dei presenti: la faccia arrabbiata del proprietario, il ghigno sanguinario del fabbro e l'espressione incredula del vicino che avrebbe riso alle mie spalle continuando a sostenere che per lui, Nasim e sua moglie, non potevano essersi ammazzati: «Quelli fanno morire gli altri, ma loro chi li scanna?» aveva ripetuto già tre volte.

E così decisi di entrare in azione. Bussai ancora, e chiamai: «Nasiiiim!» Nessuno rispose. Diedi allora ordine al fabbro, che mi osservava spazientito, di forzare la porta. E lui, armato di mezzo cacciavite e una mano lesta, partì senz'indugio: un affondo, una girata di cacciavite nella serratura, un paio di sganassoni belli assestati nel punto giusto e in due minuti aprì la porta. Un vero professionista dello scasso.

«Fatto» disse il fabbro.

«Bene, apra la porta allora chiesi.

«È aperta.»

«Come è aperta, io la vedo chiusa.» dissi.

«La maniglia gira, la serratura è aperta» replicò.

«Sì, ma la porta non si apre» ribattei.

«C'è qualcosa dietro che la blocca» disse il fabbro. «Tipo una zeppa, uno sgabello» spiegò.

«Quindi sono dentro?» chiesi.

«E che ne so io» rispose il fabbro continuando a spingere la porta. «C'è qualcosa dietro che la richiude» specificò. «Vede? Arriva fino a un certo punto poi si blocca e ritorna indietro.» Infatti, spingendo era riuscito ad aprire uno spiraglio, ed era come se all'interno ci fosse qualcosa o qualcuno che rimandava indietro la porta.

«Può esserci qualcuno» dissi rivolto al fabbro che per la prima volta manifestò un'espressione pensierosa, come se anche lui avesse avuto il sospetto che quella porta fosse bloccata dai due cadaveri.

Aveva perduto il piglio spavaldo tutt'a un tratto, e mi lanciava occhiate interrogative.

Immaginai il corpo morto di Nasim steso dietro la porta e quello di sua moglie sopra: non sarebbe stato facile spostarli.

Fu in quel momento che il vicino si offrì e propose di spingere tutti e quattro insieme. E così facemmo: «Un, due, tre: vai!». «Un, due, tre: vai!»

A ogni spinta, uno scrocchio di legna che si spezzava fuoriusciva dal l'appartamento. *Tratratrac! Tratratrac!* E più spingevamo, più la porta si arrendeva e più lo scrocchio aumentava fino a esplodere in un fracasso infernale quando l'ostacolo cedette e la porta si spalancò di scatto. Ruzzolammo a terra l'uno sull'altro tra le smadonnate del fabbro, i lamenti del vicino, che prese a massaggiarsi subito una mano, e gli insulti del proprietario: il primo a rendersi conto di quanto era accaduto in quella casa.

«Figli di puttana!» urlava. «Figli di puttana!»

Mi sembrò una reazione esagerata, un oltraggio insopportabile: gridare «figli di puttana» contro due persone prive di vita. Contro due poveri cristi che se n'erano andati senza disturbare più nessuno: un uomo e una donna incinta, suicidi a causa dello sfratto. Una tragedia sociale annunciata: immaginai in quei pochi istanti ambulanze che accorrevano, interrogatori dei carabinieri e poi fotografi, giornalisti e accuse infamanti, pianti, tristezze varie e funerali trasmessi in televisione: avrei avuto giornate infernali. Non ero riuscito ancora a superare la tragedia di Ruggero che si ricominciava. Incredibile.

Mi alzai e iniziai a cercare i corpi stesi a terra, ma non li vedevo. Pensai che fossero dietro la porta, che le nostre spinte li avessero nascosti lì. Mentre il proprietario continuava a maledirli: «Che figli di puttana, me la pagheranno!»

Mi avvicinai lentamente verso la porta e vi sbirciai dietro: non c'era nessuno. Per un attimo mi sentii sollevato e mi fu chiaro quello che era accaduto: Nasim e sua moglie se n'erano andati, avevano lasciato l'appartamento ed erano vivi, da qualche parte. Ne ero certo e dentro di me, risi. Poi mi girai a osservare il disastro che si erano lasciati dietro prima di andar via: una crudele, ingiusta e inaspettata vendetta.

Il parquet della sala d'ingresso era stato tutto rimosso e le assi che lo formavano erano state conficcate dietro la porta per bloccarla: era il motivo per cui sentivamo lo scrocchio di legna che si spezzava quando spingevamo per aprire.

Il corridoio sembrava una strada di Beirut dopo un bombardamento: piastrelle del pavimento divelte, porte sradicate, pareti scrostate; entrai nel bagno e un odore ripugnante di escrementi mi colpì; tirai lo sciacquone e l'acqua tracimò in un baleno dalla tazza del water: avevano otturato lo scarico con il cemento e gli escrementi lasciati dentro, con un'intenzione chiara, galleggiavano su un'acqua lutulenta che inondò la stanza.

Guardai il lavandino: anch'esso otturato dal cemento, così come la vasca. Il proprietario mi seguiva inorridito con le mani tra i capelli. «Bastardi! Bastardi» sussurrava, asciugando le lacrime di rabbia.

Tirò fuori la macchina fotografica e iniziò a ritrarre lo scenario di guerra che si parava davanti ai nostri occhi. Aveva le mani tremanti. Poi di colpo iniziò a inveire contro di me, scattava e inveiva: «È colpa sua!» urlò. «Ha visto? Ha voluto concedere un altro rinvio la volta scorsa, e guardi cosa mi hanno fatto, quei bastardi. Ora me li paga lei i danni?»

Abbozzai una difesa: gli ricordai che la donna era incinta e che, in fin dei conti, anche lui aveva dato il via libera per un rinvio.

«No! Ha deciso lei! Io ho solo firmato!» sbraitò, mentre sollevava una finestra con il vetro rotto, staccata dai gangheri. In quell'istante il vicino uscì dal bagno con la bocchetta della doccia rotta tra le mani: «Sono delle bestie» commentò, agitando l'oggetto. Il proprietario gliela strappò via e me la puntò contro, minacciandomi: «Lei me la pagherà, io la denuncio». Ero in brutte acque e cercai di sgombrare il campo, perciò invitai il vicino ad allontanarsi dal l'appartamento: «La ringrazio per la sua collaborazione ma adesso lei deve andare via: è una persona estranea all'esecuzione e non può restare qua» gli spiegai. Mi guardò incredulo, ma non protestò: «Se ha bisogno, sono in casa» riferì, mentre si allontanava mugugnando.

Ordinai al fabbro, che da quando eravamo entrati se ne stava lì impalato a osservare la scena con aria sprezzante, le braccia conserte e un anfibio appoggiato alla parete per sostenersi, di cambiare la serratura. Dopodiché cercai di placare le ire del proprietario che continuava a berciare contro di me. Gli dissi che avrei potuto constatare i danni, elencarli nel verbale: quindi avrebbe potuto citare Nasim per ottenere un risarcimento.

«Io posso capirla, sa» aggiunsi. «A mio fratello, l'inquilino, a causa dello sfratto, ha dato fuoco all'appartamento. È stata una tragedia. Lei gli deve far causa: la rimborseranno, vedrà.»

Il proprietario si girò di scatto verso di me, urlando: «Ancora citazioni, ancora udienze contro quello lì che non ha un soldo: cosa vuole che possa risarcire uno così. Non pagava l'affitto, vuole che mi paghi i danni? Piuttosto cito lei in tribunale, guardi». Concluse, con il volto in fiamme.

«Senta a me dispiace, però l'ultima volta lei ha acconsentito a... »

«Lei è l'ufficiale giudiziario! Lei decide e io firmo» m'interruppe.

«No, guardi che non funziona così» contestai. «Lei firma perché è d'accordo con la mia proposta di rinvio.»

«Eh, certo» urlò. «Alla fine avete sempre ragione. A voi è sufficiente che ci sia una firma sul verbale, tutto il resto non v'interessa.»

Come promesso, verbalizzai alcuni danni arrecati al l'appartamento: scrissi del bagno inondato dalle feci, delle porte distrutte, dei pavimenti e del parquet divelti, poi conclusi inserendo la formula di rito che attestava il rilascio e la riconsegna dell'immobile al legittimo proprietario: «... dato atto di quanto sopra, immetto nel possesso dell'immobile di cui si tratta il signor Francesco Baracca, qui presente, ad ogni effetto di legge, ingiungendo le parti tenute al rilascio di riconoscere il nuovo possessore».

A questo punto avrei dovuto chiedere al nuovo possessore di firmarmi ancora una volta il verbale. Ci voleva del fegato. Per cui misi su una bella faccia di bronzo, e mi avviai lentamente verso il proprietario: «Guardi, io avrei finito» sussurrai. «Dovrebbe firmar...» non feci in tempo a concludere la parola che i suoi occhi infuocati mi trafissero: «Io non firmo più un accidente di nulla!» strillò come un indemoniato.

Avrei voluto lasciarlo lì a piangere sulle macerie del suo appartamento; avrei voluto scrivere che si rifiutava di firmare il verbale e chiudere lì la faccenda, sperando che non mi denunciasse per davvero. In fondo, anche lui aveva acconsentito: c'era la sua firma sul verbale e probabilmente un giudice equilibrato mi avrebbe assolto. Forse. Tuttavia una denuncia è un grattacapo che non vi auguro, e avrei voluto risparmiarmela. «Senta» gli dissi con voce sicura, «nessuno di noi due poteva immaginare che le avrebbero lasciato questo regalo prima di andarsene. Ha visto anche lei in che condizioni era quella donna, cosa potevamo fare?»

E lui: «Dovevamo sbatterli fuori venti giorni fa. Ero venuto già con il fabbro che ho dovuto anche pagare. Si ricorda? Lei invece ha fatto di tutto per convincermi a concedere un'altra proroga. Mi ha detto che avrebbero portato via tutti i loro mobili e così avrei avuto l'appartamento vuoto, pronto da riaffittare, non l'appartamento distrutto». E mentre parlava si abbassò lungo una parete e afferrò uno zoccolino divelto e spezzato: «Guardi qua» mi disse, mostrandomelo.

«Sono costernato: ci siamo fidati delle apparenze» conclusi.

«Lei si è fidato! » mi aggredì. «Io gliel'avevo detto che non volevo più rinvii. Fosse stato per me li avrei fatti volare dalle scale, due settimane fa.»

Non risposi. Il proprietario era rosso in viso e aveva le vene del collo ingrossate. Uno scatto d'ira e avrebbe potuto colpirmi: feci in modo di non dargli mai le spalle.

«Senta mi faccia avere le foto appena sono pronte che le allego al verbale» ripresi.

«Senz'altro! Ma riceverà anche una bella citazione in tribunale per danni, non si preoccupi.»

«A me? domandai. «E io che c'entro? Adesso mi sa che esagera!»

«Lei non doveva concedere un'altra proroga!» ribadì con voce grossa. Iniziai allora a far girare velocemente le pagine del verbale, e mi fermai a quella che avevo compilato venti giorni prima; gliela mostrai: «Guardi qui, questa è la sua firma!» urlai puntando il dito sul foglio. «Ora mi dica solo cosa vuole fare oggi, vuole firmare o no?»

«Non urli, sa, che non mi spavento mica» rispose. «Le ho già detto che non firmo!»

«Bene! Allora per me abbiamo finito!» e mi avviai di corsa verso le scale, scontrandomi con il fabbro con l'aria da teppista ancora chino sulla serratura.

«E che madonna!» grugnì.

Alzai una mano in segno di scuse.

«Troverà il verbale tra pochi giorni in cancelleria, mi faccia avere le foto quanto prima, mi raccomando» urlai al proprietario.

«Sentirà il mio avvocato, molto presto!» fu l'ultima frase che pronunciò prima che la porta dell'ascensore si chiudesse alle mie spalle. E oggi è arrivata puntuale una richiesta di chiarimenti dal magistrato addetto alla sorveglianza dell'UNEP.

Corsi a sedermi in macchina: avvertivo la necessità di rifugiarmi in un posto che mi proteggesse dal mondo e nella mia auto mi sentivo al sicuro. Appoggiai la testa al sedile, e chiusi gli occhi. Respirai profondamente. Pensai che non avrei mai imparato bene a capire che tipo di persone mi trovassi di fronte ogni volta e che avrei dovuto percorrere ancora chilometri e chilometri lungo la strada della conoscenza dell'animo umano. Dopodiché pensai che era giunto il momento di cercare un lavoro diverso. Forse.

Accesi il motore e poi la radio: un tango di Piazzolla, *Oblivion,* completò l'opera.

Ecco cosa accadde quella mattina, ed è quello che scriverò nelle mie giustificazioni al grande capo della sorveglianza UNEP. Se poi l'avvocato vorrà citarmi davanti al giudice di pace per il risarcimento...che lo faccia pure. Dopo quanto mi è accaduto con Ruggero, ho le spalle grosse e nulla, o quasi, mi spaventa più.

Tra l'altro gli avvocati spesso minacciano denunce per farsi belli davanti ai loro clienti, poi però passano i giorni e le cose s'aggiustano, gli inquilini in qualche modo lasciano l'appartamento e i bollori si attenuano. Anche l'avvocato del proprietario della casa di Tareq, il padre delle cinque testoline graziose, aveva minacciato denunce; dopo le assistenti sociali hanno risolto il problema e il 15 aprile, la data a cui avevo rinviato lo sfratto, nessuno ha più presentato alcuna richiesta a procedere. E io mi sono guardato bene dal ritornare sul posto. In fondo, è solo una questione di tempo. E a quanto pare anche Dragan è riuscito ad abbonire la proprietaria e a ottenere un rinvio per settembre. «Egregio ufficiale giudiziario, stante gli accordi in corso con la mia cliente le chiederei di rinviare lo sfratto a settembre» aveva scritto l'avvocato sulla lettera allegata alla richiesta dell'accesso successivo, quello del 9 aprile. Infatti quando sono andato da Dragan, lui nemmeno c'era e gli ho lasciato l'avviso nella cassetta della posta con la data del rinvio dello sfratto al 18 settembre.

Giustizia privata

Il sole stamattina ha sorriso presto sui tetti del complesso condominiale in cui mi accingo a operare. E anch'io, nonostante gli inviti del grande capo, sono abbastanza contento: ieri sera Mariano mi ha chiamato, Ruggero sembra riprendersi. «È uscito dal coma» ha urlato al cellulare, appena ho detto: «Pronto». Poi però mi ha spiegato che i medici non gli consentono ancora di ricevere visite e che mi farà sapere quando potrò andare a trovarlo. Ho incrociato le dita.

Parcheggio la vecchia Focus e proseguo a piedi: le belle notizie vanno assaporate in solitudine. Ma non sempre è possibile. Mentre mi avvio verso il luogo dello sfratto, qualcuno dall'altra parte della strada mi chiama: «Dotto', dotto', dotto'!»

Mi giro e vedo Salvatore Esposito con il braccio sollevato che mi saluta. «Buongiorno, dotto'» grida, mentre attraversa la strada per venirmi incontro.

«Salve Esposito, come sta?»

«Bene dotto'. Tutto a posto. Ho risolto poi con il proprietario, sa?»

«Mi fa piacere, Esposito.»

«E perché voi non lo sapevate? Non avete visto che poi il 13 marzo non siete più venuto a casa?»

«Sì, ho visto che l'avvocato non mi ha presentato più la richiesta dello sfratto e ho immaginato» rispondo.

«E gliel'ho lasciata la casa, dotto'.»

«Hai fatto bene. E adesso dove stai?»

«Sto da mio cognato, al Lorenteggio. E spero che mi danno una casa pure a me da quelle parti. All'Aler hanno detto che devo aspettare ancora qualche mese.»

«Sono contento Esposito, hai visto che alla fine si risolve tutto.»

«Per voi, dotto', si risolve tutto, per voi che avete una carta in meno da sbrigare. Per me ogni giorno è una battaglia. Qua non ci sta più niente, e me ne sono andato a lavorare in Svizzera. Ottanta chilometri al giorno, ma va bene così, almeno porto a casa lo stipendio.»

«Hai fatto bene, bisogna muoversi Esposito. Andare dove c'è il lavoro.»

Lui ride: «È da quand'ero piccirillo che mi muovo io, dotto'. Speriamo che mi fermo prima o poi. Però non perché sono morto, ma perché trovo un lavoro stabile. Non ce la faccio più ad andare avanti e indietro».

«Ti mantieni giovane così, non ci pensare. Mi ha fatto piacere vederti. Ti faccio tanti auguri.»

«Anche a me, dotto', mi ha fatto piacere vedervi qui, e non a casa mia» risponde ridendo. Sorrido anch'io. Gli allungo la mano per salutarlo e proseguo il cammino.

Milano assolata è più bella di New York, stamattina. O forse no. Ma io a New York non ci sono mai stato e conto di andarci prima o poi. Nel frattempo mi godo questa città e il suo cielo che, quando è spazzato dal vento come oggi, è pulito e cristallino, di un azzurro brillante che a guardarlo sembra di essere su una nave da crociera che solca fiordi norvegesi.

Il mio cliente è da un anno e mezzo che non paga l'affitto e lo sfratto gliel'ho già rinviato il mese scorso perché la forza pubblica non si era presentata. E in questi casi, chi non vuole uscire il giorno dello sfratto ne può approfittare: resta nell'alloggio e guadagna una proroga.

Non so che faccia abbia il mio cliente, la volta scorsa non si è mica fatto trovare in casa: ho bussato più volte, ma nessuno ha risposto. E non l'ho mai incontrato neanche nei mesi scorsi quando venivo per notificargli gli atti dell'intimazione dello sfratto. Forse crede che non verrà mai nessuno a bussare alla sua porta per dirgli che deve lasciare l'immobile, e immagino che sia per questo che lui tranquillamente se ne infischia: non è mai andato a ritirare un avviso di notifica all'ufficio postale e mi risulta che non si sia mai presentato all'ufficio protocollo del Comune in cui ho depositato gli atti giudiziari ogni volta che non lo beccavo in casa. Spero non sia uno di quei furbetti che credono che non andare a ritirare gli atti giudiziari alle poste o all'ufficio protocollo sia sufficiente perché nulla accada. Lo spero proprio per lui.

Posso solo dire che il mio cliente, il mese scorso, è stato davvero fortunato che non ci fossero poliziotti disponibili; altrimenti a quest'ora sarebbe già fuori casa. Perché, se avessi avuto gli agenti a guardarmi le spalle, avrei ordinato al fabbro di forzare la porta, sostituire la serratura e consegnare le nuove chiavi al figlio del proprietario, presentatosi, quel giorno, tutto impettito con la delega firmata dal padre il quale lo autorizzava a prendere possesso dell'immobile che io avrei dovuto liberare. Mi ricordo ancora l'espressione amara sul suo volto quando realizzò che sarebbe rimasto a bocca asciutta: «Ma come?» protestò. «Mio padre ha già pagato il fabbro!»

E io: «Mi dispiace, ma senza polizia non procedo: potrebbe esserci dentro qualcuno che ci sta aspettando con un kalashnikov in mano, pronto a sparare non appena il fabbro mette mano alla serratura. Non si può mai sapere. Lo rinvio di un mese, tanto passa in fretta, e vedrà che poi lo risolviamo».

Lui sfilò il cellulare dalla tasca, lo accostò all'orecchio e, continuando a fissarmi, comunicò al padre la mia decisione. Lo vidi annuire più volte prima di chiudere e stringermi la mano: «Va bene, rinvii pure, la prossima volta se la vedrà con mio padre» concluse.

«È una minaccia?» gli chiesi, sorridendo.

E lui: «Per carità, però è meglio che io non torni, altrimenti quello lì dentro, lo disfo» concluse indicando con il dito la porta del l'appartamento da liberare.

E così stamattina sono di nuovo qua, in attesa che arrivi il proprietario al quale comunicherò l'ennesimo rinvio. Si arrabbierà, ne sono certo. Ma che colpa ne ho io, se anche oggi i poliziotti non verranno?

Lo stabile è signorile: c'è un giardino grandissimo con

irrigatori elettrici e sentieri disegnati da grosse mattonelle di cemento bianco. Attraverso il cancelletto e mi avvio verso il portone del palazzo.

Dalla parte opposta un signore distinto, sulla settantina, e quattro ragazzotti dietro di lui mi vengono incontro baldanzosi.

«Lei è l'ufficiale giudiziario, vero?» grida sorridente l'uomo, prima ancora di avvicinarsi e tendermi la mano umidiccia.

«Sì, sono io» rispondo mentre studio i ragazzi che gli stanno dietro. Sono dei colossi, una mezza squadra di rugby che lo segue senza proferire parola.

«Lei è il proprietario, immagino». Annuisce.

«E loro chi sono?» gli domando, indicando gli omaccioni alle sue spalle.

«Lavorano per me. Sono pronti a sbatterlo fuori e a sgomberare tutto l'appartamento in pochi minuti.»

I giganti annuiscono con un mezzo sorriso: hanno sguardi truci e bicipiti belli gonfi. Un paio di loro fanno scoppiettare le ossa delle dita. Ho un attimo di smarrimento e temo per quello che potrebbe accadere se lasciassi il mio cliente nelle loro mani: ne farebbero polpette. Ne sono certo. Immagino la scena: lui che rotola dalle scale seguito da un volo di valigie e mobili lanciati dal balcone senza troppi complimenti.

E allora provo a spiegare al proprietario che non può presentarsi con gli energumeni e pretendere di sbatter fuori l'inquilino con la sua roba, così su due piedi.

«Perché no?» mi dice. «Lo devo prendere a calci nel culo, dottore. È da un anno e mezzo oramai che non scuce più un euro per l'affitto.»

Gli spiego che non funziona così, che ci sono regole da rispettare.

«E la regola che paghi il canone quando c'è, mai?» replica.

«Per quello ci sono i giudici» rispondo. «Ha presentato istanza di decreto ingiuntivo, il suo avvocato?»

«Non so. Ma credo che non abbia presentato un cristo di niente.»

«Potrà sempre farlo, comunque» gli dico, «glielo faccia presente.»

«Io devo ricordarglielo? Perché non lo fa lei? » risponde, senza riflettere.

«I canoni non li ha saldati a lei, e poi mi scusi, è il suo avvocato, lei lo paga ed è lei che dovrebbe chiederlo!» ribatto.

Mi guarda senza convinzione: credo abbia confuso un po' i ruoli. Esita qualche secondo e poi riattacca con la sua strategia.

«Senta dottore, ma che male c'è? Andiamo lì, bussiamo e gli chiediamo di andare via: se non smamma dico ai miei d'intervenire. Vedrà: si spaventa e se la squaglia.»

«Per queste cose occorre rivolgersi alla forza pubblica» ribadisco, «e poi la roba che troviamo in casa non può lasciarla per strada così, incustodita. O la lascia ancora nell'appartamento, fino a quando il suo inquilino non verrà a ritirarla, e possiamo dargli un mese di tempo. Oppure, se vuole liberare subito i locali, per riaffittarli, dovrebbe portare tutti gli arredi in un deposito, anticipando le spese del trasporto e della custodia, fino a quando il suo inquilino non andrà a ritirarli.»

Il proprietario scuote la testa: «Non è possibile» ribatte.

Guardo i suoi scagnozzi: hanno sempre più il ringhio di cani affamati.

«Li lasci qui» gli dico, indicandoli. «Venga con me e vediamo che intenzioni ha questo signore: se riusciamo a convincerlo ad andare via spontaneamente, magari al prossimo accesso, ci guadagniamo tutti, vedrà.»

«Al prossimo accesso?» sbotta il proprietario. «Perché, non ha intenzione di sbatterlo fuori adesso?»

«La forza pubblica non verrà oggi» rispondo a bruciapelo mentre tiro fuori il fax che mi ha inviato il giorno prima il commissariato di Porta Genova: «Per sopraggiunte esigenze di servizio le comunichiamo che non sarà possibile garantirle l'assistenza per lo sfratto di cui in oggetto. Il commissario Giovanni De Filippo».

«Ma è incredibile! È già la seconda volta che me lo rinvia. Intanto questo non paga un centesimo» protesta il proprietario, con le vene del collo sul punto di scoppiare.

Mi avvio verso il portone. Il proprietario mi segue. Ha fatto un leggero cenno ai suoi molossi e loro si sono bloccati, senza discutere.

L'ingresso dello stabile è una vetrata trasparente, il marmo delle scale luccica per il sole che attraversa i vetri alle mie spalle. Una begonia campeggia al centro dell'atrio. È strano che in uno stabile così signorile ci siano inquilini morosi, considero mentre saliamo le scale che brillano. In tutti questi anni non ho mai visto tanta luce in un palazzo di Milano. Una mattinata simile meriterebbe d'essere impiegata in attività più gradevoli: quante giornate altrettanto solari ho sprecato con questo lavoro fino a oggi, a quanti piaceri ho rinunciato? mi chiedo a volte. Ma adesso sono qui, e devo resistere. Devo trovare il modo per venirne a capo in tempi brevi. Se il mio cliente non ci fosse neppure questa volta, me la caverei con un rinvio «per assenza della forza pubblica». Se invece aprirà quella dannata porta, ci sarà da discutere. Sono certo che il proprietario lo aggredirà, ne verrà fuori un macello. Spero per lui e per me che non apra, così me la sbrigherò in poco tempo e la prossima volta solleciterò con più fermezza l'intervento della polizia.

Busso alla porta dell'alloggio al primo piano. Si sente una donna che ride, poi il silenzio.

«È dentro il bastardo!» freme, il proprietario.

«Stia tranquillo » lo esorto.

Busso ancora e dopo alcuni minuti apre un uomo sulla quarantina, a dorso nudo: ha pettorali squadrati e addominali ben definiti. L'asciugamani intorno alla vita gli copre il sesso. Sembra appena uscito dalla doccia, ma non è bagnato. Sbircio dietro di lui: una ragazza mora sguscia da un divano bianco. È nuda, la guardo con insistenza. È messa bene, e la seguo con gli occhi fin quando non s'infila nel bagno sbattendo la porta.

Invidio il mio cliente che se la stava spassando mentre io lo difendevo dagli energumeni. La voglia di dire al proprietario di richiamarli è forte.

Sciolga i cani affamati, mi verrebbe da ordinargli. Ma poi desisto.

«Senta lei, sa perché sono qua?» domando, con aria spavalda, al bronzo di Riace che mi guarda sorpreso.

Lui non risponde. Gli mostro il tesserino: la scritta «ufficiale giudiziario» spicca sopra lo stemma del ministero della Giustizia. Lui si avvicina per leggere, socchiude gli occhi per mettere a fuoco: «Ufficiale giudiziario» legge. «È per lo sfratto, vero?»

«Direi» rispondo. «Lei dovrebbe andare via, lo sa?»

«Sì, lo so. Ma oggi proprio non posso: ho bisogno almeno di tre mesi per cercare un altro alloggio.»

«Tre mesi, una minchia!» ruggisce dietro di me il proprietario. «È da un anno e mezzo che non paghi, pezzo di merda» e intanto che sbraita cerca di afferrarlo in qualche modo, scavalcandomi. Ma il mio cliente è mezzo nudo e il tentativo di presa fallisce.

Ecco, lo sapevo, dico tra me e me. «Si dia una calmata, per cortesia!» urlo al proprietario mentre lo spingo leggermente per allontanarlo.

«Sono stato licenziato. È da otto mesi che non lavoro» si giustifica il mandrillo.

«E quella troia che sta dentro chi la paga?» incalza il proprietario.

Ecco, lo sapevo, mi ripeto, ora se le danno. Aspetto la reazione, che non arriva. Mi giro verso di lui: se ne sta impassibile davanti al l'ingresso. Eppure ha bicipiti belli sodi, da far paura.

«Senta» gli spiego, «cerchi di capire. Lei è da un anno e mezzo che si è dimenticato di pagare l'affitto, mettiamola così. Non si è mai presentato alle udienze, non ha mai ritirato una notifica. Le ho già dato un rinvio il mese scorso. Ed è stato fortunato che non ci fosse la polizia, altrimenti a quest'ora sarebbe per strada. Ora abbia pazienza, non mi faccia ritornare con la forza pubblica. Si organizzi e in quindici giorni se ne vada.»

Lui annuisce meccanicamente, senza convinzione.

«La roba dentro è tutta sua?» gli domando.

«Quale roba?» mi chiede accigliato.

«La roba! Come la chiama lei. Gli arredi, dico, sono suoi?»

«Sì, sono miei: devo portare via tutto. Ho bisogno di più tempo. Gliel'ho detto: devo organizzare un trasloco!» insiste.

«E io le ho detto che le do quindici giorni di tempo. Quando ci rivedremo lei mi consegnerà le chiavi, intesi?» ribadisco con fermezza.

«Devo prima trovare un altro alloggio, e poi me ne vado. Mi serve più tempo» ribatte irritato.

«Se te ne stai qui a scopare, l'alloggio non lo troverai mai!» sbraita il proprietario «Il tempo è scaduto ed è scaduto oggi! E tu oggi vai fuori. Giuro su Dio!»

«Per favore!» dico al proprietario. «Lei sa benissimo che senza forza pubblica oggi sarà un po' difficile mandarlo via, gliel'ho spiegato, no?»

Il mio cliente fermo sulla porta, gongola.

«Sì, sì, vabbè. Tanto lo so come va a finire. Tra quindici giorni ci ripete la stessa cantilena: cambierà solo la bagascia di turno» conclude il proprietario.

Il mandrillo sembra non accusare. Sarà davvero una troia, quella lì dentro? mi chiedo. Eppure se anche fosse, diamine! Almeno una reazione anche minima dovrebbe averla. Ma lui, niente.

«Stia tranquillo, che tra quindici giorni avrà l'appartamento libero» dico al proprietario per rassicurarlo.

Chiedo allo stallone di firmarmi il verbale con la data del rinvio dello sfratto.

«Il 27 maggio ci rivediamo e mi consegna le chiavi. Intesi?» gli dico.

Lui mi guarda e, senza parlare, oscilla l'indice due volte davanti al mio naso per dirmi di «no»: lui il verbale non lo firma. Si rifiuta.

«Vale comunque» gli spiego, mentre ci allontaniamo. «Andrà via sempre il 27 maggio!»

Lui rientra sbattendo la porta.

«Ha visto che faccia dottore? Che strafottenza?» riattacca il proprietario mentre scendiamo le scale. «Ma secondo lei» continua, «è giusto che trombi nel mio appartamento senza darmi un euro da un anno e mezzo?»

«Tra quindici giorni è fuori» gli confermo. « Promesso!»

«Ci credo poco, sa» risponde.

Non appena usciamo dal palazzo mi chiede dove firmare il verbale. Gli indico il punto, e con la coda dell'occhio sbircio lungo tutto il giardino: i cani affamati sono scomparsi.

Dopo aver firmato, il proprietario mi fissa per un poco, quindi sbotta: «Ma se io adesso vado su con i miei ragazzi e lo sbatto fuori, lei tra quindici giorni cosa fa. Ritorna?»

«Se il suo avvocato non mi ripresenta gli atti, non ritorno di certo» e sorrido.

«Allora prenda pure un altro appuntamento per quel giorno, dottore. Tanto qua non avrà null'altro da fare» ribatte lui con un sorriso identico al mio.

Immagino che stia scherzando, così lo saluto e mi allontano, mentre il proprietario estrae il cellulare dalla tasca.

«Ivan, Ivan mi senti! Sono il babbo, Ivan» continua, dopo qualche istante. «È tutto a posto, Ivan: di' ai ragazzi di tornare, che sgombriamo.»

Mi giro di scatto: «Non lo faccia» gli intimo, altisonante. «Rischia una denuncia per esercizio arbitrario delle proprie ragioni.»

«Le mie ragioni non sono arbitrarie. Sono le mie ragioni. Lei comunque vada, non si preoccupi. Io scherzavo. Ci vediamo il 27 maggio. Giusto?» chiarisce lui.

«Sì, il 27 maggio» sussurro e annuisco con il capo due volte, leggermente.

Mi avvio verso la macchina. Mentre ripercorro il giardino grandissimo, con irrigatori elettrici e sentieri segnati dai blocchi di cemento bianco, sollevo lo sguardo: il cielo da crociera che mi aveva accolto stamattina è solcato da nuvoloni sporchi che preannunciano un temporale. Sono certo: il 27 maggio non ritornerò in questo giardino.

Silvia

Stamattina finalmente ho conosciuto Silvia. Come promesso, era in casa ad aspettarmi. Aveva l'aspetto curato, qualche chilo di troppo e qualche anno in più dei quaranta che avevo immaginato ascoltando la sua voce al telefono. Non aveva un'aria felice.

«Com'è andata l'udienza del 28 aprile?» le ho chiesto subito.

Ha estratto un foglio da una cartelletta: «Questo me l'ha dato l'avvocato. L'udienza è stata rinviata: mancava il giudice» ha risposto tutta d'un fiato, con l'aria delusa.

«A quando?»

«Al 17 giugno» ha risposto, mentre afferrava un fazzoletto. «Non ne posso più di aspettare, sa. Questa volta ci speravo davvero che il giudice gli ordinasse di restituirmi il bar. Sono dei farabutti» ha concluso asciugandosi le lacrime.

«Ma lei vive da sola qui?»

«Sì, sono vedova. Mio marito è morto d'infarto un anno fa. Per via del bar. Ne aveva fatto una malattia. Ci passava quasi tutti i giorni da quelli là, per farsi pagare. E una mattina l'hanno pure pestato per bene. È finito in ospedale e dopo una ventina di giorni gli è scoppiato il cuore. Me l'hanno ammazzato loro, ma come potrei dimostrarlo? È stato un infarto ed è diffcile attribuirlo a quelli là. C'è tanta cattiveria in giro, sa?»

«Ma non li avete denunciati?»

«No. Per le botte, no. Mio marito non ha voluto. Ci hanno detto che quella è brutta gente. Abbiamo una figlia e temevamo che potesse accaderle qualcosa. Abbiamo chiesto solo che ci restituissero il bar, visto che non pagavano.»

Ho annuito. «Ma perché avete ceduto l'esercizio?» le ho chiesto.

«Eravamo stanchi. A mio marito mancava qualche anno per la pensione e aveva fatto circolare la voce: cercava acquirenti. Un giorno arrivano questi due ragazzi, marito e moglie, sembravano gentili e invece dentro avevano due serpi. Ci siamo cascati e abbiamo ceduto il bar prendendo solo un piccolo anticipo. Il resto lo avrebbero versato con le cambiali dopo il primo mese di attività, con una parte degli incassi. Erano questi gli accordi.»

«E perché poi non hanno pagato?»

«Dicono che il bar incassa meno di quanto gli era stato prospettato da mio marito e allora non vogliono pagarci. E io gli ho detto: 'Allora ridatemelo indietro'. E adesso, per restituirmelo, vorrebbero tre volte quello che lo hanno pagato. Eppure quel bar è sempre pieno, è in centro: ci passi una mattina, e vedrà se le racconto bugie. Sono solo dei farabutti, degli sporchi mafiosi» ha concluso tra le lacrime.

Non ho saputo cosa risponderle e allora ho aperto il verbale e ho iniziato a compilarlo.

«Signora, io spero che per giugno lei risolva la faccenda del bar e trovi un accordo con il proprietario di casa, perché non credo che, dopo quello di oggi, potrò concedere altri rinvii: siamo a maggio, posso prorogare ancora un mese, un mese e mezzo, ma temo che entro l'estate lei dovrà uscire. Ha pensato a come farà? Provi ad andare dagli assistenti sociali nel frattempo, non aspetti, perché magari a giugno potrebbero rinviare ancora l'udienza e intanto le toccherà uscire.»

«No! Ancora un rinvio no» ha ribattuto Silvia. «Non potrei farcela. L'avvocato mi ha promesso che a giugno si risolve tutto. E stavolta mi fido. Sarebbe davvero uno schifo se dovessero rinviarla ancora.»

«Lo so, signora, ma può accadere» le ho spiegato. «Ci sono mille motivi per rinviare un processo. Perciò le suggerisco intanto di cercare una soluzione. Insista con gli assistenti sociali, lei è una donna sola, non avranno difficoltà a trovarle un piccolo alloggio.»

Ha riso: «Ci sono andata proprio ieri dagli assistenti sociali. Mi hanno detto che non hanno nulla. 'Anche un buco' ho insistito. 'Datemi anche un buco che mi adatto.' Ma loro, niente. Devo aspettare che esca il bando per l'assegnazione delle case popolari. E il bando uscirà a metà settembre» ha concluso.

«E come farà se dovesse uscire prima da qui? Non ha qualcuno che può ospitarla nel frattempo?» le ho chiesto.

«Potrei andare da mia figlia. Ma adesso vive in Francia. E alla mia età, un cambiamento così drastico. No, non voglio. Io sto bene, so badare ancora a me stessa. Se andassi da mia figlia finiremmo per litigare. Ha un marito che è un maniaco dell'igiene. Impazzirei. E poi c'è la questione del bar da seguire.»

«Meglio che andare sotto i ponti» ho risposto, scherzando.

«Ma io cerco solo un buco, guardi. Non sarà difficile trovarlo. Nell'attesa che mi restituiscano il mio bar» ha ripetuto come recitasse una cantilena.

Ho annuito disarmato e ho ripreso a scrivere: «...impossibilitato a procedere, rinvio l'esecuzione all'8 luglio...»

«Mi firmi qui» le ho chiesto «ci vediamo a luglio.»

Ha firmato lentamente.

«Ne parli con il proprietario» le ho ripetuto, mentre mi accompagnava alla porta. «Gli spieghi la questione del bar, perché se pure glielo dovessero restituire a giugno, non credo che lei sarà in grado di riprendere subito i pagamenti dei canoni. Se il proprietario accetta, potrei rinviare lo sloggio a ottobre, così avrà tempo per riavviare l'attività e magari per presentare la domanda per le case popolari.

«Lo farò» ha risposto, «ma ci spero poco. È stufo anche lui, sa. È da due anni e mezzo che mi viene incontro. Non credo che mi concederà altro tempo.»

Ho allargato le braccia e ho allungato la mano per salutarla, quindi mi sono avviato verso il cancello: prima che uscissi Silvia ha urlato: «Grazie!»

Ho sollevato il braccio e l'ho salutata ancora.

Maurizio, il precetto e la separazione di Venanzio

Oggi è il turno di Aquila nera.

Sono in viaggio verso il carcere di Bollate quando mi squilla il cellulare. Mariano, il mio amico infermiere, m'informa trionfante che Ruggero è stato dichiarato, finalmente, fuori pericolo. «Ce la farà!» urla Mariano. «Però i medici non sono ancora propensi a dare l'autorizzazione per le visite» aggiunge subito dopo.

«Non importa. Aspetterò.» Gli dico, ringraziandolo.

Per un attimo sono assalito da dubbi: e se Ruggero non volesse incontrarmi? Se non volesse rivedere la faccia di chi lo ha tradito? Di colui che si è lavato le mani di fronte al suo dramma? Mi saltano in mente i suoi occhi che imploravano l'ultimo rinvio prima della mia decisione. La sua faccia delusa dalle mie parole che lo invitavano a preparare la valigia. La sigaretta stropicciata tra le mani, il suo ghigno prima di chiudersi in bagno. Apprezzerà la mia visita? mi chiedo.

Maurizio arriva di corsa come sempre dalla partita di calcetto. Tuta e scarpe da ginnastica. Solleva il braccio da lontano per salutarmi.

«Cosa mi porti oggi, sentiamo» dice.

«Sei allegro vedo, mi fa piacere.»

«Pare che mia madre riesca a risolvere la faccenda dello sfratto. Le assistenti sociali hanno detto di non preoccuparsi che troveranno una soluzione prima dello sloggio.»

«Bene, vedi che poi le cose s'aggiustano sempre, in qualche modo. Oggi ti lascio il precetto.»

«E cos'è?» mi chiede.

«C'è scritto che se non lascerai quell'appartamento entro dieci giorni, il proprietario chiederà il mio intervento per eseguire lo sfratto.»

«Ma in dieci giorni neanche le assistenti sociali ce la faranno a dare una casa a mia madre.»

«Non è un problema: se tua mamma non lascerà la casa dopo dieci giorni, verrò a notificarti l'avviso di sloggio e da lì inizieremo il conto alla rovescia. Passerà ancora un po' di tempo, e vedrai che tua madre risolverà la faccenda.»

«E come faccio a sapere quando verrai.»

«Ti dirò io quando sarà l'ultima fermata.»

Lui sorride. «Speriamo di riuscire a risolvere anche quello della bambina.»

«Già. A che punto sei?» gli chiedo.

«Nessuna novità: la mia ex moglie al momento non vuole saperne. Ho provato a telefonare ieri per vedere se almeno potevo sentirla al telefono. Mi ha detto che stava dormendo. 'A che ora posso chiamarla?' le ho chiesto. Mi ha risposto: 'Alle dieci'. Ma qui alle dieci non mi danno il permesso di usare il telefono» conclude desolato.

«Riprova quando puoi» gli dico.

«Non vorrei che me la mettesse contro, sa. Che dicesse a Giovanna che l'ho abbandonata.»

«Insisti con l'avvocato. Se è un tuo diritto prima o poi il giudice ti darà ragione, vedrai.»

«Sì, i giudici. Quelli sono sempre a favore delle mamme. Se sono come quella che ho incontrato il giorno della separazione, io mia figlia non la rivedrò fino a quando non uscirò da qui dentro.»

«E quando dovresti uscire?»

«Mi hanno dato sei anni. Ne ho scontato appena uno.»

«Ma dove abita tua moglie?»

«Al Giambellino, te l'ho detto, nelle case popolari. Giri anche da quelle parti?»

«Io no. Ci gira un mio collega. Perché?»

«Ho saputo che l'Aler sta effettuando delle verifiche in quella zona nei confronti di quelli che hanno occupato la casa popolare. Io e mia moglie, te l'ho detto, all'epoca l'abbiamo occupata. L'altro ieri quando le ho telefonato mi ha riferito che sono andati, per dei controlli, gli ispettori dell'Aler e che deve andarsene da quella casa. Tu non puoi aiutarla? Guarda non è tanto per lei, ma per la mia bambina, per Giovanna.»

«Di solito l'Aler in questi casi non procede velocemente. La tua ex moglie è lì con una bambina, dille di rivolgersi alle assistenti sociali, intanto. Io cercherò di parlare con il mio collega.»

«Sei un amico!» risponde, e allunga la mano per salutarmi. Ricambio e proseguo il giro lungo il corridoio dai rumori ovattati. L'ultima tappa è al secondo reparto: mi avvicino al corpo di guardia e gli indico il nome del cliente al quale devo notificare una separazione. Il piantone legge il nome ad alta voce. Il collega accanto interviene subito: «È in palestra, mi dice. Poi afferra il microfono e lo chiama».

Venanzio arriva in due minuti. Entra nella stanzetta, in cui lo attendo, con un saluto squillante: «Buongiorno».

«Buongiorno» rispondo.

È un fustaccio di un metro e ottanta: ha i capelli biondi, la mascella squadrata di Brad Pitt e un sorriso da incantatore. Avrà una trentina d'anni. Si è sposato con una certa Marina, nel 2003, nel carcere dell'Ucciardone a Palermo e adesso riceve la separazione nel carcere di Bollate. Certi amori fanno giri immensi, e poi scoppiano. Dal 2003 è uscito ed è rientrato più volte dal collegio, per reati seri e ridicoli. Da allora ha girato un bel po' di case circondariali e, a quanto pare, nei periodi di libertà si è infilato in molti letti matrimoniali, con donne diverse. Quando legge l'intestazione del ricorso che gli consegno, «Separazione giudiziale dei coniugi», sembra non credere ai suoi occhi: «Finalmente 'sta bottana si è decisa» esulta. Ed è l'unica cosa che riesce a dire. Poi mi guarda sorridendo e mi chiede: «C'è da firmare dottore?»

Gli dico di no, che non ho bisogno di una firma.

«È sicuro?» ripete. «Basta così?»

«Basta così!» rispondo. E anche lui allunga la mano, mi saluta e se ne va portandosi dietro tutta la felicità possibile. Mi alzo e vado via. Passo davanti al corpo di guardia, sollevo il braccio e saluto gli agenti. M'incammino verso l'uscita con la faccia gaia di Venanzio stampata nella mente: ci sono detenuti che sanno sempre come cancellare il puzzo della galera, dico tra me e me, mentre aspetto che la porta automatica dell'uscita si apra. Dovrei imparare anch'io a togliermi di dosso il puzzo delle cose che non vorrei fare, le cose che m'imprigionano a una vita che non mi soddisfa per nulla: come questo lavoro, per esempio. M'infilo in macchina, accendo la radio e corro in ufficio. È tardi: spero che oggi non siano arrivati atti urgenti da notificare, così tornerò a casa un po' prima.

Reportage: Ginevra e il fratello cattivo di Shrek

L'altro ieri, il ministero dell'Interno ha diffuso le statistiche sulle richieste di esecuzioni di sfratti presentati agli ufficiali giudiziari. Nel primo semestre 2013 sono state presentate settantacinquemila richieste di sfratto. Si stima quindi che per tutto il 2013 siano state richiesti all'ufficiale giudiziario circa centocinquantamila sfratti. La maggior parte di essi, circa il novantasei per cento, sono sfratti per morosità. La sola Lombardia conta il trentatré per cento del totale nazionale. A Milano sono stati richiesti circa ventiduemila sfratti: una marea di procedure esecutive che giungeranno a maturazione nel corso del 2014. Un'apocalisse di cui nessuno sembra ancora rendersi conto. I giornali stimano che una famiglia su trecentocinquanta sia sotto sfratto.

Barbara è una giornalista che conosco da un po' di anni e vorrebbe parlare di quest'apocalisse. È interessata a descrivere quest'aspetto preoccupante della crisi economica che ci devasta, ed è certa che la mia professione si presti al suo scopo, per cui chiede di accompagnarmi, una mattina, per assistere all'esecuzione degli sfratti che racconterà in un reportage per il suo giornale. Conosce bene il nostro ambiente, Barbara: nei mesi scorsi ha scritto articoli sulla riforma degli ufficiali giudiziari in cui auspicava, anche per noi, la stessa sorte toccata alla maggior parte dei nostri colleghi europei: abbandonare la veste del dipendente statale per indossare quella del libero professionista. In ventun nazioni d'Europa, una riforma simile è stata un successo.

A suo avviso, poiché siamo addetti alle notifiche degli atti giudiziari, al recupero dei crediti tramite i pignoramenti e all'esecuzione degli sfratti, noi misuriamo al millesimo la temperatura opprimente della recessione, monitoriamo i suoi battiti vigorosi e incessanti; quindi potremmo azzardare, sempre secondo lei, delle previsioni sull'andamento economico per i prossimi mesi, più attendibili di quelle di un professorone della Bocconi, di un boss della Banca Centrale Europea o di un arguto editorialista del *Sole 24Ore*.

«Voi rovistate nelle tasche della gente, entrate nelle loro case, nelle loro aziende, frugate nei loro cassetti; ne conoscete i drammi, i turbamenti, i prossimi fallimenti. In poche parole» mi spiega al telefono, al fine di persuadermi a portarla in giro, «avete in mano il polso della stagnazione in cui versa questo Paese.»

Le spiego che non potrei, che in effetti gli estranei non sono autorizzati ad assistere alle esecuzioni forzate: sarebbe una violazione della privacy «bacchettata» dal codice. Però mi sembra doveroso farle raccontare quest'aspetto allarmante della crisi che ci sovrasta. Scrive per uno dei più diffusi quotidiani nazionali e il suo articolo potrebbe essere una testimonianza tangibile, preziosa: una cassa di risonanza autorevole dei guai e degli affanni in cui vivono i centocinquantamila inquilini morosi su cui pende una sentenza esecutiva di sfratto che non lascia scampo.

Guardo l'agenda e le suggerisco la data: quella in cui ho sfratti più impegnativi.

A chi contesterà la sua presenza, dirò che è una giovane collega neoassunta, alla quale sto insegnando il mestiere.

Barbara arriva puntuale. Scende dal taxi con un'aria allegra e disinvolta, la stessa che aveva due anni fa, ovvero l'ultima volta che ci siamo incontrati per una video-intervista sulle prime avvisaglie della crisi finanziaria. Temo che non abbia idea di cosa l'aspetti, oggi. E a essere sinceri neanche io posso immaginare la durezza degli incontri che avremo. Ogni giorno questo lavoro riserva sorprese.

La prima tappa è a casa di Ginevra, una signora che conosco suppergiù da un anno e mezzo, ossia da quando si è presentata la prima volta nel mio ufficio e mi ha chiesto di aiutarla. Da allora, ho prorogato il suo sfratto per ben quattro volte. Ginevra ha una quarantina d'anni, ed è separata con un bambino piccolo: più o meno sette, otto anni, e tutte le volte che accorreva da me, per chiedermi di lasciarla ancora un po' di tempo nella casa in cui abita, mi parlava di lui, dei suoi disturbi d'ansia di separazione e del trauma inevitabile che, secondo la psicologa, il piccolo avrebbe potuto subire con un trasloco forzato.

Come le ho spiegato la settimana scorsa, quando è apparsa di nuovo davanti alla mia scrivania, il suo sfratto è giunto al capolinea. Il proprietario scalpita già da un po' di mesi e oggi pretende che gli sia restituito l'appartamento una volta per tutte. Infatti, è già sotto casa di Ginevra che ci aspetta, con l'aria impaziente di chi non vede l'ora di farsi cavare un dente marcio per liberarsi dal fastidio.

Gli vado incontro abbozzando un sorriso, lui mi tende la mano grassoccia. Dietro di me la giornalista rimane in silenzio, lui la osserva e saluta compiaciuto, senza chiedere nulla. Ci avviamo su da Ginevra la quale ci accoglie alla porta con l'espressione studiata di chi, nonostante sia consapevole che siamo agli sgoccioli, è determinata a giocarsi ancora l'ultima carta per ottenere un rinvio dello sloggio.

Ci lascia entrare senza problemi. Non si cura affatto di Barbara che mi accompagna, anzi è a lei che rivolge le prime richieste, fa appello alla sua solidarietà, in cerca di una complicità femminile.

«Vi chiedo di venirmi incontro» esordisce. «Ieri sono stata ancora una volta dal sindaco per cercare una soluzione. Ha detto che mi aiuterà, ma non subito: per l'assegnazione della casa popolare ci vuole ancora un po' di tempo.»

«Quanto, più o meno?» chiedo.

«Non lo sa neppure lui con certezza: due mesi, forse tre» risponde, con voce accorata.

Alle mie spalle, le narici frementi del proprietario mi segnalano tutta la sua impazienza: è un toro pronto all'attacco. Mi giro verso di lui e gli afferro un braccio, leggermente, per acquietarlo, poi mi rivolgo a Ginevra: «Ascolti signora, purtroppo non posso più concederle nulla.

Ero stato chiaro la volta scorsa: che le fosse stata assegnata o no la casa popolare, oggi avrei eseguito lo sfratto. È la quarta volta che ci vediamo e, mi creda, se potessi rinvierei ancora. Cerchi di comprendere anche le ragioni del proprietario».

La parola «proprietario» spesso suscita nei miei clienti una reazione allergica, un brivido di ripugnanza. È lui l'ostacolo principale da superare, il proprietario: lo scoglio aguzzo contro cui vanno a infrangersi tutte le loro suppliche per restare dentro casa qualche mese in più.

L'ufficiale giudiziario può decidere di concedere una proroga solo se il proprietario, o un suo delegato, il giorno fissato per lo sfratto non si presenta a ritirare le chiavi dell'appartamento; se invece quel giorno ti marca stretto, proporre un rinvio è un atto eroico, una provocazione: occorre trovare un buon motivo per far digerire l'ennesima fumata nera a chi non riscuote le pigioni da un secolo; occorre escogitare una soluzione convincente se si vuole dare ancora un po' d'ossigeno all'inquilino disperato, un compromesso accettabile che non arrechi ulteriori danni al proprietario sul l'orlo della bancarotta. A meno che l'ufficiale giudiziario non decida di andare avanti come un bulldozer e si tappi le orecchie per non ascoltare più i lamenti, spesso patetici, talvolta comprensibili, degli inquilini morosi.

Ecco, questa potrebbe essere una soluzione definitiva: trasformarsi in un gruppo d'intervento speciale, come i NOCS della polizia o i GIS dei carabinieri: piombare in casa dei morosi, stanarli senza pietà e procedere al cambio immediato delle serrature e all'immissione in possesso del proprietario defraudato del suo immobile. Però se fosse così, sarei stato obiettore di coscienza da tempo, avrei cambiato mestiere da una vita.

Per fortuna, la procedura mi concede margini d'azione discretamente ampi; un potere autonomo nel pianificare l'esecuzione dello sfratto che utilizzo per far sì che l'inquilino braccato se ne faccia una ragione, prenda coscienza della sua condizione e decida di lasciare l'appartamento, senza tirarla troppo per le lunghe. Auspico dunque l'esecuzione di tutti gli sfratti senza l'intervento della forza pubblica, sarebbe la soluzione ideale: una pace sociale fondata sul buon senso.

Ma per ottenere tutto ciò, sarebbe necessario un coordinamento tra i servizi sociali del Comune di residenza di chi subirà lo sfratto, l'Aler, o comunque chi gestisce le case popolari, e l'ufficiale giudiziario in modo da eseguire lo sfratto una volta trovata una casa popolare disponibile. Un passaggio diretto da un appartamento all'altro. In uno Stato civile questo passaggio morbido, senza traumi, da un bozzolo all'altro dovrebbe essere un imperativo categorico, costituire un vanto dello stato sociale: l'eliminazione degli sfratti per morosità dovrebbe essere il cavallo di battaglia di ogni candidato premier e un obiettivo primario nell'azione di governo.

Se così fosse, oggi non avrei alcuna remora a rinviare questo sfratto: basterebbe che Ginevra mi ficcasse sotto il naso uno straccio di carta firmata dal sindaco, o da chi per lui, in cui ci s'impegni ad assegnarle una casa entro e non oltre quindici o al massimo venti giorni. Se così fosse, oggi forzerei la mano tranquillamente, mi assumerei la responsabilità di una proroga di altrettanti giorni e Ginevra sarebbe contenta e il proprietario certo che il suo appartamento sarà libero quando stabilito.

Ma così non è, e Ginevra dice che il sindaco le ha promesso l'assegnazione della casa popolare, ma non sa dirle quando; e io non posso dire al proprietario che posticipo l'esecuzione dello sfratto a una data che poi deciderò: sarebbe un abuso di potere non tollerato dalla legge.

«Lui» ribatte Ginevra, additando il proprietario «è stato sempre pagato con regolarità, per dodici anni. Adesso potrebbe anche aspettare, non crede?»

«È da due anni che aspetto, cara» risponde a tono il proprietario.

«Non fare troppo lo spiritoso con me, sai» urla Ginevra.

«È la verità. Ti ho concesso tutto questo tempo ma è stato inutile: non ti sei fatta più viva, neppure per dirmi che non potevi pagare. Avrei apprezzato il gesto» spiega il proprietario.

«E cosa sarebbe cambiato?» replica Ginevra. «Semmai, ero io che ti stavo aspettando: avevi promesso che avresti mandato un operaio per sanare l'umidità nella camera da letto.»

Il proprietario solleva lo sguardo: «Il mio avvocato ha detto che non c'entra nulla l'umidità: avresti dovuto continuare a pagarmi, comunque».

Le condizioni dell'immobile sono un tema che viene tirato in ballo spesso dai miei clienti per giustificare i mancati pagamenti dell'affitto, e Ginevra oggi accamperà tutte le scuse possibili, lo sento. Tra un po' tirerà fuori la storia del figlio seguito dagli psicologi.

«A dicembre sono stata licenziata e ho perso il lavoro» spiega Ginevra a Barbara, che annuisce intenerita: «Poi quello stronzo del mio ex marito è da due anni che ha smesso di versare gli alimenti per me e per il bambino che devo portare dallo psicologo tre volte a settimana» e nel dire ciò apre una cartelletta sul tavolo ed estrae un certificato dell'Asl-servizio famiglia, e glielo porge.

«Guardi» dice a Barbara, «legga, se dico bugie.»

La giornalista dà una scorsa al foglio e me lo passa: «Quanti anni ha il bambino?» chiede a Ginevra.

«Otto anni, a novembre.»

Il contenuto del certificato mi è noto: Ginevra sventolava quel documento tutte le volte che veniva nel mio ufficio. Lo sbircio per qualche secondo, poi lo appoggio sul tavolo, ma il mio gesto a Ginevra non va giù: «Ecco» dice, senza remore, «non si degna neppure di leggerlo, tanto a lei che gliene importa del mio problema, basta che risolva il suo» conclude, indicando il proprietario il quale, a sua volta, ribatte: «Ufficiale, cosa stiamo aspettando? Io voglio che la signora lasci il mio appartamento. A novembre dovrò pagare diciassettemila euro di Imu, sa, e non riesco a metterli insieme: in questo stabile c'è altra gente che non mi paga.»

Barbara strabuzza gli occhi e il proprietario avverte la necessità di spiegare: «Sì, ha capito bene» precisa. «Lo stabile è tutto mio! Però qui non mi sta pagando quasi più nessuno, e io ho necessità di trovare gente che onori l'affitto. Ho una quantità di spese che lei non immagina.»

«Hai più case tu che Berlusconi, e stai qui a piangere!» urla Ginevra.

«Signora, però così non mi aiuta per niente» sbotto. «Lei non può pretendere di stare qui perché il suo proprietario ha tante case.»

«Tante case da cui, ripeto, non percepisco quasi più nulla, dottore: sono un povero tra grandi ricchezze, direbbe Orazio.»

Sorrido e lancio uno sguardo verso Ginevra che rigira una sigaretta martoriata tra le mani. Mi blocco: anche Ruggero aveva iniziato a stropicciare una sigaretta prima di correre in bagno.

«Ecco volevo dirle, dottore» aggiunge il proprietario, « che il mio avvocato sta preparando la citazione per la richiesta di un altro sfratto qui al quarto piano. L'inquilino ha perso il lavoro e non paga da sei mesi. Mi dica lei, come posso andare avanti così.»

«Poi affronteremo anche quello» rispondo distrattamente, «cerchiamo una soluzione per oggi, intanto.»

E lui: «Che soluzione vuole che troviamo: la signora deve uscire da questa casa!»

«Ma come faccio!» sbotta Ginevra in lacrime. «Mi sono rivolta anche a un'agenzia immobiliare, chiedono due mensilità in anticipo e la cauzione: chi me le dà, lei?» conclude, rivolgendosi a me.

«Signora» rispondo pacatamente, «non penserà mica di poter stare qui fino a quando non le daranno una casa popolare? Non ha qualcuno che possa ospitarla per un po'? Un parente, un'amica che possa darle una mano?»

«No» risponde, con uno sguardo incerto.

«Ma lei, in questi mesi, come ha fatto a vivere, senza lavoro, senza alimenti?» interviene la giornalista. Ginevra si ritrae, sembra infastidita dalla domanda: «Mi aiuta mio padre» sussurra con uno sguardo sfuggente.

«Ecco, allora vai da tuo padre!» consiglia il proprietario, innescando un nuovo battibecco.

«Lascia stare mio padre! Non sei degno di nominarlo!» ammonisce Ginevra. «È un galantuomo, gli avevi promesso che mi avresti aiutata e invece eccoti qua.»

«Anche tuo padre mi aveva promesso che ti avrebbe aiutata. Lasciamo stare, è meglio» ribatte il proprietario.

Ginevra si alza di scatto e urla: «Comunque io non me ne vado fino a quando non avrò una nuova casa. E poi mio figlio deve almeno concludere l'anno scolastico». Anche Ruggero mi aveva chiesto la stessa cosa, di far concludere l'anno scolastico al figlio...

La signora non molla e il proprietario non sente più ragioni. A questo punto dovrei concludere la faccenda: dovrei intimare a Ginevra di raccattare le sue cose e di uscire dall'appartamento. Ho la certezza che potrebbe cavarsela, nonostante non gli sia stata ancora assegnata una casa popolare. Potrebbe chiedere ospitalità a suo padre per un po', fino a quando il Comune non la chiami per consegnarle le chiavi del nuovo alloggio: il proprietario non ha tutti i torti. Però Ginevra non vuole andare in quella casa e l'assistente sociale, proprio ieri, me ne ha spiegato per bene il motivo.

Se Ginevra dovesse rifiutarsi di uscire, dovrei minacciarla: «Sto per chiamare i carabinieri» dovrei dirle. Ma dopo quello che mi è accaduto con Ruggero, cerco di persuadere i miei clienti con le buone maniere. Anche se sono certo che se calcassi un po' più la mano, se insistessi con la faccenda dei carabinieri, probabilmente Ginevra alzerebbe bandiera bianca e se ne andrebbe oggi stesso. Ma in questi casi preferisco desistere: oggi non c'è solo il ricordo di Ruggero a frenarmi. Qui c'è di mezzo anche un bimbo...e immagino il suo ritorno da scuola il giorno dello sfratto: il sorriso che offre inconsapevole a sua madre (che vorrei fosse qui ad attenderlo e non in sala rianimazione) e la delusione di non poter giocare più nella sua cameretta. Ai bambini si deve il massimo rispetto.

«Signori!» urlo, e loro tacciono. Barbara sobbalza, mi guarda attonita. Ci siamo: è il rush finale. E io riprendo il controllo della scena, non sono più una comparsa. Cerco di assumere un tono risoluto, una parte che spesso mi si addice. Tre, quattro frasi secche a effetto che non ammettono repliche e i combattenti si daranno per vinti, ne sono certo. In fondo sono io che decido se eseguire o no questo benedetto sfratto. Che piaccia o non piaccia, è a me che le parti in causa devono dar conto, e allora procedo.

«Mi ascolti bene signora» sono perentorio. «A lei deve essere chiara una cosa» e marco bene sull'articolo «una», «che il Comune le dia o no la casa, che lei trovi o no un altro appartamento, io il giorno che le fisserò per il prossimo accesso verrò a cambiare la serratura, senza indugi. Non ascolterò altre ragioni, e la prego, non venga più nel mio ufficio a implorarmi. Non la farò entrare.»

Ginevra mi ascolta contrita, e lentamente abbassa lo sguardo: è un cagnolino bastonato che è riuscito a rubare l'ultimo biscotto. «Siamo a fine maggio» proseguo, «la scuola del bambino finirà tra qualche giorno, le lascio il tempo per ultimare il trasloco e quando ritornerò, voglio la casa vuota di tutti i suoi mobili. Lo sfratto è rinviato al 26 giugno: per quella data, qui dentro non dovrà esserci più nulla di suo.»

Ginevra annuisce con un'aria afflitta, ma dentro di lei, sono certo, è quasi una festa: in fondo ha ottenuto quel che voleva.

Il proprietario borbotta qualcosa di incomprensibile mentre afferra il cellulare, qualche secondo dopo mi allunga il telefono: «C'è il mio avvocato che vuole parlarle». Vorrei rispondergli che non parlo con gli avvocati al telefono, in particolare il giorno dello sfratto. Ma in qualche modo devo placare la sua ira, devo far sì che mandi giù la pillola anche questa volta, e allora afferro l'aggeggio.

Dall'altra parte la voce femminile dell'avvocato dice di conoscermi e mi chiede come va. Rispondo: «Bene, grazie». Poi prosegue: «Senta, il mio cliente mi ha spiegato un po' la faccenda. La prossima volta però dobbiamo eseguire lo sfratto».

«Certo, è solo una questione logistica» spiego. «Abbiamo dato il tempo alla signora di ultimare il trasloco. Poi il suo cliente mi ha detto che avrete altri sfratti, in questo stabile: vorrà dire che recupereremo un po' di tempo con i prossimi» concludo.

«Ah, va bene, grazie, ufficiale» risponde l'avvocato salutandomi.

Il proprietario ripone il cellulare nella tasca e mi segue mentre ci allontaniamo dall'appartamento. Ginevra ammutolita, abbozza un sorriso per salutarci e allunga la mano solo a Barbara.

In strada, il proprietario avrebbe voglia di riprendere il discorso, ma non posso fermarmi a parlare: alle dieci ho un altro sfratto dalla parte opposta del paese e sono già in ritardo, di molto: c'è un altro proprietario, con un fabbro, che mi sta aspettando. Allungo la mano e saluto il proprietario: «Vedrà» gli dico, «il 26 giugno troverà l'appartamento vuoto, così non dovrà tribolare per portare via i mobili della signora».

«Se lo dice lei» risponde amareggiato, «ma ci credo poco. Vedrà che il 26 giugno siamo punto e a capo.»

Speriamo di no, penso, mentre m'infilo in macchina. Avvio il motore e parto. La giornalista, accanto a me, tira fuori il taccuino per gli appunti. Ha la faccia cupa.

«Hai visto quante scene?» le dico.

«Sei stato crudele però» mi risponde.

«Perché mai? Ha ottenuto quel che voleva.»

«È una donna sola con un bambino, come farà in venti giorni?»

«Come farà?» le rispondo. «È il quarto rinvio che le concedo e ogni volta sempre le stesse scuse. L'umidità, il bambino, il licenziamento, la casa popolare che non arriva.»

«Scuse?»

«Sì, l'altro giorno l'assistente sociale del Comune mi ha chiamato. Il padre della signora vive in zona con una nuova compagna, ha una casa grande e potrebbe ospitarla, ma lei non va d'accordo con la fidanzata di papà e allora cerca di stare qui, con la speranza che ci siano rinvii all'infinito, tanto lei ha un bimbo piccolo e crede che non possano sfrattarla. Spero che questa volta l'abbia capita: è proprio l'ultima.»

Barbara scuote la testa e allarga le mani.

Alle dieci e quaranta giungiamo dall'altra parte del paese.

Davanti allo stabile in cui dovrò eseguire lo sfratto, due uomini mi stanno aspettando. Mi affianco con l'auto a un signore tarchiato con la faccia spaurita: «Lei è qui per lo sfratto, vero?» gli chiedo.

«E lei chi è?» risponde serioso.

«Sarei l'ufficiale giudiziario.»

«Ah, finalmente» ribatte. «E io sarei il proprietario.» La giornalista accenna un sorriso, il proprietario la fissa per qualche secondo, prima di rispondere: «Buongiorno» le dice.

Parcheggio e scendiamo dalla macchina. Il fabbro ci viene incontro e allunga la mano per salutare entrambi. Lo riconosco, ha lavorato con me altre volte: è un tipo sveglio, riesce a forzare le porte blindate con la stessa facilità con cui Harry Potter sposta le botole dei nascondigli segreti di Hogwarts. Ritrovarmi un fabbro così è una grande fortuna quando si deve eseguire uno sfratto, è la garanzia che nel caso in cui lo sfrattato sia assente o irreperibile non passerò tutta la mattinata ad aspettare che il fabbro apra quella dannata porta con degli stupidi attrezzi: non so come faccia, ma lui ci impiega un secondo.

«La vedo preoccupata» dico al proprietario.

«Come si fa a non esserlo in queste occasioni» risponde, poi aggiunge: «ma lei lo ha mai visto quel signore là?» e con un dito indica il balcone con la serranda chiusa, su al secondo piano.

«Per niente: tutte le volte che sono passato, per notificare gli atti, non c'era mai nessuno» rispondo.

«E invece c'era, sa. È sempre dentro, ma non apre. Per un periodo è stato anche agli arresti domiciliari» conclude.

Andiamo bene, penso tra me e me, mentre guardo Barbara che si è fermata al mio fianco. Sorride, per nulla intimorita: «Da quant'è che non paga, questo signore?» chiede al proprietario.

«Sono due anni oramai. Prima, quando era ancora viva sua madre, era puntuale. Dopo, ha cominciato a non pagare più. Ogni tanto versava qualcosa, e ora è fuori di tanto: ventimila euro più o meno.»

«Ma cosa fa, non lavora?» domando.

«Non si sa. Una volta diceva di essere un camionista. Ma qualcuno mi ha raccontato che aveva installato telecamere nascoste per controllare chi entrava nel palazzo. È stato pure in carcere, gliel'ho detto, per qualche mese. Vedrà, vedrà che personaggio» ribadisce il proprietario «e mi sa che è pure delle sue parti, vi capirete.»

«Perché è napoletano?» chiedo.

Il proprietario annuisce.

Mi avvio verso il citofono e schiaccio il tasto. Una, due, tre volte: sempre più prolungato. Ma non arriva alcuna risposta. Riprovo, e dopo quasi cinque minuti, la serranda del balcone, al secondo piano, si alza lentamente. Sollevo lo sguardo e sul balcone appare un gigante in canottiera bianca e pantaloni corti. Ha i capelli arruffati e il volto assonnato, braccia muscolose e tatuate da scaricatore di porto e una pancia gonfia di grandi bevute.

«Che vuoi?» urla da lassù, con voce severa.

«Buongiorno, sa chi sono?» chiedo.

«E chi ti conosce?» risponde.

«Sono l'ufficiale giudiziario» spiego, mostrando il tesserino.

«Embè, da me che vuoi?»

«Sono qui per lo sfratto, sa che oggi dovremmo eseguire lo sfratto?»

«Lo sfratto? Nun saccio nient'» risponde.

Il proprietario ha ragione: lì sopra c'è un osso duro. Anche il fabbro lo intuisce al volo: «Dottore, io sono nel furgone» mi annuncia timoroso. «Se ha bisogno mi chiami» e scompare.

Decido allora di cambiare linguaggio e atteggiamento. Il colosso che mi guarda con amore dal balcone ha le mie stesse origini e in questi casi, intendo dire quando mi trovo a tu per tu con un napoletano, mi viene spontaneo virare sul dialetto: dicono che prendere una persona difficile dal suo verso favorisca l'empatia, e io ci provo. In fondo mi occupo di far rispettare le sentenze e di balordi matricolati ne incontro parecchi sulla mia strada: questo modo di fare, a volte, torna utile. Così, quando posso, mi adeguo alle parlate, cerco di decifrare i codici comportamentali, assumo quasi le sembianze di chi ho di fronte: sono come Leonard Zelig, un camaleonte. Uno, nessuno e centomila. E col tempo ho affinato la tecnica che è una meraviglia: essere inflessibili in certi casi, non paga.

«Dai, non fare finta di non capire» lo rimprovero.

«Ah» esclama sorpreso, non appena intuisce la mia cadenza «e di dove sei di Salerno?» mi chiede.

«Come sarebbe a dire di Salerno: io sono di Pompei» rispondo.

«Ma a me mi sa, invece, che tu sei più di Salerno, perché quelli a Salerno fanno tutti comme a te: arrivano all'improvviso e vogliono fare gli sceriffi» ribatte.

«No, guarda che qua sceriffi nun ce ne stann'. Mi dovresti far salire e dovresti cominciare a prepararti per andartene via» gli spiego.

«Ma stai pazziando, immagino, o fai veramente?» domanda.

«Perché, tengo la faccia di uno che sta pazziando?» ribatto serio.

«E allora devo pensare che mi stai minacciando, frate'» risponde a tono, additandomi spavaldo. Mi ha chiamato «fratello» però, e la cosa dovrebbe lasciar sperare bene. Tuttavia, in quel «frate'» si concentra tutta la sua arroganza. E io ancora non sono riuscito a entrare per bene nelle sue corde. La mattinata si presenta davvero movimentata: l'accesso a casa di Ginevra era solo l'aperitivo in attesa del pranzo.

Il proprietario è accanto a me, ammutolito; la giornalista, leggermente arretrata, assorbe ogni dettaglio con occhi curiosi: mi piacerebbe sapere quali parole userà per descrivere questo scenario tragico che si delinea, in una mattina di fine maggio, in un paese della cinta milanese. Come racconterà questo delirio?

Ho lo sguardo fisso sul balcone e mi arrovello per cercare d'imbastire un colloquio sereno col fratello cattivo di Shrek che mi scruta dall'alto e non vuole saperne di farci accomodare.

«Senti» gli dico, «mica possiamo continuare a fare queste tarantelle, tu da lì sopra e io da qui sotto. Facci salire e ne parliamo da vicino che è meglio, ci guardiamo negli occhi: da uomo a uomo.»

E non faccio in tempo a concludere la frase che il proprietario mi stringe il braccio e mi sussurra qualcosa all'orecchio: «Se non ci sono i carabinieri, io lì sopra non salgo.»

L'omaccione da lassù appoggia il palmo della mano dietro l'orecchio, a mo' di cornetto acustico, e allunga il collo per ascoltare: «Ma che cavolo sta dicendo lo scemo accanto a te?» strilla.

«È o' proprietario, immagino che lo conosci a lui, no?» gli spiego.

«Certo che lo conosco, ma ultimamente s'è comportato proprio male con me.» E additando il proprietario, dice: «Ti sei preso i soldi della luce delle scale e poi non l'hai pagate all'amministratore, è vero?»

Il proprietario non risponde. E lui: «E che è, non mi rispondi nemmeno. Non hai neanche il coraggio di rispondermi. Ti sei preso o no i soldi che dovevi dare all'amministratore?»

«Guarda che sono io che dovrei avere ventimila euro da

te, per gli affitti non pagati» ribatte il proprietario, con un marcato accento emiliano: «I soldi della luce li hai dati a mia cugina che si occupa dell'amministrazione dello stabile. Io non c'entro» si giustifica.

«Ah, tu non c'entri. E l'appartamento di chi è? È mio per caso?» replica il gigante.

Il proprietario non risponde. Siamo qui da un quarto d'ora oramai, e nulla sembra cambiare. Lui sopra e noi sotto. Tento l'ultima carta, poi chiamerò i carabinieri.

«Senti, allora, che devo fare?» dico all'energumeno. «Non vorrai farmi chiamare i carabinieri davvero, io la cosa la voglio risolvere, mi fai entrare, ci sediamo e parliamo.»

Il proprietario mi strattona ancora: «Senza i carabinieri io non salgo!»

«Ah, tu non sali?» replica offeso, il mio cliente napoletano. «Ma perché ti ho mai fatto qualcosa io a te? Ti ho mai toccato?»

«Tu no, ma i tuoi fratelli sì» urla il proprietario.

«E allora se la metti così, chiama i carabinieri» risponde su due piedi l'omaccione. «Per quanto mi riguarda puoi contattare pure i NOCS e il presidente della Repubblica. Io intanto, comincio a telefonare ai miei fratelli, alla mia famiglia e poi vediamo.» E si attacca al cellulare.

Lo sapevo, mi dico. Arrivano grane. Mi giro verso la giornalista, e vedo che per la prima volta nella mattinata un velo di timore le copre il viso.

Il proprietario inizia a implorarmi: «E che cosa fa lei, non li chiama i carabinieri? Lo sa che se arrivano i suoi fratelli, ci massacrano? Già una volta mi hanno pestato per bene. Io aspetto nel furgone insieme al fabbro, se quelli arrivano prima dei carabinieri io scappo via» e cerca di allontanarsi.

«Dove va? Mi dia il cellulare» ordino al proprietario.

«Il mio?» chiede lui, indietreggiando perplesso.

«E certo» gli rispondo, «mica posso usare il mio, quello è personale.»

La chiamata del mio cliente grosso e gentile dura pochi secondi: «Pronto Giua', sono Mimmo. Vieni un poco qua, che ci sta chillu strunz' 'e proprietario che stammatina si è scetato con la luna storta, si è presentato con l'ufficiale giudiziario e sta facendo lo scemo sotto casa. Vieni presto.»

« ... »

«No, no e chi l'ha fatto entrare» continua il gigante.

«Giù deve rimanere, insieme al proprietario.»

Al telefono, il maresciallo Coppola mi dice che la pattuglia, impegnata in un altro servizio, non potrà arrivare prima di un'ora. Tuttavia mi assicura che se qui la situazione dovesse peggiorare farà in modo di mandarla immediatamente.

Il mio cliente napoletano entra in casa e abbassa la serranda.

«Ti stai divertendo?» chiedo a Barbara. «È incredibile» risponde, «non immaginavo che ci fossero tutte queste trattative.»

«Se non c'è la forza pubblica pronta per agire, le trattative sono inevitabili» le spiego. «E poi gli ossi duri vanno ammorbiditi. Questa è gente che non si spaventa se vede una divisa. E non credere che se arrivano i carabinieri, lo imbracano e se lo portano via, senza discutere. Anche loro proveranno a farlo ragionare, sai. E mi sa che oggi, se ci sarà da forzare la mano, una pattuglia sola non basta.» Barbara inarca le sopracciglia.

«Mi raccomando» le dico, «se la situazione si complica, allontanati» e le passo le chiavi della macchina.

«Sono una giornalista, sono abituata a correre qualche rischio» risponde sorridendo, mentre la serranda del balcone al secondo piano si riapre e il gigante riappare con una sigaretta in mano.

«Ma non era meglio se mi facevi salire e ne parlavamo, invece di fare tutte queste sceneggiate?» gli domando.

«E mica le sto facendo io, le sceneggiate: sei tu che sei venuto a svegliarmi. Io stavo dormendo, stanotte non ho potuto riposare. Guarda qua» dice, indicando la fasciatura elastica intorno alla gamba destra: «è gonfia come una zampogna.»

«E mi dispiace, che ne potevo sapere» rispondo. «Però tu non hai mai ritirato una notifica, io sono venuto un sacco di volte, ti ho spedito raccomandate, ti ho lasciato avvisi. Non ti sei fatto né vedere né sentire: potevamo trovare un accordo.»

«Perché lui... » risponde Mimmo, cercando il proprietario con lo sguardo. «E dove se n'è andato chillu strunz'?» chiede.

«Cosa avrei dovuto fare, sentiamo!» strilla il proprietario, sporgendo lievemente la testa fuori dal finestrino del furgone del fabbro.

«Ah, là stai. Ti sei nascosto? Ah! Ah! Ah! E che è, tieni paura veramente? Ma non avete chiamato i carabinieri?» domanda sarcastico il colosso dal balcone.

Il fabbro è impietrito, ha le mani sul volante e guarda fisso davanti a sé.

«Dico a te!» strilla il gigante da lassù. «Non potevi venire da me e spiegarmi com'era la situazione?»

«Ah, questa è bella» ribatte il proprietario. «Tu non mi paghi l'affitto, e io ti devo spiegare perché?»

«Ti ho mandato mille euro il mese scorso» si giustifica Mimmo.

«Me ne devi ancora ventimila. E poi i mille euro, me li hai mandati tre mesi fa» gli ricorda il proprietario.

«Ma tu stai pazziando. Io c'ho qua la ricevuta. Dopo gliela faccio vedere, anche a lui» gli risponde il gigante, voltandosi verso di me.

Da dietro giunge lo stridore di una frenata brusca di una macchina e, nello stesso istante Mimmo annuncia baldanzoso: «Sono arrivati i miei fratelli, ora possiamo parlare con più calma».

Il proprietario serra velocemente il finestrino, il fabbro avvia il motore del furgone: due conigli pronti alla fuga.

Dall'auto scendono tre uomini di mezz'età dalle facce vissute. Con un cenno della mano, avviso la giornalista di allontanarsi, lei indietreggia di qualche metro e poi si ferma. Tuttavia ho la sensazione che non ci toccheranno. I tre attraversano la strada e ci vengono incontro. Immagino quello che potrebbe accadere: potrebbero assestare ancora un po' di sberle al proprietario, dargliele sode; potrebbero strapparmi il verbale dalle mani e farne coriandoli e invece, come immaginavo, non accade nulla. Uno dei tre, il più anziano, alza la testa verso il balcone e chiede a Mimmo: «Ma addò sta?» riferendosi al proprietario. Mimmo glielo indica sorridendo: «Sta nel furgone». E nello stesso momento il proprietario schiaccia la sicura della portiera con il dito, per controllare se sia chiusa per bene. Il fratello di Mimmo si avvicina al furgone e appoggia la sua faccia butterata al finestrino, abbozzando un ghigno crudele; il proprietario si scansa impaurito: «Le hai già prese una volta le mazzate e oggi che fai, sei venuto a prenderti il resto?» gli dice con una risata demoniaca.

Gli altri due fratelli di Mimmo si sono fermati accanto a me e si godono la scena del proprietario terrorizzato nel furgone. Poi la faccia butterata mi viene incontro, allunga la mano e saluta, prima Barbara e poi si rivolge a me con un tono ossequioso: «Dottore, scusate ma mi potete spiegare? Quello mio fratello è ammalato non può mica arsene via così. Non lo vedete che gamba gonfia che tiene?»

«Lo so» rispondo «e mi dispiace assaje, ma io lo sfratto lo devo eseguire. È da due anni che non paga!» spiego.

«Hai sentito?» urla il fratello butterato verso il balcone. «Il dottore dice che è da due anni che non paghi.»

«Vabbè allora sali su e vieni a vedere se ti ho pagato o no» urla il mio cliente al proprietario.

«Io lì sopra, non salgo» strilla il proprietario dal furgone.

«Tiene paura di te?» interviene il fratello di Mimmo.

«Di me? No, guarda che questo si ricorda ancora di te, di quando gliele hai suonate la volta scorsa!» gli spiega Mimmo.

«Ma è acqua passata, puoi salire adesso, non ti facciamo niente» assicura la faccia butterata, sorridendo verso il furgone.

«Lascialo stare, non devi mica stare lì a pregarlo» interviene Mimmo da lassù e poi additandomi dice: «Sali tu, che ti faccio vedere la ricevuta e parliamo. Vieni tu e la signorina» precisa, indicando la giornalista.

Esito qualche secondo, prima di decidere se salire. Potrebbe essere pericoloso: i carabinieri non sono ancora arrivati e starsene lì sopra, circondato da tutte queste facce sospette, non sembra affatto consigliabile. E poi non sono da solo, c'è la giovane «collega» con me, e i tre fratelli di Mimmo hanno l'aria da lupi affamati. Allo stesso tempo, quella di salire senza attendere i carabinieri, mi sembra una strategia efficace: sono certo che Mimmo apprezzerebbe la fiducia che gli dimostrerei affrontandolo da solo. È un osso duro, ma non è uno squilibrato: sa quando menare le mani e quando starsene buono a ragionare. È uno della mia terra, dove c'è un po' di gente come lui, «veloce di mano e di coltelli», come cantava Lucio Dalla. E i tipi così, che hanno usmato la puzza del carcere sanno quando è il momento di allargarsi o quando è tempo di ritirarsi. La giornalista ha lo sguardo euforico, e scalpita. Sembra che non veda l'ora di intrufolarsi in quella casa, in cui crede, immagino io, di poter trovare materiale interessante per il suo reportage. Mi muovo, e lei mi segue senza alcun timore. Ci avviamo sulle scale, dietro noi due, la processione dei fratelli di Mimmo. Il fabbro e il proprietario restano asserragliati nel furgone.

Mimmo ci attende davanti alla porta: ha un viso grassoccio dal colorito terreo, e sopracciglia marcate che sovrastano occhi neri penetranti; occhi che attirano in un vortice, che terrorizzano se li fissi qualche secondo in più. Occhi che un tempo, ne sono certo, quaranta chili fa per esempio, avranno lesionato cuori di femmine disinibite in cerca d'avventure.

Mimmo spalanca la porta e ci fa strada. Ha smesso i panni del duro e ci accoglie in casa con la voglia di risolvere la faccenda. Sa che tra un po' arriveranno i carabinieri e rischierebbe di dover uscire.

«Accomodati» dice, mentre sposta le sedie dal tavolo. «Posso sapere come ti chiami?»

«Giuseppe» rispondo dopo un'esitazione, mentre scruto l'ambiente in cui regna un disordine diffuso: centinaia di santini appesi alle pareti e sopra i mobili, tra i posacenere stracolmi di mozziconi di sigarette, biglietti scaduti di giocate al lotto e gratta e vinci strappati; ci sono mille statuette di santi e Madonne, souvenir da ogni parte d'Italia. Un fiasco di vino mezzo vuoto con due bicchieri sporchi campeggiano al centro di una tavola mai sparecchiata.

«Vivi da solo qui?» chiedo a Mimmo.

«Come un cane» risponde lui. «E con una zampa rotta» aggiunge sorridendo, mentre alza la gamba per mostrarmi la fasciatura. Una trombosi» spiega. «La notte non riposo, che ne può sapere il proprietario?»

Prendiamo posto intorno al tavolo e occupiamo tutte le sedie.

«Signorina accomodatevi sul divano voi, che state più comoda» dice Mimmo a Barbara. «Volete un bicchiere di vino, vi faccio un caffè?»

«No, grazie» rispondo io. Barbara alza la mano e rifiuta in silenzio.

«No, ma qualcosa ve lo dovete prendere, sennò mi offendo» ribatte Mimmo.

«Un bicchiere d'acqua» gli dico, e lui sorride: «Ma come la vuoi, liscia o gasata?»

«Come c'è» rispondo.

«E voi signorina?» la giornalista solleva di nuovo la mano e pronuncia un timido: «Nulla, grazie».

Sembra un copione già scritto, una commedia di Eduardo: l'entrata in scena dei carabinieri darà modo al proprietario di recitare un finale scoppiettante prima che io decida di chiudere il sipario.

«Caro Mimmo, stamattina mi stai creando un po' di problemi» dico al mio cliente, che dopo avermi versato l'acqua, sta trafficando con una cartelletta, immagino alla ricerca della ricevuta dell'ultimo pagamento del canone.

«Dammi solo un po' di tempo» risponde, senza alzare la testa. «Adesso dove me ne vado con questa gamba?»

«Se fosse per me, ti direi di restare, ma il proprietario,

giustamente, non ne vuole sapere. Quando arriveranno i carabinieri, credo vorrà che tu esca» gli spiego mentre butto giù il bicchiere d'acqua.

«Ma tu lo devi aiutare Giuse'» interviene il fratello maggiore di Mimmo stringendomi il braccio. «Sennò, vatti a fare un giro e ci lasci cinque minuti da soli con il proprietario e ti faccio vedere che quando torni quello ha cambiato idea. E ti dice che mio fratello può restare.»

«Non ho dubbi» rispondo con un sorriso. «Però se sono salito senza carabinieri è perché voglio che la cosa si risolva tranquillamente. Altrimenti li avrei aspettati giù e avrei chiesto a loro di liberarmi l'immobile. E non avrei perso tempo.»

«E questo lo pensi tu che non avresti perso tempo?» si inserisce, con una voce gelida, uno dei due fratelli di Mimmo che finora se n'è stato in silenzio.

Lo guardo sorpreso e lui aggiunge: «E poi ricordati che tu continuerai a venire in questo paese, ci devi lavorare ancora qui, no?»

«Non ho capito, cos'è una minaccia?» rispondo pacatamente. «Se è così hai sbagliato persona» e accenno ad alzarmi per andare.

«Ma quando mai Giuse'» interviene Mimmo poggiandomi una mano sulla spalla e invitandomi a sedere di nuovo. «Mio fratello stava scherzando. È vero?»

Poi si rivolge al fratello puntando l'indice: «Ma che cazzo dici, stai zitto, lui che c'entra? È quello che sta giù che si deve convincere! E non farmi sballare con la bocca che ci sta la signorina presente» conclude, ammiccando verso Barbara.

«Scusatemi signori'» le dice, e poi si rivolge a me: «Giuse', la ricevuta dell'ultimo pagamento del canone sta qua» e me la porge. «Come vedi io qualcosa sto cercando di pagare. Mi devi dare un po' di tempo però, che metto tutto apposto. Dai, facciamoci un bicchiere di vino e cerchiamo di trovare una soluzione che va bene per tutti» e versa il vino nei due bicchieri sporchi e ne alza uno invitandomi a brindare.

Lancio un'occhiata a Barbara, mentre afferro la ricevuta del pagamento: ha lo sguardo attonito. Forse con gli occhi m'implora di non bere da quei bicchieri unti, ma è troppo tardi per tirarmi indietro.

«Ma loro tre non bevono?» dico ai fratelli di Mimmo, per guadagnar tempo.

«No, no. A noi il vino non ci piace » risponde quello con la faccia butterata.

Afferro il bicchiere lentamente e sono lì lì per appoggiarlo alle labbra quando qualcuno bussa alla porta.

«Sono arrivati i carabinieri» urla uno dei fratelli di Mimmo. Sfrutto questi attimi di agitazione per mettere giù il bicchiere senza fare un sorso e mi avvio ad accogliere il maresciallo Coppola.

Arriva insieme a un appuntato, dietro di lui il proprietario.

«Ah sei salito fi nalmente» dice Mimmo.

Il proprietario non risponde. Mimmo li fa accomodare con gli stessi toni ossequiosi che ha usato con me. «Venite marescia' stavo aspettando proprio voi.»

Il maresciallo Coppola alza il mento e lo interroga con gli occhi, come a chiedere perché lo stesse aspettando.

«È per la patente: se sono in queste condizioni è anche un poco colpa vostra. Da quando me l'avete ritirata non ho potuto più lavorare.»

«Ma perché, che lavoro avrebbe dovuto fare, sentiamo» si informa il maresciallo.

«E che non lo sapete? Io lavoro con il camion.»

«Lasciamo perdere quella faccenda. Perché se mi ricordo in che condizioni era lei quando gliel'abbiamo ritirata faccio in modo di non fargliela restituire più.»

«Sempre esagerato, marescià'» interviene il fratello butterato.

Coppola lo fissa per qualche secondo, e lui abbassa lo sguardo.

«Mi sembra che il maresciallo non sia venuto per questo»

intervengo.

Mimmo mi fissa: «Appunto» dice, e poi rivolgendosi al proprietario: «Allora, che vogliamo fare?»

«Tu dici a me che vogliamo fare? Sono io che ti chiedo cosa vuoi fare? Anzi sono io che ti dico, cosa devi fare: devi uscire!» conclude il proprietario alzando la voce.

«Cos'è, ti fai grosso perché ci sta il maresciallo? Ma che credi che mi metto paura? Io ti faccio la faccia così» urla Mimmo, mentre allarga le braccia e tenta di alzarsi per colpirlo con uno schiaffo.

Il maresciallo Coppola e l'appuntato si fiondano su di lui e lo bloccano al volo: «Un altro gesto così e la porto via. Intesi?» minaccia il maresciallo.

Mimmo si siede, ha lo sguardo furente: è un pugile in difficoltà che sta perdendo ai punti, e mette in campo le ultime energie.

Era inevitabile. Accade spesso che con i carabinieri accanto, i proprietari si ringalluzziscano e inizino a sparare provocazioni inopportune. I fratelli di Mimmo sono rimasti seduti, impassibili e fissano il proprietario con occhi minacciosi. Da qui a poco potrebbe divampare un incendio, lo sento. E credo che il mio compito in questo momento sia buttare acqua sul fuoco. E così inizio a trafficare.

Sollevo la ricevuta dell'ultimo pagamento e la porgo al proprietario: «Il signore dice che sta cercando di pagare. Le risulta?» gli chiedo.

Il proprietario prende il foglio, gli lancia uno sguardo veloce e dice: «Ho ricevuto mille euro tre mesi fa, e la data qui sopra è chiara. Da allora più nulla».

Mi giro verso Mimmo e chiedo a bruciapelo: «Che ne dici intanto di riprendere immediatamente i pagamenti? Da oggi».

«E che problema c'è?» risponde lui spavaldo. «Dammi dieci minuti e risolvo.»

«Nel senso che gli darai dei soldi, adesso?» chiedo a Mimmo.

«È certo. Gli posso dare i contanti però.»

«Il mio avvocato mi ha detto di non accettare pagamenti»

interviene brusco il proprietario.

«E non ha tutti i torti» aggiungo. «Però il suo avvocato le dovrebbe anche spiegare come farà poi a recuperare i ventimila euro dopo che il signore sarà andato via. La vedo difficile, sa. Se invece lei valutasse la possibilità di concedere una proroga, forse qualcosa potrebbe ricevere. E mi sembra che il signore qui presente» e mi giro ancora verso Mimmo «ha tutto l'interesse a rimanere in questa casa, viste anche le condizioni di salute. No?»

«Ma io gliel'ho detto: guarda come sono conciato» ripete il mio cliente che solleva di nuovo la gamba fasciata.

«E allora bisogna meritarsela questa proroga, caro Mimmo. Intanto inizia a sanare la morosità e impegnati a essere regolare e puntuale nei prossimi pagamenti. Quanto potresti dare oggi?» domando.

Lui sofferma lo sguardo sui fratelli. Quello con la faccia butterata senza dir parola si attacca al cellulare: una manciata di secondi e qualcuno dall'altra parte risponde.

«Miche', so' Giuann': senti un poco, sto a casa di Mimmo, mi servono mille euro in contanti, puoi provvedere?»

«…»

«E me li devi portare qua. E abbastanza in fretta.»

«…»

«Ti ringrazio. Ti aspetto.»

«È tutto a posto dotto'» assicura il fratello di Mimmo. «Dieci minuti e arrivano i soldi.»

«Ma io cosa gli racconto al mio avvocato adesso? Si arrabbierà!» dice il proprietario.

«L'appartamento è suo ed è lei che decide, se accettare i soldi o no» gli spiego. «Io le consiglio di accettarli. Tanto lo sfratto non si prescrive. Se Mimmo non dovesse rispettare le scadenze, il mese prossimo lo sfratteremo. In fondo gli stiamo offrendo l'ultima possibilità. O si mette in regola con i pagamenti, oppure va via. Se non è oggi, sarà il mese prossimo, se non dovesse pagare più nulla.»

«Se lui mi firma un accordo io lo rispetto. Ho avuto un po' di difficoltà con il lavoro, e lui lo sa» risponde Mimmo additando il proprietario.

«Devi pagarmi regolarmente, entro il 5 di ogni mese, come da contratto. Oggi mi daresti mille, poi mi dovresti dare le settecento mensili. Come pensi di darmi tutti questi soldi?» domanda il proprietario.

«Ti do mille euro al mese invece di settecento, così trecento li scali dai canoni arretrati» spiega Mimmo.

«A trecento euro al mese per pagarne ventimila impiegherai un secolo. Non ci sto!» chiude brusco il proprietario.

Si ricomincia. Il terreno della trattativa è scivoloso. Non appena si raggiunge un piccolo compromesso si ricade giù, senza trovare appigli a cui sorreggersi: sancire accordi è un lavoro da cani.

Eseguire lo sfratto oggi è quantomeno improbabile. Smuovere queste quattro rocce dall'appartamento sarebbe un'impresa folle, faticosa, e per nulla pacifica. L'unica via d'uscita è quella prospettata: accettare il pagamento dei mille euro adesso, e accordarsi su quelli futuri; poi rinviare lo sfratto di un mese e mezzo per verificare se Mimmo avrà rispettato i patti. L'ho fatto altre volte, e spesso è stato un successo. Con Mimmo non ci scommetterei una grossa somma, è vero, però mi sembra opportuno dargli quest'ultima chance. Non passerò qui la mattinata in attesa che giungano le truppe speciali: solo i NOCS potrebbero stanare la mezza cosca radunata in questa casa, e il maresciallo Coppola ne è consapevole. Su questo non mi smuovo, o il proprietario accetta l'accordo o rinvio comunque. Come disse David Frost: la diplomazia è l'arte di permettere a un altro di fare a modo tuo.

Impiega meno del previsto. Quando arriva in casa, con la stessa faccia vissuta dei suoi parenti, ha già i contanti in mano: «È mio cugino» spiega Mimmo. «E qua ci sono i mille euro, come promesso». Mimmo poggia i soldi sul tavolo e invita il proprietario ad avvicinarsi per contarli. Lui esita qualche secondo, poi sposta la sedia verso il tavolo e il mio cliente napoletano afferra il mazzetto di banconote e inizia la conta. Il proprietario segue con gli occhi e sembra meno accigliato: la vista delle banconote alimenta in lui la speranza, seppure esigua, che forse riuscirà a recuperare parte degli arretrati. Il maresciallo Coppola si gratta la barba mentre segue la scena e la giornalista ha un sorriso incredulo: questa roba è pane fragrante per la sua inchiesta, e credo che si stia leccando i baffi.

«... e sono mille» conclude Mimmo. «Contento?» esclama subito dopo.

Il proprietario allunga la mano per afferrare le banconote ma Mimmo non le molla: «Prima però mi firmi che mi dai la proroga e che accetti il pagamento dei mille euro ogni mese» gli dice.

«Questi soldi li ho già spesi: sono venuto da Bologna e poi devo pagare il fabbro» ribatte il proprietario.

«Se n'è stato tutta la mattinata spaparanzato nel furgone e lo devi pure pagare, a quel parassita? Ma chi ti ha detto di portarlo?» domanda Mimmo.

Il proprietario mi scruta e Mimmo segue il suo sguardo, vorrebbe dire qualcosa, ma io lo precedo con una pacca sulla spalla: «Sei stato fortunato che ti ho trovato in casa, stamattina, caro Mimmo. Se fossi uscito, al tuo ritorno avresti avuto la sorpresa della serratura cambiata. Però sono contento che siate arrivati a un accordo» concludo, rivolgendomi al proprietario. Poi proseguo: «Cosa faccio allora, scrivo che lei mi chiede di rinviare per verificare se il mese prossimo le arriveranno i mille euro?»

«E proviamo. Però se sgarri di un solo giorno, io il mese prossimo sono di nuovo qui, con loro» risponde il proprietario, indicando me e Coppola.

«Ma se ti ho detto che ti pago, ti pago» ribatte Mimmo con un mezzo sorriso che, secondo me, non promette certezze. A ogni modo apro il verbale e inizio a scrivere: «... la proprietà quindi concorda per un rinvio al fine di verificare la puntualità dei futuri pagamenti dei canoni. L'esecutato s'impegna a versare euro mille entro il 5 di ogni mese: settecento per i canoni correnti e trecento per quelli arretrati. Pertanto rinvio lo sfratto al 26 giugno c.a.».

«È chiaro, no?» mi rivolgo a entrambi. Loro annuiscono.

«Firmate qui» gli dico, e passo la penna al proprietario, lui firma e la tende a Mimmo che appone veloce il suo autografo. Chiudo il verbale, mi alzo e allungo la mano per salutare tutti.

«Grazie Giuse'» dice Mimmo, mentre il fratello butterato mi ricambia la pacca sulla spalla.

«Scusate per prima dotto', mi sono fatto un poco prendere la mano» interviene l'altro fratello, quello che aveva tentato di minacciarmi.

L'ultimo fratello, invece, quello che se n'è stato muto tutto il tempo, mi saluta con lo sguardo basso, continuando a non proferire parola; e così procede anche suo cugino che se n'è stato per conto suo in un cantuccio dopo l'entrata in scena.

«E che è, non mi dai neanche la mano?» dice Mimmo al proprietario che si è avviato verso l'uscita.

«Se mi arrivano i mille euro puntuali, ogni mese, vengo qua e ti abbraccio» risponde a tono il proprietario, mentre apre la porta. Barbara cerca di defilarsi con passo felpato, sollevando la mano leggermente per salutare tutti, ma Mimmo non se la lascia scappare: «dottore', siete stata tutto il tempo in silenzio. Ma vi volete bere qualcosa?»

«No, la ringrazio» declina lei.

«E allora arrivederci» dice Mimmo, un po' deluso, mentre le dà la mano. E dopo di lui, tutti i fratelli in fila per salutarla: e mi stupisco come mai nessuno, per tutto il tempo in cui siamo stati in questa casa, le abbia mai rivolto la parola, se non per domandarle cosa volesse da bere, né abbia chiesto chi fosse e cosa facesse con me.

In macchina Barbara tira fuori il taccuino, ma è sconvolta. Non si capacita di come sia stato possibile, in questi tempi di crisi, recuperare mille euro così, in un quarto d'ora.

«Per certa gente è possibile» le dico, e avvio l'auto.

«Ma tu credi che Mimmo rispetterà l'accordo? Pagherà i mille euro promessi?»

«E chi può dirlo. Te lo farò sapere tra un mese» rispondo sorridendo, mentre lei inizia a prendere appunti. «Spero che sia stato interessante per te assistere» concludo.

«Molto. Ma mi chiedevo come fai ogni giorno ad affrontare situazioni così. Non pensi mai di cambiar lavoro?»

«Lo penso. Però a volte mi piace.»

Lei abbassa lo sguardo incredula, e riprende a scrivere.

Buttarsi di sotto

Dopo la giornataccia di ieri, non credevo che mi toccasse anche oggi uno sfratto così drammatico. Se ne uscirò vivo questa volta, appena rientro in ufficio presenterò una domanda di ferie per un secolo. Giuro.

Avevo predisposto tutto affinché fosse una mattinata senz'affanni, una di quelle in cui arrivo sul luogo dell'esecuzione e i miei clienti sono già pronti per andare via, mi consegnano le chiavi dell'appartamento senza troppe storie e io, senza troppi indugi, do ordine a un fabbro esperto di cambiare la serratura della porta d'ingresso al l'appartamento liberato.

Doveva filare tutto liscio stamattina e invece mi ritrovo qui, su questo balcone, con una coppia di arabi che cerca di lanciarsi di sotto con un bambino in braccio.

È una tragedia, per niente annunciata, quella che sta esplodendo, ed è la prima volta che mi ritrovo in mezzo a una burrasca simile da quando ho iniziato questo lavoro, diciassette anni fa. Tranne Ruggero, che si è sparato quel colpo, tutti i clienti che ho avuto fino a oggi non si erano mai spinti a protestare così energicamente. Certo, a volte ci sono state minacce di darsi fuoco, litigi tra proprietari e inquilini, ceffoni che volavano, ma poi la protesta rientrava e i miei clienti lasciavano l'immobile con la coda tra le gambe. Nessuno aveva mai osato così apertamente, mai aveva tentato di farla finita in questo modo: buttandosi da un balcone.

Ma prima o poi sarebbe accaduto; il mio vecchio collega me lo ricordava ogni tanto: «Capiterà quando meno te l'aspetti. Avverrà con persone dall'apparenza innocua, che non immagini possano avere tanto fegato da lanciarsi». E oggi ci siamo, mi dico, mentre sono qua a dimenarmi con la faccia rivolta verso la strada di sotto, riempitasi di gente che guarda su, al terzo piano, e lancia commenti razzisti, senza freno, contro gli arabi: «Andate a lavorare invece di fare queste pagliacciate!» «Tornatevene al vostro Paese!»

Insieme a me, a combattere c'è, grazie a Dio, il maresciallo Coppola il quale tenta di afferrare l'uomo per trascinarlo in casa, mentre io cerco di bloccare la donna: loro, Mohamed e Suhayma, sono marito e moglie e hanno due bambini. Sono tunisini, e li conosco da un po' di mesi oramai: da quando ho iniziato a notificare loro gli atti dello sfratto. Suhayma lavora tre ore al giorno per il Comune e guadagna trecento euro al mese; Mohamed non lavora da circa un anno oramai, è stato licenziato perché l'azienda è fallita e pare che lui non abbia preso ancora un euro di liquidazione. Sembravano tuttavia due tipi tranquilli, ragionevoli e invece mi rendo conto di non conoscerli affatto: la disperazione stravolge il carattere delle persone.

Oggi, per l'occasione, Mohamed ha indossato la tunica araba; Suhayma invece, come sempre, ha lo chador ben acconciato sulla testa, il che rende le operazioni di salvataggio alquanto imbarazzanti.

Come sia potuto accadere, non saprei dirlo, è stato un temporale inatteso: nei giorni scorsi mi ero dato un gran da fare affinché oggi la vertenza si potesse chiudere nel modo più sereno per tutti. C'erano stati colloqui con le assistenti sociali, c'erano state promesse di contributi economici e di un alloggio d'emergenza. Avevo scritto persino una lettera al sindaco e all'assessore per le politiche sociali per informarli delle diffi coltà di Suhayma e Mohamed, e quelli avevano risposto di non preoccuparmi, che la situazione era sotto controllo e che avrebbero risolto il problema in qualche modo. Così sono arrivato senza pensieri stamattina, pronto a concludere tutto in dieci minuti, e invece sembra che non ne basteranno mille per placare l'ostinazione degli inquilini arabi a lanciarsi nel vuoto con il figlioletto in braccio.

Quando è scoppiato il finimondo, pochi minuti fa, la donna

carabiniere intervenuta insieme al maresciallo Coppola è riuscita per un pelo a strappare la bambina più grande dalle braccia di Suhayma, e a portarla via con sé; per il bambino invece non c'è stato nulla da fare: il padre l'ha stretto forte con un braccio e con l'altro braccio libero ha iniziato a sgomitare per farsi largo fino al balcone.

Tre secondi fa, Mohamed è riuscito a liberarsi dalla morsa del maresciallo ed è corso verso di me, che ero girato di schiena alle prese con una gamba di Suhayma già dall'altra parte della ringhiera. Mohamed oggi è un leone, anzi un toro infuriato nell'arena che tenta di incornarci per guadagnare la strada verso il vuoto. E spinge, spinge forte, ben saldo sulle gambe e stritola quel bambino sotto il braccio come fosse la palla ovale del rugby: se continua così, lo soffocherà. Ne sono certo.

Avverto tutto il peso del suo corpo sulle mie spalle, sento il suo fiato sul collo mentre cerca di scavalcarmi e dovrei sollevare il busto quanto più possibile per impedirgli di proseguire la sua marcia verso il baratro, ma lui pesa più di una tonnellata: mai visto un arabo così grosso. E allora resto qui sotto, pigiato, con lui sulla groppa e con Suhayma che continua a urlarmi nell'orecchio di lasciarla, mentre il maresciallo Coppola è riuscito ad afferrare da dietro il bambino e cerca di strapparlo dalle braccia del padre, senza riuscirvi. Ora mi sto spiaccicando ancora di più contro la ringhiera, oltre ogni resistenza fisica e le mie costole iniziano a incrinarsi. Morirò, lo sento.

Un attimo fa, Mohamed, con un calcio ha rotto il vetro del balcone e il fragore del colpo e dei cocci che si frantumavano ha ampliato il sentore della tragedia che incombe. Urla e sbraita Mohamed, in italiano, in arabo, con suo figlio ancora sotto il braccio: e non lo molla, sai. Avrà sì e no un anno, il piccolo tunisino, e piange, sapeste come piange: strilla così forte che va in apnea, ha le convulsioni, povero figlio, ma il tirannosauro che scalpita dentro Mohamed non ne vuole sapere e continua a scalciare e a dimenarsi.

In questo momento, si è unito a noi il comandante dei vigili urbani del paese e si sta lanciando addosso a Mohamed. Temo che il balcone, prima o poi, cederà sotto i nostri pesi: siamo in tanti oramai qui sopra, e questa loggia è fatiscente, la ringhiera vibra rumorosamente e ho paura che potrebbe davvero staccarsi dal muro e crollare di sotto. Se ciò accadesse, io sarei il primo a schiantarmi sulla strada, a faccia in giù ovviamente. E se durante il volo Mohamed non si staccasse da me, finirei schiacciato, appiattito come una frittella sotto il suo corpo. Farei in tempo a comparire nella cronaca del Tg delle tredici. Immagino già i titoli dei giornali di domani: *Tragedia durante uno sfratto: muore un ufficiale giudiziario*. E sono certo che, appresa la notizia, qualche idiota dei collettivi o dei comitati di protesta contro gli sfratti brinderebbe: «Finalmente muore uno di loro» potrebbe essere un post sulla pagina Facebook.

In Italia, in questo periodo, nasce ogni giorno un comitato antisfratto: la protesta contro gli sloggi cresce sempre più, ed è sempre più aspra. Io sono al centro della disputa, e a volte non so proprio in che direzione andare, se stare con gli inquilini che resteranno senza casa, o con i proprietari rimasti a secco per il mancato pagamento dei canoni: sono entrambi vittime. Mentre accade tutto ciò, le statistiche ci raccontano che a Milano e dintorni ci sarebbero circa ventiduemila sfratti, già convalidati, prossimi a essere eseguiti. La maggior parte per morosità incolpevole: vuol dire che ci sono inquilini che avendo perso il lavoro non riescono più a versare il canone d'affitto. Persone che prima della crisi riuscivano a pagare tutto, regolarmente.

Siamo stanchi, sfiniti, e Mohamed è un autotreno senza freni: prima o poi ci schiaccerà e potrà decidere di farla finita come crede. Il maresciallo Coppola è cianotico, il comandante dei vigili ha la lingua fuori. È un po' gracile e Mohamed lo sballottola come vuole: un paio di volte l'ho visto cadere e rialzarsi, ma sempre più lentamente. Io sono sfiancato dal dolore alle costole e da Suhayma, che non vuole saperne di rientrare in casa. In questo momento il maresciallo sta urlando ai curiosi fermi in strada a guardare, di salire a darci una mano. Contemporaneamente, anche Mohamed si mette a gridare e inveisce contro la gente che assiste allo spettacolo dalla strada: «Il sindaco di questo paese è un ladro! E qui siete tutti razzisti, nessuno mi vuole aiutare! Quindici anni che sono in Italia ho sempre pagato tutto, ma ora non riesco. Sono stato licenziato e non mi hanno dato un euro di liquidazione perché l'azienda è fallita. Il sindaco è un ladro perché qui in paese le case ci sono ma a me non viene data. Chissà perché?»

E mentre urla, Mohamed mi spinge sempre di più verso il parapetto, fino a togliermi il fiato. Poi è la volta di Suhayma. Inizia a sgolarsi lei adesso, bercia a pieni polmoni: «Tu vai fuori da casa mia! Fuoriii! Tu non devi toccarmi!» La guardo, e mi accorgo che non sono io il destinatario delle sue proteste. Suhayma sta ruggendo contro qualcuno alle mie spalle. Mi giro di scatto e vedo un ragazzo di colore, impalato davanti al balcone che ci chiede se può darci una mano: era giù, in mezzo ai curiosi, ed è stato l'unico che ha raccolto l'invito del maresciallo. Eppure laggiù ci saranno più di cinquanta persone radunate. «Posso aiutarvi?» chiede ancora il ragazzo di colore e Suhayma ricomincia a sgolarsi come una posseduta: «vai fuoriii! Io sono araba e tu non devi toccarmi!» Un grido isterico e prolungato. Un razzismo tra extracomunitari che mi sorprende. Il ragazzo di colore si blocca, guarda me e poi Coppola, e il maresciallo si arrende a quel demone che impazza dentro Suhayma e fa cenno al ragazzo di allontanarsi dall'appartamento e lui se ne va, con gli occhi bassi. E mentre si allontana mi vergogno per quella scena e per un attimo, solo per un attimo ho una tentazione: vorrei lasciare andare Suhayma incontro alla propria sorte e correre dietro a quell'uomo, e ringraziarlo per essere stato l'unico a salire quassù; ma mi tocca trattenere questa disperata che continua a urlare e si sbraccia e tenta di scavalcare la ringhiera. Non si cura di suo figlio in pericolo, ancora in braccio al padre. Anzi, con gli occhi sembra incitare Mohamed a non mollare: a volte gli parla in arabo. E inizio a credere che sia tutta una messinscena per farsi ascoltare, per far sì che il sindaco si dia una mossa e le assegni una casa popolare. Mi piacerebbe vedere, se la lasciassi andare, cosa accadrebbe. Sarei curioso di verificare se davvero Suhayma e Mohamed avrebbero il coraggio di lanciarsi. Ma il piccolo arabo piange ancora sotto il braccio di Mohamed, e tutto diventa maledettamente serio.

Così mi concentro in un ultimo sforzo e afferro per l'ennesima volta il collo di Suhayma e cerco di trascinarla dentro casa, ma lei sguscia via, e qui accade l'irreparabile: mi ritrovo tra le mani lo chador che le è caduto dalla testa. Sacrilegio. La guardo, è scapigliata: una suora senza velo. Non so cosa fare. Immagino di averla fatta grossa questa volta, una violazione probabilmente sancita dal Corano o dalla sharia. Chi cavolo può saperlo. A quali conseguenze andrò incontro non saprei dirlo. Di certo mi sono ficcato nei guai. Mi domando se sia davvero un sacrilegio quello che ho commesso. Forse sì. Forse sarà emanata una fatwa contro di me, o contro Suhayma. O verso entrambi. Sarò la prossima vittima della jihad, lo sento. Ci saranno arabi integralisti che m'inseguiranno, pretenderanno di amputarmi la mano o di tagliarmi la testa. Chissà. Con l'occhio sbircio in direzione di Mohamed: è suo marito, se ho commesso un oltraggio m'insulterà; ma lui sembra non accusare il colpo, pensa solo a dimenarsi, dannato arabo. Ora sta cercando di liberarsi dalla morsa del maresciallo Coppola per andare verso la ringhiera. Non si cura della moglie mezza nuda, con la chioma scoperta né di me che le sto appiccicato. Non se ne curava neppure prima in verità, prima che arrivassero i carabinieri, quando Suhayma aveva accennato una leggera ribellione e aveva già tentato di lanciarsi di sotto, e io l'avevo trattenuta. «Non devi

toccarmi, sono araba!» L'aveva detto a me e io le avevo risposto
che in mia presenza non poteva lanciarsi e che se tentava
ancora, l'avrei fermata comunque e me ne sarei infischiato che
fosse araba o maghrebina, me ne sarei fregato della fatwa e
della sharia e compagnia bella e l'avrei toccata. Per il suo bene,
le avrei messo le mani addosso, incurante dei precetti di Allah
e delle leggi dell'Islam. Ma per fortuna, quando le ho detto che
sarebbero arrivati i carabinieri si è calmata.

Ora mi guarda indispettita e afferra lo chador dalle mie
mani e mi urla di nuovo in faccia: «Non puoi toccarmi, sono
araba!» Ma sono incollato a lei più o meno da un quarto
d'ora. E l'ho toccata in più parti del corpo, e forse una volta,
a pensarci adesso, senza volere le ho palpato anche le tette.
E chissà quale condanna potrebbe ricevere lei, o solo io, per
tutti questi toccamenti: i fratelli musulmani mi spezzeranno
le dita, avverto già il dolore. Le dico che deve darsi una
regolata, altrimenti mi è impossibile non bloccarla e quindi
non toccarla.

Degli altri, sotto in strada, nessuno si è più mosso. Sono
ancora tutti lì, in platea: in questa zona non accade quasi mai
nulla, questo è un paese tranquillo del magentino e vedere
una coppia di arabi che vuole buttarsi giù con un bambino
è uno spettacolo che non si può perdere. Molti abbassano
le saracinesche dei loro negozi, corrono sotto il balcone e si
piazzano lì, e chiedono agli altri cosa diavolo stia accadendo.
Nessuno che si sogni di salire a darci una mano, in molti però
continuano a lanciare insulti.

Venti giorni fa, quando sono venuto qui per la seconda
volta con il proprietario, per tentare di eseguire lo sfratto,
Suhayma e Mohamed avevano spiegato bene quanto fosse
difficile, nelle loro condizioni, reperire un nuovo alloggio. E
mi ricordo che quel giorno eravamo andati, io, il proprietario
e Suhayma a parlare con le assistenti sociali, le quali erano
già state sollecitate da me più volte, nei giorni precedenti,
affinché trovassero una soluzione adeguata per i quattro

componenti di quella famiglia. E quel giorno, per le assistenti sociali la questione sembrava appianata, tanto è vero che anche il proprietario si era dichiarato disponibile ad accettare un'ulteriore proroga, se però il Comune avesse risolto il problema. Stamattina, prima che iniziasse lo spettacolo, è accaduta più o meno la stessa cosa. Suhayma e Mohamed mi hanno detto che non sapevano dove andare e che non avevano intenzione di lasciare l'appartamento. Per cui, prima di chiedere al fabbro di cambiare la serratura io, Suhayma e il proprietario siamo ritornati dalle assistenti sociali per conoscere le soluzioni che avevano da proporre alla coppia di arabi. E lì abbiamo appreso una serie di cattive notizie: Suhayma e Mohamed non erano tra i primi classificati nella graduatoria per l'assegnazione delle case popolari: in paese, c'erano altri disperati più di loro; il Comune non aveva appartamenti d'emergenza a disposizione; l'unica struttura disponibile a prendersi cura, esclusivamente di Suhayma e dei due bambini, era una casa famiglia di Cologno Monzese, che li avrebbe ospitati però solo per quindici giorni, mentre Mohamed avrebbe dovuto arrangiarsi da qualche parte. Nucleo familiare diviso, insomma. Ma solo per due settimane, dopodiché si sarebbero ritrovati di nuovo in strada.

«Cologno Monzese è a cinquanta chilometri» ha protestato Suhayma, «come posso venire qui, ogni mattina, a lavorare?»

«Case in paese non ce ne sono» ha spiegato l'assistente sociale, impassibile. Per cui o si accettava questa soluzione, oppure lei non sapeva come affrontare la questione e l'unica cosa che ha saputo consigliare è stata di rivolgersi al sindaco. Cosicché ci siamo piazzati nell'anticamera del primo cittadino, che per fortuna ci ha accolto subito.

Davanti al sindaco le proteste di Suhayma sono diventate più circostanziate: «Le premetto» ha esordito, «che io sono un avvocato tunisino, ho studiato legge e conosco i miei diritti. Mi spiega come potete separare un nucleo familiare, e come potete spedirmi a cinquanta chilometri di distanza, quando mio marito non lavora più e io quel piccolo lavoro che mi avete dato, ce l'ho in questo maledetto paese?»

Il sindaco, sconfortato, ha afferrato il telefono e ha chiamato le assistenti sociali. Dall'altra parte del filo qualcuno deve averlo aggiornato sulla situazione e deve avergli spiegato che la soluzione prospettata era una sola, e non si poteva fare altro. Era inutile insistere. E il sindaco candidamente ha ripetuto quanto gli era stato riferito.

Suhayma era scura in volto e non voleva saperne di andare via. L'assistente sociale, accorsa subito dopo la telefonata del sindaco, ha cercato di spiegarle che proprio non c'erano soluzioni e che le dispiaceva davvero tanto ma era l'unica cosa che il Comune poteva offrirle: quindici giorni in una casa famiglia. Un muro di gomma.

E così sono intervenuto io: ho ricordato al sindaco la lettera che avevo scritto, giorni prima, a lui e all'assessore per le politiche sociali, e la loro promessa non mantenuta. Il sindaco ha allargato le braccia, senza dire nulla. Allora ho chiesto se il Comune poteva almeno dare un contributo al proprietario affi nché questi accettasse un'ulteriore proroga in attesa di una soluzione meno drastica dei quindici giorni a cinquanta chilometri da qui. E mentre lo chiedevo, quel sant'uomo del proprietario annuiva: sapevo che se il Comune gli avesse rifi lato almeno due, tre mesi d'affitto, per lui andava più che bene e non si sarebbe certo opposto a un rinvio dello sfratto. Ma niente da fare, c'è stata l'ennesima fumata nera: la legge di stabilità non consentiva sforamenti, mi ha spiegato il sindaco e lui non sapeva dove battere cassa. Così mi sono rivolto a Suhayma e l'ho invitata a non sottovalutare la possibilità di trasferirsi a Cologno Monzese: poteva essere innanzitutto un'occasione per cambiare aria, il che a volte non guasta. Cologno Monzese è un centro grande, a ridosso di Milano, le ho spiegato: ci sono anche gli studi Mediaset da quelle parti; se si fosse trasferita, lì avrebbe avuto certamente più occasioni di trovare lavoro, ho aggiunto.

E lei con un ghigno sarcastico mi ha risposto che conosceva bene dove si trovasse Cologno Monzese. Ma ha voluto sapere

da me cosa avrebbe fatto una volta trascorsi i quindici giorni:
dove sarebbe andata?

«Dove andrà?» ho girato la domanda al sindaco.

Lui ha guardato l'assistente sociale e l'assistente sociale
ha spiegato: «Il Comune può garantire il pagamento di soli
quindici giorni, dopodiché si deve arrangiare». Tutto qua.

Con una risposta così mi aspettavo, che di lì a poco,
Suhayma andasse fuori di testa. E invece lei ha incassato il
colpo e ha risposto placidamente: «Bene, andiamo a Cologno
Monzese», e si è avviata verso l'uscita, lasciando tutti a bocca
aperta.

La casa di Suhayma è attaccata al municipio, basta
attraversare la piazza: io e il proprietario l'abbiamo seguita
a piedi, in una processione silenziosa. Durante il tragitto
Suhayma ha parlato al cellulare in arabo con qualcuno, a mio
avviso quella telefonata era il segnale a Mohamed di preparare
il contrattacco.

Quando siamo arrivati su, Mohamed e Suhayma si sono
scambiati poche parole. Poi Mohamed ha preso in braccio i due
figli e Suhayma ha aperto il balcone ed è corsa fuori gridando:
«Mi lancio sotto, se non mi danno una casa». Mi sono fiondato
su di lei senza pensarci su, mentre Mohamed e il proprietario
sono rimasti impalati nell'appartamento a guardarci. È stato
in quel momento che Suhayma mi ha detto che era araba e
che non potevo toccarla ed è stato allora che l'ho assicurata
che le avrei impedito di lanciarsi, fino a quando io fossi stato
presente.

Per dissuaderla le ho anche detto che non poteva fare queste
sceneggiate davanti ai figli e lei mi ha risposto che la loro
vita non valeva più nulla: «Senza una casa» mi ha detto, «cosa
posso dare a loro? Così è meglio che la facciamo finita, tutti». E
forse aveva ragione: non a farla finita, ma a dire che senza una
casa riuscire ad offrire qualcosa ai propri figli era un'illusione
ingenua.

E allora le ho detto che avrei chiamato i carabinieri. E mi sa che era quello che sperava: che arrivassero i carabinieri così la faccenda si complicava per bene, ed era tutto a suo vantaggio. Infatti, subito si è calmata e per un po' siamo rimasti quasi abbracciati, lei protesa verso la ringhiera e io vigile su di lei, per evitare che si sporgesse troppo mentre giù sulla strada iniziavano a formarsi i primi capannelli di curiosi.

I carabinieri sono arrivati quasi subito. Con il maresciallo Coppola c'era anche l'appuntato donna. Era giovane, ma aveva l'occhio lungo mi sa, perché si è messa subito a sghignazzare con i bambini ancora in braccio a Mohamed e li ha fatti ridere, mentre il maresciallo cercava di parlare con Suhayma, incollata alla ringhiera. E parla e parla, quella mezza matta sembrava si fosse convinta; dopo un po', s'è messa a conversare con Mohamed, in arabo, e dal tono che usavano ho pensato che il tira e molla stesse per concludersi e che avessero deciso di togliere le tende e andarsene a Cologno Monzese: invece stavano pianificando un finale di partita spettacolare.

Infatti, hanno smesso di parlare e Mohamed, con i due figli in braccio, si è avvicinato lentamente al balcone balzando in avanti e puntando alla ringhiera. Urlava. Sembrava un canguro con i figli nel marsupio. È stato allora che l'appuntato ha lanciato le braccia su Mohamed e, con un gesto netto ed elegante, gli ha strappato la bambina ed è scappata. Mohamed ha avuto un attimo di esitazione, sembrava stesse per rincorrerla... invece ha fatto giusto un passo indietro, come per prendere la rincorsa, e poi è schizzato in avanti e ha speronato prima il maresciallo Coppola – che ha cercato invano di afferrare il piccolo che piangeva tra le braccia del padre – e poi si è catapultato con tutto il suo peso su di me, che tenevo a bada sua moglie, e mi ha fatto male al petto.

Un attimo fa, Suhayma ha afferrato lo chador dalle mie mani ed è scappata dentro casa. Ho pensato che si vergognasse a farsi vedere i capelli dalla folla che stazionava sotto il balcone. Infatti, mentre andava verso la cucina se l'è infi lato di nuovo sulla testa. Prima di scomparire dalla mia vista ho notato che stava schiacciando i tasti del cellulare. Ora il maresciallo Coppola ha iniziato a inveire contro un uomo di mezza età con la faccia da ebete che si è fermato sotto il balcone a guardare: «Cosa sta facendo lei, metta giù quel telefono, che cosa fa, il filmino? Ma non si vergogna? Venga su piuttosto, ad aiutarci!» Mi giro a guardare sotto, mentre cerco di bloccare il braccio di Mohamed che ruota come la pala di un elicottero. Il tipo si è appena infi lato lo smartphone in tasca ma non ha fatto mezzo passo per venire su. Ora che Suhayma sembra aver gettato la spugna, dovremmo riuscire a neutralizzare Mohamed. Così, mentre io gli immobilizzo il braccio libero, Coppola afferra la mano dell'altro con cui tiene stretto il bambino e gliela stritola, perché allenti la presa. Niente da fare. Se ne infischia Mohamed che il piccolo non abbia più lacrime dentro quegli occhietti rossi dal troppo pianto. Lui, non molla fino alla fi ne. Il comandante dei vigili urbani pare ringalluzzirsi e riesce con un guizzo ad afferrare il bambino; sembra quasi che sia riuscito a liberarlo dalle braccia del padre, ma Mohamed allunga il collo verso il figlio e con un morso gli addenta la maglietta, bloccandolo. «E mo' basta!» urla il maresciallo Coppola con la faccia seccata, e vedo che punta la mano dritta in mezzo alle cosce di Mohamed, solleva leggermente la tunica e con un gesto fluido inizia a ravanare lì sotto, tra un inguine e l'altro, alla ricerca dei due pomelli giusti da spremere, come olive in un frantoio, e aprire le braccia di Mohamed, con buona pace delle sanzioni del Corano e compagnia bella: le dita del maresciallo schiacciano ben bene e Mohamed lancia un urlo agghiacciante, un Tarzan in mezzo alla giungla, e molla istintivamente il bambino nelle braccia del comandante dei vigili urbani, prima di accasciarsi al suolo, ululante.

Sembra finita. Forse.

Mohamed è a terra, con le mani in mezzo alle cosce e soffia lamenti ovattati dal dolore e dalla stanchezza: «Maledetti!» esclama. «Italiani razzisti.» Il maresciallo gli sta addosso:

«Deve saltellare sui talloni» gli consiglia. «Se vuole che le passi il dolore: vedrà, è un toccasana» e lo aiuta a tirarsi su. Il gigante arabo si alza lentamente e inizia a saltellare. Il balcone vibra, e io, per cautela, m'infilo dentro casa.

Il tempo di rientrare e lo spettacolo ricomincia: Suhayma rimette piede sulla scena mentre Mohamed, a passo lento e con una mano che massaggia le due olive schiacciate, si avvia verso il divano.

Richiamati dalla folla sottostante che acclama, io e Coppola usciamo di nuovo sul balcone: Suhayma si è materializzata al l'improvviso dalla finestra del bagno che dà sulla strada. È apparsa, come il papa in piazza San Pietro, con la folla sotto che rumoreggia: «Buttati, buttati che almeno non dobbiamo pagare anche per te!» urla qualcuno, qualcun altro invece la supplica di non fare pazzie.

Lei se ne infischia di qualunque commento, alza la gamba, scavalca e siede sul davanzale della finestra sotto uno strapiombo di tre piani. Se cadesse da lì, potrebbe anche sopravvivere: ma la scena è da brivido comunque. Ha le gambe ciondolanti e mi guarda con un sorriso beffardo, un ghigno: ha capito che ce l'ha fatta, ci ha fregato ancora una volta e qualcosa, prima o poi, accadrà. Infatti, è appena arrivato il sindaco del paese che si affaccia subito sul balcone e quando Suhayma lo vede si lascia cadere di sotto. La folla in strada esplode in un: «Ohhh!», mentre il sindaco si tiene la testa con le mani: ma Suhayma ha calcolato tutto e atterra sul cornicione del palazzo, che corre sotto la fi nestra del bagno in equilibrio, senza farsi un graffio. E da lì alza lo sguardo e interroga il sindaco con gli occhi sgranati. Come la mettiamo adesso? Sembra chiedergli, mentre il quadro della tragedia è sempre più chiaro.

«Ci mancava pure la stampa» commenta il comandante dei vigili urbani indicando, tra la folla in strada, l'inviato del giornale locale che sta scattando foto a raffica. Suhayma ha appena segnato una doppietta, e sono certo che questa giornata finirà su YouTube.

Il sindaco inizia a parlare con Suhayma. La supplica. Le chiede di ritornare su, di rientrare attraverso la finestra del bagno e di seguirlo nel suo ufficio. La rassicura che troverà un modo per aiutarla. Lei fa cenno di «no» col capo, non basta: «Oramai non mi fido più delle tue parole» risponde. Il sindaco allora si rivolge a Mohamed, che siede esausto sul divano dentro casa: «Glielo dica lei di rientrare, che cercheremo una soluzione».

«Io ti avevo chiesto tante volte una soluzione ma tu non hai voluto capire. Io ti ho detto sempre che le case qui in paese ci sono, ma tu non hai mai dato ascolto, a nessuno di noi» lo rimprovera Mohamed.

«Non posso concedere appartamenti così, a tutti. Dovete rispettare la graduatoria, come gli altri. Ora però venite in municipio e ne riparliamo» replica il sindaco.

Mohamed si alza e viene sul balcone. Parlotta per un po' con la moglie in arabo, immagino che le stia dicendo che ce l'hanno fatta, che può bastare così. Suhayma tentenna, sembra obiettare qualcosa e allora Mohamed assume un tono più acceso, ma lei non se ne cura affatto e si rivolge direttamente al sindaco: «Io sono stata ingannata troppe volte, ma ora basta, ora chiedo il rispetto dei miei diritti. Ho studiato come avvocato in Tunisia e so cosa mi spetta» ripete. Così spiega che vuole una casa in paese e non vuole andare nella casa famiglia a cinquanta chilometri da qui, come le hanno proposto le assistenti sociali: «Sono quindici anni che vivo in Italia, e non ho mai avuto problemi. E ora voglio una casa qui in paese, perché è qui che ho il mio lavoro».

Il sindaco annuisce. «Sali, però. E ne parliamo» conclude. Suhayma esita qualche secondo, poi si arrende: sposta le mani dietro la schiena, si aggrappa al davanzale della finestra, si tira su e rientra nel bagno: ha una forza nelle braccia, che non vi dico.

Giù in strada nessuno applaude. Mohamed raggiunge Suhayma e insieme si avviano verso l'uscita dietro il sindaco. Sulle scale incontrano i figli accuditi dalla ragazza carabiniere:

li prendono in braccio e li baciano. Accanto a loro, il proprietario che se n'è stato per tutto il tempo rintanato sul pianerottolo. Ha un'aria spaesata, mi guarda, ma non dice nulla. Come me, si aspettava uno sgombero pacifico dell'immobile, non un altro rinvio, come immagina avverrà.

Giungiamo sulla strada quasi deserta, la folla si è dileguata non appena fi nito lo spettacolo. Ad attenderci ci sono le assistenti sociali che hanno seguito il caso; sono bianche in volto e ammutolite. Ci eravamo lasciati che era tutto chiaro, e loro avevano creduto davvero che Suhayma e Mohamed se ne sarebbero andati a Cologno Monzese. Forse si staranno chiedendo cosa sia accaduto durante il tragitto dal municipio alla casa, una distanza sì e no di trecento metri; cosa o chi li abbia indotti a cambiare idea.

In corteo, ci avviamo verso il Comune: in prima fila il sindaco, poi Suhayma con la figlia in braccio, seguita da Mohamed con il figlio più piccolo: dietro ci sono io con la camicia mezza strappata e gli occhiali da sole distrutti, infine il comandante dei vigili urbani, il maresciallo Coppola e l'appuntato che chiudono la processione.

Negli uffici comunali c'è l'aria condizionata e si sta bene. Mi siedo a un tavolo e inizio a redigere il verbale. Mohamed e Suhayma sono seduti accanto a me. Appena entrati, il sindaco ci ha chiesto di aspettare qualche minuto, poi si è chiuso nel suo uffi cio a discutere animatamente con l'assessore alle politiche sociali: parlano di contributi economici da offrire a Suhayma e Mohamed, di una casa d'emergenza che potrebbe essere ristrutturata e assegnata, nonostante le obiezioni dell'assessore. Si sente uno sbattere di pugni sul tavolo. Poi il silenzio. Dopo qualche secondo, la porta si apre: l'assessore esce e se ne va senza dire nulla. Dietro di lui appare il responsabile dei servizi sociali: mi chiama in disparte e mi informa che purtroppo dovrà segnalare al tribunale per i minori che oggi una coppia di tunisini ha tentato di lanciarsi di sotto con i due figli piccoli, e mi chiede di rilasciargli una copia del verbale. Qualcuno deciderà se Suhayma e Mohamed sono genitori idonei e possono continuare ad accudire i loro figli, oppure no. Poi mi fissa qualche secondo come se volesse valutare se può fidarsi di me, se so mantenere un segreto: «Legga» mi dice porgendomi una lettera. «Tutta questa sceneggiata si poteva evitare. Io la proposta l'avevo fatta, c'era una casa qui in paese che poteva essere assegnata momentaneamente. In caso d'emergenza».

«E perché non gliel'avete data?» chiedo.

«Io propongo, poi sono il sindaco e l'assessore che decidono, e loro non hanno voluto creare un precedente: 'Ci sono altri nuclei familiari prima di loro che aspettano una casa popolare' si sono giustificati, e così hanno rigettato la mia proposta.»

«Ma gli altri nuclei familiari non avevano uno sfratto oggi» obietto.

«Sì, però prima o poi anche loro verranno a bussare» mi risponde.

«E ora il sindaco come intende risolvere?» domando.

«Non saprei, offriranno loro dei soldi, immagino.»

Guardo Suhayma e Mohamed; hanno lo sguardo smarrito, sono seduti e stringono forte a sé i loro bambini, come se fossero ancora sulla barca di migranti che combatte con il mare in tempesta mentre fa rotta verso Lampedusa: è il futuro incerto e minaccioso che ritorna.

Il sindaco appare sulla porta del suo ufficio e ci invita a entrare.

«Forse ho trovato una soluzione» esordisce rivolto a Suhayma. «Però lei mi deve dare una mano.» Suhayma lo guarda senza rispondere.

«Il Comune può offrirle un contributo di cinquecento euro al mese, ma fino a quando non riusciremo a trovare una casa qui, lei deve andare a Cologno Monzese con i bambini.»

«E mio marito?» chiede Suhayma.

Il sindaco allarga le braccia.

«No, non ci sto!» ribatte Suhayma.

«Dateci il tempo di reperire un alloggio comunale. Purtroppo voi in graduatoria non siete tra i primi, ve l'ho detto, e non posso rischiare la rivolta in paese. Abbiamo una casa del Comune che va messa a norma, per cui questo mese lei dovrà andare a Cologno Monzese.»

Il colloquio dura più di un'ora e alla fine Suhayma accetta: il Comune le verserà cinquecento euro al mese per un po' di tempo e il sindaco le ha giurato che troverà una soluzione nei prossimi giorni. Che non l'abbandonerà a Cologno Monzese. Forse.

Mohamed nel frattempo sarà ospite da alcuni amici, poi ha intenzione di andarsene in Germania, confida all'assistente sociale che gli siede accanto. Lì, ci sono alcuni parenti che potranno aiutarlo. Spera.

Redigo il verbale di sfratto-eseguito e autorizzo il proprietario a cambiare la serratura della porta. Da stanotte Suhayma e Mohamed non potranno più dormire in quella casa, e le loro strade per un po' si divideranno. Per ultimare il trasloco gli concedo quindici giorni di tempo, dopodiché il proprietario potrà trasportare tutto ciò che lasceranno lì in un deposito o in una discarica pubblica, se autorizzato da un giudice.

Sono le due del pomeriggio quando chiudo il verbale e rilascio la fotocopia conforme al responsabile dei servizi sociali per l'inoltro al tribunale per i minori. È stata una giornata che non dimenticherò in fretta, per fortuna conclusasi meglio di com'era iniziata.

Reportage, atto secondo

Ieri era il 26 giugno e sono ritornato da Mimmo. Il proprietario era sotto casa ad aspettarmi, come concordato. La settimana scorsa, quando mi ha contattato, ha lamentato di aver ricevuto solo settecento euro, invece dei mille promessi, ed era propenso a eseguire lo sfratto. Gli ho detto di venire, che avremmo valutato insieme come affrontare la faccenda. Questa volta sembrava meno spaventato, ed è salito da Mimmo senza pretendere che chiamassi subito i carabinieri: aver ricevuto i settecento euro è stata per lui una vittoria; simbolica sì, inaspettata, ma comunque una vittoria nei confronti di Mimmo, che deve avergli infuso una buona dose di coraggio.

«Ci stava mio fratello in difficoltà con la mensa di suo figlio. Tu cosa avresti fatto, eh? Li ho dati a lui gli altri trecento euro che dovevo dare a te: per far mangiare il piccolino a scuola» si è giustificato Mimmo, e quasi ci siamo sentiti in colpa, io e il proprietario.

Questa volta il mio cliente napoletano non aveva più la gamba fasciata, ma una cicatrice ben in vista sulla guancia destra.

«Cosa hai combinato?» gli ho chiesto scherzando.

E lui, con un sorriso stirato: «Ho calcato un po' troppo la mano mentre facevo la barba» e si è capito che mentiva.

«Be', cosa vogliamo fare allora?» ha chiesto il proprietario.

«Il mese prossimo ti pago regolare, però non ti posso dare i mille euro promessi. Torniamo a settecento, e vedrai che t'arrivano» ha detto Mimmo tutto d'un fiato.

Il proprietario mi ha guardato come se aspettasse da me la soluzione. Gli ho spiegato che era lui che doveva decidere: io non avrei avuto difficoltà a chiamare i carabinieri e procedere. Tuttavia, visto che Mimmo aveva comunque pagato i settecento euro, poteva concedergli un'ultima possibilità: magari sarebbe stato regolare con le prossime scadenze, e lui si sarebbe messo in tasca qualcosa. Tanto lo sfratto non scadeva e poteva sempre eseguirlo il mese prossimo. E così è stato. Il proprietario ha concesso l'ultima proroga e io ho rinviato lo sfratto al 25 luglio.

Poi sono passato a casa di Ginevra: era sotto il portone del palazzo ad aspettarmi impaziente, con accanto il proprietario. Quando ho parcheggiato, si è avvicinata con passo svelto e deciso alla mia auto e, non appena sono uscito, mi ha consegnato le chiavi: «Ho portato via tutto, scriva che consegno le chiavi, io devo andare a prendere il bambino da mio padre. Arrivederci».

«Ma le chiavi le deve consegnare al proprietario, non a me» ho detto.

«A lui non do nulla» ha risposto.

«Dove devo firmare?»

«Ma dovrei controllare se davvero dentro non lascia nulla, ufficiale, se la casa è in ordine, se ha rotto qualcosa» ha obiettato il proprietario.

«Se ho rotto qualcosa?» lo ha aggredito, Ginevra.

«Quell'appartamento era un cesso quando sono entrata! Ora è uno specchio. Tranne la camera da letto, ovvio, putrefatta dall'umidità alle pareti. Ma a quella ci dovevi pensare tu.»

«Sì, vabbè! Vabbè!» ha abbozzato il proprietario alzando la mano grassoccia.

«Va bene, un corno. Ringrazia che non ti ho chiesto i danni» ha ribattuto Ginevra.

Così per evitare che ripartisse una nuova battaglia, mi sono affrettato a far firmare il verbale a Ginevra: «... *La parte tenuta al rilascio consegna le chiavi al proprietario, qui presente, e dichiara di non lasciare nulla di sua proprietà nel l'appartamento. Per cui immetto nel possesso dell'immobile il proprietario e ingiungo la parte esecutata a non più turbare la proprietà nel suo possesso per non incorrere nelle sanzioni di legge*».

«Firmi qui sotto» ho detto a Ginevra.

Lei ha scarabocchiato il suo nome e cognome ed è schizzata via, senza salutare nessuno.

«Dove andrà?» ho chiesto al proprietario.

«Non so. Sembra che il Comune le abbia trovato un appartamento nella zona del mercato.»

«Bene» ho detto. «Ha visto che alla fine abbiamo risolto?»

«Spero solo che di sopra non mi abbia lasciato un disastro» ha risposto il proprietario.

«Nel caso, porti tutto in discarica, la signora ha dichiarato che non ha lasciato nulla. E nulla potrà rivendicare.»

«Dovrò spendere anche i soldi per il trasporto in discarica?»

«Se vuole liberare l'appartamento, sì» gli ho spiegato.

«Ma lei non può salire un attimo e constatare se tutto è in ordine, se ci sono stati danni?»

«No guardi, il mio compito si conclude con la consegna delle chiavi e con l'immissione in suo possesso dell'appartamento. Io posso anche accompagnarla su, ma non mi chieda di constatare alcunché. E poi oggi ho una marea di notifiche, di pignoramenti e ancora un paio di sfratti da eseguire. Mi dispiace. Lei entri e butti via tutto quello che non le piace. E poi, chissà, magari davvero avrà portato via ogni cosa, la signora, e l'appartamento è vuoto.» E così me ne sono andato, mentre il proprietario si avviava sconsolato verso le scale del palazzo.

Ha ragione, ho pensato tra me e me, mentre imboccavo la provinciale per Cornaredo, l'ufficiale giudiziario dovrebbe constatare sempre lo stato in cui viene lasciato l'immobile il giorno dello sfratto, si eviterebbero un sacco di questioni tra proprietari e affittuari. Però non è previsto dalla legge e quasi nessuno di noi si presta a un'operazione simile, tra l'altro neppure retribuita. L'ho fatto quella volta con l'appartamento distrutto da Nasim, perché davvero mi era dispiaciuto per il proprietario, ma poi non mi sono più prestato. Eppure sarebbe una soluzione brillante far constatare dall'ufficiale giudiziario lo stato dell'immobile il giorno in cui viene dato in affitto e il giorno in cui viene poi riconsegnato al proprietario: sarebbe un confronto interessante, una fotografia dello stato dei locali, prima e dopo la locazione, come prima e dopo una dieta. I danni salterebbero subito all'occhio, e sono certo che l'inquilino, inchiodato dalla prova fotografica, avrebbe più rispetto della casa altrui e, prima di lasciarla, riparerebbe i danni causati. Sapeste quante storie e battibecchi, e spesso risse, si scatenano tra inquilini e proprietari per le condizioni in cui vengono lasciati gli appartamenti il giorno dello sfratto o quando finisce la locazione. Sapeste quante volte s'accapigliano per la cauzione: da una parte il padrone di casa che vuole trattenerla tutta o in parte, e dall'altra l'inquilino che la pretende indietro per intero.

I professionisti della morosità

La terza tappa di stamattina, a Cornaredo, è stata la conferma che certi miei clienti sguazzano nel pantano delle leggi, come i ratti nelle fogne. Si nutrono di rinvii di udienze e opposizioni, speculano sui cavilli e sull'imprudenza di proprietari e di creditori indifesi, prigionieri nella palude melmosa che rallenta il corso della giustizia. Molti miei clienti sanno come occultare i loro beni e come apparire nullatenenti: sanno come fregare il prossimo. E, farla franca è la loro missione.

Stamattina quando ho varcato la porta di quell'officina e l'ho visto armeggiare con la chiave inglese su un motore, ho intuito chi fosse ancor prima che si voltasse a guardarmi: era quel vecchio filibustiere di Francesco da Messina.

Sembrerebbe il nome di un santo o di un pittore rinascimentale, ma questo Francesco di santità, vi assicuro, ne ha meno del diavolo, e non credo abbia mai masticato pittura o impugnato pennelli. A dirla tutta, è anche un po' rozzo, e poi è molto furbo: crede di saperla lunga e se per caso doveste avere qualcosa da spartire con lui, fate attenzione, perché in qualche modo cercherà di fregarvi, di spacciarvi moneta falsa e di vendersi per quel che non è.

Francesco è stato uno dei miei vecchi clienti, uno di quelli duri, sassosi, che pianta su un sacco di storie quando provi a pignorargli qualcosa o quando arrivi per cacciarlo via dall'appartamento che è riuscito a prendere in affitto, pagando sì e no un paio di mensilità. I tipi come lui credono che tu non possa mai pignorare nulla che gli appartenga; anche se c'è stato un giudice che te lo ha ordinato, loro se ne infischiano, e pur d'impedire che tu proceda arrivano persino a minacciarti, con frasi e gesti plateali. È un ceffo da galera, ve l'ho detto. Una canaglia.

Perciò all'inizio, stamattina, Francesco è stato sulle sue. Ha finto di non riconoscermi e ha pure sbuffato quando ha visto che me ne stavo fermo sulla porta ad aspettarlo, né ho dato segni di vita quando, da lontano, ha sollevato il mento con uno scatto, come a dire: «Che vuoi?»

Così, quando ha capito che non mi sarei mosso dalla porta e che stavo lì ad aspettare lui, ha lanciato la chiave inglese sul bancone tirando giù una bestemmia, poi ha afferrato uno straccio e mentre si asciugava il grasso spiaccicato sulle dita è venuto verso di me: «Dica!» ha urlato strada facendo, ma io non ho risposto. C'era uno stridore di macchinari in quel capannone che sembrava la stazione centrale, un rumoraccio che copriva ogni voce e io non è che avessi tanta voglia di sgolarmi. Perciò ho aspettato che si avvicinasse per bene, e quando era a mezzo metro da me gli ho sorriso per stemperare quella faccia da melodramma che stava mettendo su, perché Francesco è anche uno che gigioneggia alla grande.

«Ci rivediamo» ho detto.

E lui, con un'aria disinvolta: «Prego?»

«Ci conosciamo noi, vero?» ho replicato sorridendo.

«Non direi sa, forse mi scambia per qualcun altro» ha risposto lui, con una faccia da schiaffi.

«Senta un po', lei è Francesco, quello di Messina giusto?» gli ho chiesto perentorio.

«Sì» fingendo di essere sorpreso.

«E allora io e lei ci siamo già incontrati» ho ribadito, ma lui non ha risposto.

«Sei anni fa» gli ho detto. E lui, muto.

«A Bareggio» ho aggiunto.

Solo allora si è arreso, e velatamente ha ammesso che avevo ragione.

«Non restiamo qua» s'è affrettato a dirmi, mentre lanciava sguardi furtivi verso i suoi operai che trafficavano all'interno. «Andiamo in ufficio, venga su» ha concluso.

Nell'officina, tre ragazzi di colore saldavano dei pezzi su un motore: mi hanno guardato da dietro gli occhiali con i vetri rossi, li ho salutati con la mano e loro hanno risposto agitando i saldatori. Ho seguito Francesco, e mentre salivo le scale ho riconosciuto, in un angolo, i due trapani a colonna che avevo pignorato sei anni fa, quando Francesco occupava l'officina del paese lì accanto: quella di Bareggio.

E insieme ai due trapani sono riaffiorati lentamente i ricordi di tutte le scene desolanti di quella giornata in cui ci scontrammo.

Francesco mise su uno spettacolino niente male per impedirmi di procedere con il pignoramento. Sbraitò, urlò e minacciò il sottoscritto a dovere, con un piglio da mafioso che non vi dico: «Quanto giuro che vengo da Messina, t'ammazzo» ripeteva. Dovetti chiamare i carabinieri quella volta per calmarlo. Aveva afferrato la solita chiave inglese: «Se tocchi mezza cosa da qui dentro, ti apro la testa come un'anguria» strillava spavaldo.

All'inizio mi impressionai davvero e gli dissi che non era il caso di scaldarsi troppo, che non avrei toccato nulla, che il mio compito era solo redigere un verbale in cui avrei descritto qualche macchinario che avesse un valore commerciale accettabile; se poi non avesse pagato quello che doveva ai suoi creditori, allora se la sarebbe dovuta vedere con l'istituto vendite giudiziarie che avrebbe portato via i macchinari pignorati per metterli all'asta. Tutto qua, continuavo a spiegargli.

Ma lui era cocciuto, un mulo che non si fidava. E non si calmò fino all'arrivo dei carabinieri i quali, per fortuna, lo misero subito a cuccia: dovevate vederlo, poi, davanti al maresciallo come cercava d'infiocchettarmi di scuse. Accade spesso ai debitori stupidi di far la voce grossa con noi ufficiali giudiziari, e di tirare i remi in barca appena vedono i lampeggianti blu.

«Sono ancora qua, quelli?» ho domandato a Francesco, indicando i due trapani a colonna.

«E cosa vuole, nessuno dell'istituto vendite è venuto mai a reclamarli e allora li ho portati qua» ha risposto.

Il pignoramento era stato richiesto dai due proprietari dell'officina che lui occupava a Bareggio. Un pomeriggio si erano presentati nel mio ufficio, con il loro avvocato, a implorarmi di mandarlo via quanto prima. Non ne potevano più: Francesco non versava i canoni d'affitto da tre anni.

«Aveva promesso che avrebbe sanato la morosità a breve, e noi gli abbiamo creduto. Ma è da tre anni oramai che non vediamo più un euro» spiegarono i proprietari avviliti.

E ciò che li bolliva ancor di più di rabbia era vederselo sfrecciare beato davanti agli occhi, nelle strade del paese, su una Mercedes ultimo modello. Perciò prima dello sfratto si erano decisi a chiederne il pignoramento, sperando di portargliela via.

Ma Francesco, che è uno scafato, non si era certo intestato la Mercedes. Così quando mi recai presso la sua officina per pignorargliela, prima mise su lo spettacolino che vi ho descritto e poi, quando arrivarono i carabinieri, mi sbatté in faccia il libretto di circolazione: «È di mia moglie la Mercedes. Leggi qua!» mi disse con un ghigno dei suoi, e io abbozzai ripiegando sui trapani a colonna.

Dopo quel giorno andai a trovarlo per ben due volte e gli notificai quattro ricorsi in materia di lavoro: uno così volete che paghi regolarmente i suoi operai?

Poi, una sera lo sgamai: era nel casinò di Mendrisio e si dimenava davanti al tavolo di una roulette in compagnia di una bionda da mille euro a botta. Era la seconda volta che entravo nel casinò di Mendrisio: nulla di compromettente per carità. Non ho buttato all'aria patrimoni, né sperperato stipendi. Era solo curiosità, un'allegra serata tra amici. Riconobbi la sua voce possente che esultava per una vincita con il 17 sullo stesso tavolo dove io, puntando sul 21, stavo perdendo come un pollo. Mi voltai e incrociammo gli sguardi: sbiancò all'istante. Gli sorrisi e lui rispose con una smorfia da ebete, inclinando leggermente la testa come per reclamare indulgenza. Dopodiché incassò il doppio pieno dal croupier, afferrò la Barbie che gli stava accanto e si dileguò.

Tre settimane dopo, quando mi presentai nell'officina per sfrattarlo non ebbe il coraggio di replicare mezza parola: gli dissi che era il secondo accesso e che doveva smammare di corsa. E smammò. Non poteva certo più sbraitare né piangere miseria davanti a me che sapevo dove andava a sputtanarsi i soldi che gli servivano per pagare l'affitto.

«Ma poi com'è finita, è riuscito a versare almeno qualcosa a quei due di Bareggio?» gli ho chiesto.

E lui: «Non hanno saputo aspettare. Glieli avrei dati i soldi, dovevano aspettare che mi riprendessi. La crisi ci ha spezzato a metà, tutti» si è giustificato.

«Ma guardi che era il 2003, e la crisi allora non c'era per niente» ho ribattuto.

«Sì, però avevo un sacco di spese. E arrivare a fine mese era dura» mi ha risposto a tono. E lì per lì mi è salita una gran voglia di rinfrescargli un poco la memoria, di elencargli tutte le spese che aveva in quel periodo sul tavolo di Mendrisio quando se la godeva con la bionda e se ne andava in giro in Mercedes, tronfio e pettoruto, mentre i suoi operai, lasciati a secco, piangevano senza retribuzione. Avrei voluto dirgli che in quel modo sarei stato capace di tirare su una ditta anch'io: bastava prendere un capannone in affitto, versare le prime mensilità e poi più nulla; assumere operai in nero e pagarli una miseria. E infine intestare qualche automobile a mia moglie.

«Ma lei a Bareggio per tre anni non ha mai pagato l'affitto, se non le prime mensilità, e a quanto pare sta facendo la stessa cosa anche adesso. Guardi qui» e gli ho sventolato davanti al naso l'intimazione di sfratto dall'officina per notificargliela, che poi era il motivo per cui mi ero presentato lì, stamattina.

«Lei da quando si è spostato a Cornaredo» ho aggiunto, «ha pagato solo due mensilità, ed è qui già da otto mesi.»

«Adesso il problema è serio» ha replicato, con lo sguardo

basso. «Se prima portavo a casa qualcosa, oggi proprio niente.»

«È per la crisi, giusto?» gli ho chiesto sarcastico.

«E me lo chiede?»

Ho sorriso e gli ho consegnato l'intimazione di sfratto.

«Quando ci sarà l'udienza?» mi ha chiesto.

«È scritto qua: il 13 ottobre.»

Lui ha ripiegato il foglio, senza commentare, poi ha allungato la mano per salutarmi.

Mi sono avviato giù per le scale. I tre ragazzi di colore, ignari che non avrebbero percepito tutti gli stipendi promessi, erano chini sui macchinari che sferragliavano alla grande, e così non ho neanche provato ad alzare la mano per salutarli: non mi avrebbero né visto né sentito tant'era il rumore lacerante che rimbombava in tutto il capannone.

Sono uscito dall'officina consapevole che anche questa volta Francesco porterà a casa un discreto risultato.

Con questo lavoro, ogni tanto ne incontro di astuti come lui. Ed è difficile riconoscerli all'istante: sanno camuffarsi bene e hanno la parola facile. Recitano la parte degli imprenditori onesti e capaci, ma la loro abilità è al servizio dell'inganno di proprietari immobiliari sventurati.

Così prendono capannoni o case in affitto, versano la cauzione e i primi canoni per non destare sospetti, poi però non pagano più. Si cullano sui tempi morbidi e dilatati dell'iter processuale: sanno che per sfrattare qualcuno, tra udienze, convalide, precetti, avvisi di sloggio e accessi vari dell'ufficiale giudiziario occorrono almeno due anni e il calcolo è ben fatto: se non paghi un affitto di cinquecento euro al mese, in due anni ne risparmi dodicimila. Dopo lo sfratto, il proprietario difficilmente s'imbarcherà in un'azione di recupero del credito nei confronti dell'inquilino moroso per i canoni che non ha ricevuto. In genere, lascia correre: recuperare dei crediti in Italia è costoso, richiede tempi lunghissimi e si raggiungono scarsi risultati. Spesso, le spese legali superano di gran lunga la somma da recuperare e quando si conclude l'iter della vendita giudiziaria dei beni eventualmente pignorati si rimane quasi sempre a mani vuote.

La Commissione europea per l'efficacia della giustizia ha calcolato che per recuperare un credito in Italia occorrono quasi quattro anni, due più della Spagna, tre più dell'Inghilterra e tre e mezzo più della Francia. Riavere quindi il proprio appartamento libero in tempi ragionevoli è già un successo.

Francesco e quelli come lui lo sanno bene, e come astuti speculatori di borsa investono su azioni di sicuro profitto: quelle dell'azienda Giustizia-lenta. Dopo che sono stati sfrattati, passano al paese accanto. Lì, nessuno conosce le loro magagne e possono ricominciare da capo con un nuovo alloggio o una nuova officina, e un nuovo proprietario da raggirare: cauzione, primi due mesi e vai con la morosità. Negli ultimi tempi, poi, hanno affinato la tecnica: prendono in affitto un appartamento, pagano i soliti due mesi e poi lo subaffittano agli extracomunitari; così, oltre a non pagare la pigione, guadagnano anche i canoni dai loro presunti inquilini: sono dei professionisti affermati.

La camorra autorizzata.

Oggi è di turno, Aquila nera.
Parcheggio davanti al carcere di Bollate molto presto. Tra qualche giorno andrò in ferie e non posso lasciare atti inevasi sulla mia scrivania. Il collega che mi sostituirà provvederà a eseguire solo quelli che scadranno nel frattempo, e così farò io, quando lui sarà via.

Mi fermo al secondo e al quarto reparto: notifico due citazioni in appello ad altrettanti algerini, un rigetto di un'istanza di permesso a un senegalese e un pignoramento immobiliare a un cinquantenne napoletano.

«Chi è, la banca, che manda questa carta?» mi dice, non appena gli comunico la notizia.

«Sì, purtroppo» gli rispondo.

«In quella casa ci sta mia moglie con tre bambini. Che fanno li scacciano? C'ha il marito detenuto e non tiene lavoro: secondo te la possono mandare via?»

«La procedura è lunga» gli dico. «Volendo si potrebbe sempre pagare.»

Lui mi guarda e sorride: «Ma secondo te, se tenevo i soldi per pagare stavo qua dentro? Se la possono pigliare quella casa, io non gli do neanche un centesimo. E se anche li avessi, non glieli darei. Le banche sono una camorra autorizzata, scrivilo qui sopra. Io me la prendo questa carta, ma tu devi scrivere questo: SIETE UNA CAMORRA AUTORIZZATA!»

Allargo le braccia e annuisco mentre gli consegno il foglio. Lui lo piega e poi lo strappa in quattro parti, fissandomi.

«Non è per mancarti di rispetto, ma capiscimi frate'» mi dice. «Le banche a me, mi hanno rovinato. Sono loro gli strozzini, altro che i camorristi che ti chiedono il pizzo.»

«Guardi, purtroppo è come se lo avesse ritirato, l'atto. Non è che strappandolo ha risolto granché.»

«Lo so. Ma è per soddisfazione: non voglio manco leggere quello che hanno scritto, 'ste chiaviche. Portaglielo indietro, così, stracciato. E salutameli. Almeno capiscono l'infamità che stanno facendo. La vogliono la casa? Che se la prendessero. Voglio vedere come cacciano via a mia moglie con tre bambini piccoli» conclude, mentre lancia i brandelli dell'atto di pignoramento sul tavolo, davanti a me: «La mafia sta nelle banche e al Parlamento. E tutti lo sanno» ripete ancora, mentre si avvia verso la porta per andarsene.

Rimango lì qualche istante, a fissare i pezzi di carta sparpagliati sul tavolo. Immagino la faccia dell'avvocato della banca quando leggerà la mia relazione e si ritroverà i pezzetti dell'atto tra le mani. Li raccolgo e li metto in borsa, insieme all'originale dell'atto di pignoramento. Esco dalla stanzetta, e lancio uno sguardo lungo il corridoio dai rumori ovattati: del cinquantenne non vi è più traccia.

Proseguo il tour e mi fermo nel terzo reparto per notificare l'avviso di sloggio a Maurizio. Ho fissato il primo accesso per lo sfratto il 22 settembre.

«Mia madre ha risolto» mi dice, tutto trionfante. «Entro fine mese le assegneranno una casa popolare. Se ne va pure lei al Giambellino, dove sta mia figlia così almeno lei potrà vederla ogni giorno e dirle che il papà non l'ha abbandonata.»

«Non hai ancora risolto la faccenda?» gli dico.

«Non lo so. Sto aspettando. Ma pare che la cosa si stia risolvendo. Mia madre ha presentato anche lei l'istanza al giudice, chiedendo di poter accompagnare Giovanna qui da me, almeno una volta al mese. E il giudice si è riservato di rispondere.»

«Perché tua moglie non può venire?»

«Non vuole venire. Con me, ha detto, ci ha messo una croce sopra. Non sa nemmeno che mi sto interessando per farla rimanere dove sta adesso. Hai parlato con il tuo collega per quella cosa che ti avevo raccontato? Che dice? Può darle una mano?»

«Ho parlato.»

«E allora?»

«Al momento non gli è arrivato nulla. Gli ho dato il nome di tua moglie e l'indirizzo. Se gli presentano qualcosa, me lo comunica. Spero solo che non arrivi ad agosto, io sono in ferie e non potrei fare proprio nulla.»

«Perché pure ad agosto buttate fuori casa la gente?»

«Noi non buttiamo fuori casa nessuno» rispondo sorridendo. «Agiamo solo quando un giudice lo ordina. Ma immagino che la procedura di tua moglie sia all'inizio per cui passerà ancora un po' di tempo» gli spiego.

«Sì, ma se arriva ad agosto e il tuo collega va da mia moglie?»

«Tranquillo, che ad agosto non si muove nessuno. Neanche l'Aler.»

«Speriamo» risponde, mentre afferra l'avviso di sloggio che gli ho portato.

«Ti farò sapere» gli dico, prima di salutarlo.

«Sono nelle tue mani» e ricambia il saluto.

Non sono ancora fuori dal carcere quando mi squilla il cellulare. Guardo il display: è Mariano.

«Ciao. Mi dai buone notizie?»

«È certo. Te l'avevo detto che ti avrei fatto sapere subito. Quando vuoi, puoi venire: per Ruggero c'è il via libera dei medici.»

«Passerò tra stasera e domani, allora» gli dico. «Prima di partire per le ferie.»

«Quando vuoi, non ci sono problemi» risponde Mariano. «Ti saluto e chiamami quando sei qui. Ciao! »

«Marianooo» urlo prima che chiuda.

«...dimmi» risponde lui dopo qualche secondo.

«Grazie eh!» gli dico.

«Ti aspetto» e mette giù.

Esco dal carcere fischiettando e mentre percorro il viale che porta al parcheggio riesco solo a pensare a come la vita possa prenderti a calci tutti i giorni, e poi tirarti a lucido in un secondo. E come in quel secondo si concentri tutta la felicità che ci ostiniamo a cercare altrove.

Ed è stata con tutta quella felicità in corpo che mi sono diretto a casa di Mimmo, il mio cliente napoletano, e l'ho sfrattato definitivamente. Mi sono presentato davanti a lui senza alcun timore e senza mezzo carabiniere. Dal 26 giugno Mimmo non aveva versato più neppure un centesimo. E il proprietario, l'altra mattina, è corso nel mio ufficio a dire: «Basta! Non tollero nessun altro rinvio», aggiungendo che il suo avvocato era davvero incazzato con me perché continuavo, secondo lui, a cercare pretesti per rinviare lo sfratto ed era pronto a rivolgersi al grande capo della sorveglianza UNEP, se avessi prorogato ancora.

Stranamente, Mimmo non ha fatto tante storie per uscire. Gli ho spiegato, con chiarezza, che il proprietario s'era rotto d'aspettare: lui non aveva pagato più nulla, e quel poveretto non ne poteva più, per cui se non voleva le auto dei caramba sotto casa, stavolta doveva preparare le valigie e lasciare l'appartamento. E per spianarmi la strada, una volta per tutte, ho aggiunto che mi ero presentato senza le forze dell'ordine proprio per non metterlo in difficoltà. Con questa frase ero certo di aver conquistato almeno mille punti nella sua classifica degli uomini a cui si deve rispetto. Infatti, con un sorriso complice, Mimmo ha risposto subito che apprezzava il gesto, però mi chiedeva un'ultima cortesia: prima di andare via, voleva fare quattro chiacchiere ancora una volta con il padrone di casa, da solo: «Così, tanto per chiarire alcune cose» ha precisato.

Ma il proprietario, che aveva annusato il pericolo, per l'occasione ha preferito farsi sostituire da un delegato, il quale avrebbe preso possesso dell'immobile in sua vece: era un geometra del posto, «un suo mezzo parente», o almeno così si è qualificato quell'ometto tarchiato che mi aspettava fremente sotto il palazzo di Mimmo.

«Uh Gesù e perché non si è presentato lui, aveva paura che gliele suonavo veramente questa volta?» ha commentato Mimmo quando ha capito che il padrone di casa non c'era.

«Ci sono io ed è come se ci fosse lui, e lui ti dice che devi uscire perché non hai rispettato i patti. Non hai pagato i settecento euro, come avevi promesso, e adesso te ne devi andare» ha risposto il «mezzo parente», tutto garrulo, con un piglio coraggioso che mi ha sorpreso: devo ammettere che ha avuto fegato, il geometra, a rivolgersi in questo modo a Mimmo il quale, senza troppi complimenti, ha afferrato il parente kamikaze per il braccio e l'ha cacciato fuori, sbattendo la porta. «Ora, veniamo a noi, Giuse'» ha esclamato Mimmo, rosso di rabbia. «Me li puoi dare ancora una quindicina di giorni, che mi organizzo?»

«Nemmeno un giorno, Mimmo. Mi dispiace» gli ho risposto senza tentennare.

E così ha realizzato che eravamo agli sgoccioli: «Dammi due ore allora, Giuse' e ti do la mia parola che me ne vado».

«Sono le undici Mimmo, alle dodici torno e mi dai le chiavi» ho risposto.

Mi ha guardato fisso negli occhi e mi ha allungato la mano. Ho ricambiato.

«Lo faccio solo per te» ha aggiunto.

«E io ti ringrazio.»

A mezzogiorno, quando sono ritornato, mi aspettava giù con tutta la sacra famiglia radunata. Mi sono avvicinato e mi ha consegnato le chiavi. Intorno a lui la schiera di parenti si è limitata a salutarmi senza troppa enfasi.

«Lascio tutto quello che c'è dentro: i mobili, i vestiti, non mi prendo niente. Li lascio a quel morto di fame del proprietario. Diglielo che però non finisce qua» ha precisato Mimmo, prima di salutarmi e allontanarsi.

Ho preso le chiavi e mi sono avviato verso il mezzo parente delegato, il quale se ne stava tutto tremante in disparte, e gliel'ho consegnate.

«Sa che in sua assenza mi ha aggredito quell'animale?» mi ha confessato a bassa voce, appena mi sono avvicinato.

«Perché?» gli ho risposto.

«Perché non voleva aspettarla, sa. Quando è sceso giù, voleva consegnarmi le chiavi e andarsene. Io gli ho detto che non poteva, se non fosse stato presente l'ufficiale giudiziario, e lui mi ha assestato due sberle, e ha detto che una era per me, e l'altra dovevo portarla al padrone di casa.»

«Chi le ha detto che doveva aspettarmi per forza? Io ho fatto di tutto per farlo andar via e lei voleva trattenerlo? Poteva prenderle le chiavi, anche in mia assenza» gli ho spiegato.

«Non so» ha risposto lui scrollando il capo, «ma il fabbro mi ha detto che non poteva andarsene se lei non era presente» e con la mano ha indicato il furgone parcheggiato lì accanto. Ho sbirciato all'interno, attraverso i finestrini e ho intravisto il fabbro: aveva la solita faccia spaventata e le mani strette sul volante pronto a schizzare in caso di pericolo. Come sempre, se ne stava rintanato nel suo rifugio, in attesa che Mimmo si allontanasse di qualche chilometro, prima di salire a cambiare la serratura dell'appartamento.

Ultimo giorno, l'amante

Stamattina sono partito da casa molto presto: è l'ultimo giorno prima delle ferie e ho un bel po' di atti da sbrigare. Tra l'altro mi tocca sostituire anche il mio collega: mi ha chiamato alle sette e mezza per dirmi che aveva la macchina in panne e che il meccanico non gliel'avrebbe restituita prima delle sei di sera.

«Ho pure due atti urgenti da eseguire al Giambellino e mi sa che uno dei due riguarda la moglie del tuo amico carcerato» ha detto al cellulare, senza giri di parole.

«Guarda che non è un mio amico» ho risposto. «Sto solo cercando di capire a che punto è la procedura di sfratto per sua moglie, e se puoi fare qualcosa. Ha una bambina piccola, ed è solo per lei se mi sto interessando.»

«Vabbè» ha detto, «pure se fosse un tuo amico che male c'è.»

«È un trafficante di stupefacenti, se permetti non vorrei che qualcuno potesse fraintendere» ho ribattuto.

E lui: «Chi può mai sentirci? Siamo io e te».

«Sì, ma siamo al telefono e non si sa mai» ho precisato.

«Ma perché pensi che ci stiano ascoltando? Siamo intercettati secondo te?» ha chiesto lui, e con un tono quasi preoccupato.

«Spero di no, però è sempre meglio essere cauti.»

«Dici?»

«Non lo so, fino a qualche mese fa non si parlava d'altro sui giornali: sembrava che fossimo tutti intercettati» e siamo scoppiati a ridere insieme.

«Okay» gli dico, «ma gli atti per il Giambellino dove sono?»

«Quando entri nella mia stanza, accanto alla mia scrivania, c'è una sedia: li troverai lì.»

«Ti ringrazio» ho detto.

«Grazie a te» e ha riattaccato.

La prima tappa è a casa di Paolo: un cliente che non ho mai incontrato.

Quando apre la porta, me lo ritrovo davanti in pigiama, con i calzoni corti. Mi fissa per qualche secondo, senza parlare: ha una quarantina d'anni, il fisico asciutto, una leggera calvizie e l'aria di chi ha passato la notte in bianco.

«Venga» mi dice, e immagino che sappia già chi sono. Le altre volte, quando mi ero presentato per notificare gli atti del procedimento, nessuno ha mai aperto. Oggi è il primo accesso per lo sfratto.

Lo seguo attraverso un corridoio pieno di libri sulle mensole. Alcuni titoli m'incuriosiscono: *Come sorridere alla vita*; *Come guadagnare su internet*; *Le 7 regole per avere successo*... Ho un leggero sospetto che il mio cliente non li abbia ancora letti: se lo avesse fatto, forse non sarei qui stamattina, mi dico, mentre continuo a seguirlo.

Giunge in cucina, apre il rubinetto e lascia scorrere l'acqua per un po', intanto afferra un bicchiere: siamo a luglio e il caldo ristagna in questa casa, nonostante i balconi e le finestre siano spalancati. Beve due bicchieri d'acqua.

«Vuole un caffè?» mi chiede.

Spesso i miei clienti vogliono offrirmi un caffè quando arrivo per mandarli via. Un vecchio collega mi consigliò di rifiutare sempre. «Potrebbero avvelenarti» mi consigliò sorridendo. «In fondo tu sei un nemico per loro, non scordarlo mai.»

«No grazie» rifiuto, poi continuo: «Volevo dirle...» Lui alza la mano e m'interrompe: «Non dica nulla. Vede là?» e indica con il dito la camera da letto alle mie spalle.

Mi volto a guardare: ci sono due trolley, belli gonfi, con il manico per trascinarli già alzato: «È tutto pronto» mi dice, «sto andando via».

«Oggi?» gli chiedo.

«Certo! Non è contento? Le risparmio la fatica di ritornare.»

«Ma ne ha parlato con il proprietario? Dovrebbe essere

presente lui in questi casi, sa» gli spiego. «Oggi sono qui solo per una ricognizione, per capire come si stava organizzando e in quanto tempo se ne sarebbe andato. Perciò sono venuto da solo e non posso prendere in consegna le chiavi: sul verbale dovrei scrivere che le consegna al proprietario, non a me. È lui che dovrebbe essere immesso nel possesso dell'immobile, non io.»

«A me non interessa che ci sia il proprietario» risponde stizzoso. «Anzi meglio che non ci sia, come può capire. Con il regalo che mi ha fatto, è meglio che non ci sia» aggiunge. «E poi, mi scusi, è lei l'ufficiale giudiziario: chi meglio di lei potrà certificare che ho lasciato l'appartamento in ordine?»

In fondo ha ragione, potremmo risolvere tutto noi, ufficiali giudiziari; potremmo prendere in consegna le chiavi e restituirle ai proprietari senza che le due parti s'incontrino, perché quando succede a volte scoppiano baruffe inimmaginabili: i proprietari sbraitano da una parte e chiedono i canoni d'affitto perduti, e gli inquilini protestano dall'altra e chiedono struggenti: «Come mai di solito in Italia tutti gli sfratti si rinviano per anni, e invece il nostro solo di qualche mese?»

E così ogni volta mi tocca sventolare l'ulivo della pace e sperare che i due non si prendano per i capelli.

Oggi quindi sarebbe l'esecuzione di sfratto ideale: l'ufficiale giudiziario che si presenta alla porta e l'inquilino solerte che gli consegna le chiavi. Come in un mondo perfetto, dico tra me e me. Potessi farlo, sarei contento. Chiamerei subito dopo il proprietario, o il suo avvocato, per informarlo trionfante che l'appartamento, il suo appartamento, è libero, e che potrà venire a ritirare le chiavi nel mio ufficio quando vuole. Ma in effetti non posso, la procedura non lo prevede. Infatti, potrei essere accusato di appropriazione indebita di qualcosa che l'inquilino ha portato via di nascosto, nella valigia bella gonfia, qualcosa di cui il proprietario potrebbe chiedere conto a me; potrei dover pagare io ciò che l'altro ha trafugato a mia insaputa. E poi, non ho un fabbro a disposizione per far cambiare immediatamente la serratura. C'è il pericolo che l'appartamento venga occupato da altri disperati senza casa pronti a intrufolarvisi dentro, non appena mi allontano: le notizie di appartamenti liberi si diffondono presto nel quartiere e qualcuno potrebbe approfittarne, potrebbe piazzarsi qui dentro e non uscire più. E poi chi mi assicura che l'appartamento viene riconsegnato nelle stesse condizioni in cui è stato dato in affitto? E che l'inquilino durante la locazione non abbia causato danni, di cui solo il proprietario potrebbe constatare la gravità? Ci sono incubi devastanti che mi assalgono, paure, sospetti, declinazioni di responsabilità. Potrei essere efficiente, vorrei esserlo ma la procedura non lo consente: se il proprietario non c'è, è opportuno che lo sfratto sia rinviato. Dovrei allontanarmi, consigliare al mio cliente di andare via senza dirmi che andrà via. Paradossalmente dovrei rinviare lo sfratto e ritornare la prossima volta con il proprietario e verificare che l'appartamento sia stato liberato e che sia in ottime condizioni. E se l'inquilino non ha lasciato le chiavi ben in vista, il proprietario dovrà assoldare un fabbro per aprire la porta, dovrà quindi sostenere delle spese mentre oggi potrei fare tutto da solo e risolvere la faccenda in un baleno. E il proprietario risparmierebbe i soldi per il fabbro e quelli che dovrebbe pagare, la prossima volta, per la mia trasferta dall'ufficio fino all'appartamento. Ma, come ho detto, il rischio di un'appropriazione indebita mi ronza in testa: non so quali oggetti appartenessero al proprietario e quali invece all'inquilino. E non sono in grado di valutare eventuali danni e ci sono i senzatetto del quartiere che potrebbero occupare l'immobile. Nessuno può prevedere cosa potrebbe accadermi se avessi la brillante idea di farmi consegnare le chiavi, in assenza del proprietario. Per cui devo convincere il mio cliente a rimanere in questa casa, almeno fi no a quando io sia presente. Dopo, quando sarò andato via, farà quel che vorrà: è il codice, signori.

Riprendo allora il filo del discorso e gli spiego che il punto è soprattutto uno: io non so in che condizioni gli è stato consegnato l'immobile all'inizio della locazione. Se ci sono cose che lui dovrebbe lasciare qui e invece sta portando via.

Mi squadra perplesso. Guarda le valigie e poi sbotta: «Io lascio tutto qua! Non voglio nulla. Le lascio pure i libri, guardi. Se vuole, li può portare via lei. Magari qualcuno potrà anche esserle d'aiuto» e parlando s'avvia verso il corridoio: allunga un braccio su una mensola, afferra un volume e me lo porge. «Questo sicuramente fa per lei» aggiunge ironico. Leggo il titolo: *Come cambiare lavoro ed essere soddisfatti della propria vita.* È un colpo basso e mi coglie in pieno. Sorrido per attutire l'impatto, ha picchiato duro, Paolo, e non intende fermarsi. Mi fissa qualche secondo e poi riparte: «Lei che va in giro a buttar fuori casa la gente è soddisfatto del lavoro che fa, non se ne vergogna nemmeno un po'?»

Mi pongono spesso questa domanda i miei clienti. La prima volta fu una coltellata che mi lasciò a bocca aperta. Mi feci piccolo piccolo e buttai lì qualche frase smozzicata del tipo: «Io non vorrei, ma non trovo altro da fare». Poi col tempo ho affinato la risposta e oggi faccio partire la lingua come una mitraglia: in fondo non dovrei essere io a nascondermi, a vergognarmi, bensì i miei clienti che si ritrovano in casa uno come me.

«Io esisto perché c'è gente come lei che non paga l'affitto. E a guardarla, mi sembra che questi libri non abbiano avuto successo per niente con lei.» Poi rincaro la dose: «E qualcosa mi dice che tra noi due, quello che se la passa peggio non sono io».

Lui accusa il colpo, ma non s'arrende: «Ma lei cosa ne sa di me, della mia storia? Chi sono io, cosa ho fatto e perché sono finito in questi guai. Sa perché ho avuto lo sfratto?» mi chiede perentorio.

«Se non si paga l'affitto...» rispondo con la dovuta arroganza, ma lui m'interrompe.

«Questo non c'entra un bel nulla. Legga! Legga tra le sue carte.» Urla, indicando il suo fascicolo che ho tra le mani: «È tutto scritto lì!»

«No, guardi, qui c'è solo scritto che lei non paga l'affitto da cinque anni e che ne sono passati già tre da quando il giudice le ha ordinato di andarsene» gli spiego.

«Ecco, giusto» mi dice. «I conti tornano: cinque anni. Sa cosa è successo cinque anni fa? Legga! Legga nei suoi documenti!» insiste.

«Guardi che nei miei documenti non c'è la storia della sua vita. Nei miei documenti ci sono solo i suoi debiti, ci sono le date e le somme dei canoni che lei non ha pagato e magari pure le spese condominiali. Null'altro» concludo deciso.

«Va bene allora, glielo racconto io, così capirà chi ha di fronte» e schiaccia il tasto play.

«Una ventina d'anni fa, più o meno, con Davide, il mio amico di sempre, abbiamo costituito una band. Eravamo ragazzi allora e ci piaceva suonare: io la chitarra e lui il pianoforte. Avevamo delle belle voci, sa: lui un po' roca, alla Joe Cocker, io più sensuale, alla Baglioni. I locali sui Navigli ci assoldavano ogni sera: Simon & Garfunkel erano i nostri pezzi migliori. Era bello, sa. Mi divertivo un sacco: ogni notte una ragazza diversa.»

Beato lui, penso tra me e me, mentre con lo sguardo trasognato Paolo riassapora i dettagli di quelle avventure.

«Poi è arrivata Marina» riprende. «Era bella, Marina: una scintilla di Dio. E la musica di colpo è cambiata. Lei era gelosa e io troppo innamorato per non ascoltarla e così ho smesso di suonare. Davide era sconcertato, non voleva crederci: nottate a cercare di convincermi che non potevo lasciarmi condizionare così, che non potevamo buttare tutto all'aria. Che, va bene, Marina era bella, ma secondo lui era pure una grande egoista: stava rubando a me un sogno e a lui un amico. Ma io niente: affogavo nel miele in quel periodo e non riuscivo a dirle di no. E così ho smesso: mai più Navigli e addio Simon & Garfunkel. Avevo ventitré anni quando ho chiesto a Marina di sposarmi, lei ne aveva due di più: l'amavo da far pietà.

«Davide cercava di mettermi in guardia: 'La conosci da sei

mesi' continuava a ripetermi, 'che fretta c'è?'

«Ricordo quando lo dissi a mia madre, che non la digeriva per niente: 'Una moglie si sceglie col cervello, non col pisello' commentò» e accenna un sorriso. Sorrido anch'io. Poi riparte: «Ma anche mia madre dovette arrendersi: Marina mi era entrata nel sangue e aveva annullato ogni mia difesa. Dopo il matrimonio iniziai a insegnare musica alle scuole medie, insegnante di ruolo. Marina invece si era messa a cercar lavoro: usciva ogni mattina con una pila di curriculum in mano e tornava di pomeriggio, esausta. Mi descriveva con esattezza tutte le aziende in cui era stata: ma chissà perché nessuna di quelle l'assumeva mai. Eppure Marina era uno schianto». E nel dire ciò si alza e afferra una foto dalla mensola: «Eccola» mi dice. La guardo: è di una bellezza seducente, mediterranea.

«Tre mesi dopo il matrimonio è rimasta incinta: io ero contento, ma lei non voleva saperne di tenere il bambino. Nottate intere a discutere, a rassicurarla che non sarebbe cambiato il mio amore per lei nonostante le smagliature. Alla fine si convinse di portare avanti la gravidanza, ma per nove mesi non volle più fare sesso con me.

«Era un ricatto subdolo, lo so: una donna non vi ricorre mai con l'uomo che ama. E avrei dovuto farmi delle domande già allora. Ma credevo fosse una conseguenza dell'attesa. Si sentirà goffa, pensavo: l'utero cresce, il corpo cambia. Non era mai stata generosa in quel senso, e quel poco che concedeva me lo facevo bastare: prima o poi avremmo ripreso quel minimo di attività, mi consolavo.

«Ma dopo la nascita di Filippo la situazione si è aggravata: sono iniziate le crisi post partum. Temevo di non farcela. Temevo che una notte si sarebbe lanciata dal balcone, lei e il bambino. Se ne sentivano di storie simili, di neo-mamme esaurite che la facevano finita in questo modo.

«Poi, dopo qualche mese, pian piano si è ripresa. Ha iniziato ad andare in palestra, dal massaggiatore: quasi tutti i giorni. Io per tirare avanti davo anche lezioni private di chitarra e pianoforte. Guadagnavo bene, ma i soldi non bastavano mai. Filippo nel frattempo cresceva: oggi è un ragazzone bello forte, ha quindici anni ed è già campione regionale di judo. Marina invece se n'è andata. Ci siamo separati cinque anni fa: se le racconto il motivo lei rimane sbigottito.»

Ho fretta e vorrei scappare: è il mio ultimo giorno prima delle ferie e ho quintali di atti da sbrigare che mi aspettano in macchina. Ma oramai sono qui e mi dispiace non dargli ascolto. Accade spesso che i miei clienti gettino la maschera e si confidino, raccontandomi i loro segreti impenetrabili, le paure ossessive, fatti intimi della loro vita. Tirano fuori i panni sporchi e ci tengono a mostrarmi la polvere sotto il tappeto. All'inizio non volevo saperne, ero scostante, lasciavo intendere che non m'interessava quello che avevano da raccontarmi. Avevo difficoltà però a reggere la loro faccia delusa e mentre mi allontanavo ero già pentito. Ma ero sempre di corsa: non potevo starmene lì ore ad ascoltare i loro timori, i loro drammi, i loro lamenti.

«Non siamo mica dei confessori» mi diceva il vecchio collega. «Quello che ti raccontano potrà essere usato contro di te, sappilo. Potrebbero spiattellarti che hanno commesso dei reati e poi ti tocca andare dalla polizia a denunciarli. Sei un pubblico ufficiale e sei tenuto a denunciare tutti i reati di cui vieni a conoscenza. Allora dimmi, cosa fai se ti raccontano che hanno pagato per tre anni l'affitto in nero? O peggio: che sono loro che lavorano in nero, eh! Come ti comporti?» m'interrogava il mio collega. «Non vai a denunciarlo? E se poi salta fuori che sapevi che lavoravano in nero e che te l'avevano detto, come ti giustifichi se qualcuno dalla Procura ti chiama? Ecco, perciò io non voglio saperne dei loro impicci, delle loro corna, di dove lavorano e se lavorano: più cose sai, più grane avrai. Quando arrivo io devono farmi una sola grande cortesia: alzare il culo dalle sedie e smammare.» Era una vecchia volpe quel collega, ho imparato molte cose da lui. La prima volta che misi piede nell'UNEP di Milano fu lui ad accogliermi col discorso sulla spada in mano alla statua della giustizia: «In una mano la bilancia, nell'altra la spada. Ecco, noi saremmo la spada. La gente sai, non è che ci ami tanto, starebbe a noi creare empatia, ma io me ne sbatto. Noi siamo la spada, non scordarlo!»

Perciò, quando iniziai questo lavoro, pur di mantenermi distaccato, adottavo bei modi spicci, talvolta persino sgarbati. Quando ordinavo ai miei clienti di raccattare le loro cose e di lasciare la casa, per assumere un atteggiamento autoritario gonfiavo il petto come un piccione furioso: l'uomo di legge zelante e crudele entrava in scena.

Ero un attore mediocre però, di quelli che ripetono le battute senza crederci, «che trinciano l'aria con la mano e sparano versi senza passione: come banditori di piazza» direbbe Amleto.

E quando un attore è un cane, non dovrebbe attendere che il pubblico inizi a fischiarlo: dovrebbe avere l'umiltà di cambiare mestiere, o almeno di sostituire la parte che si ostina a recitare male. Ma il mio pubblico non stava assistendo a uno spettacolo teatrale, purtroppo: era vita reale quella, la loro vita reale, e ignorarlo per me diventava sempre più faticoso. E siccome non potevo cambiare mestiere, cambiai la parte che mi ostinavo a recitare male.

C'è un mucchio di gente già sfrattata in questa città e un altro mucchio che perderà la casa tra qualche mese e non sa più dove sbattere la testa per trovarne una con un canone adeguato alle proprie tasche. Poveri cristi che chiedono un occhio di riguardo e cercano un santo che finalmente li ascolti. Non è mai il momento giusto per essere sfrattati, ma questa crisi economica è arrivata senza chiedere permesso e ora tanta gente disoccupata e afflitta non sa più a chi votarsi. Così, il giorno dello sfratto, per non morire di disperazione, racconta all'ufficiale giudiziario anche quello che potrebbe tacere, per dignità o per pudore: quando si cade in disgrazia, non essere ascoltati è terribile.

Rendermi partecipe delle sue sventure per ridurne il peso: è questo lo scopo del mio cliente. Percepisco l'urgenza, la necessità di svelarmi i dettagli. Così lascio che racconti ciò che gli va, e immagino che la sua storia si dipanerà come una telenovela triste.

«Quando si è ripresa dalla depressione post partum, Marina mi ha detto che voleva occuparsi totalmente della crescita del bambino per cui smise di cercar lavoro e io, per andare avanti, ho incrementato le mie lezioni private di chitarra e pianoforte. Quando Filippo ha iniziato l'asilo, Marina lo accompagnava presto la mattina e andava a riprenderlo alle quattro: io ero sempre a scuola e non mi curavo di niente. Qualche notte facevamo anche l'amore e per me, che ero ancora innamorato, bastava: avevo accanto la donna che amavo e Filippo che mi riempiva la vita.

Certo Marina avrebbe potuto darmi molto più affetto, ma non c'era verso, e così mi accontentavo della sua elemosina. Se protestavo, accusandola di avere in giro qualche amante, litigavamo per giorni, e quando hai un figlio piccolino, uno scricciolo, non ti va che assista ogni minuto a scenate volgari: per cui abbozzavo e tiravo avanti. Forse avrei dovuto separarmi già allora, però c'era Filippo e non volevo, e quando non vuoi separarti tolleri tutto. Così accetti che lei esca di sera quasi senza dirti dove va e acconsenti, perché quando guardi negli occhi tuo figlio così minuscolo, così indifeso vorresti tenerlo mille miglia lontano dall'inferno. Per lui, cerchi di mantenere in vita la fiaba della famigliola felice più a lungo che puoi e mandi giù comportamenti di tua moglie ambigui e disonesti, sopporti atteggiamenti immorali e distruttivi. E soffri in silenzio.

«Tuttavia nessuno sfugge al proprio destino e ciò che avevo sempre scacciato mi si è presentato davanti, senza equivoci e con una forza irrefrenabile, un pomeriggio di cinque anni fa.

«Lasciai la scuola prima del solito e mi fermai in un negozio di strumenti musicali in corso Buenos Aires per comprare degli spartiti. Il commesso di quel negozio era un disastro: ogni volta passava ore nel sottoscala a cercare gli spartiti perché non ricordava mai dove li aveva messi. E fu mentre aspettavo che mi girai a guardar fuori e intravidi il passo svelto di Marina dal l'al tra parte della strada. Uscii dal negozio e la chiamai, ma lei per fortuna non mi sentì. Stavo per attraversare quando la vidi entrare in un'auto che non era la sua e lanciarsi tra le braccia dell'uomo che era alla guida. Rimasi di stucco: fu come ricevere uno schiaffo improvviso sulla guancia che m'imponeva il risveglio, come una frustata alle spalle, a tradimento, che mi paralizzò. Avevo sempre sospettato che lei avesse un altro, ma ogni volta che mi soffermavo a pensarci era come se qualcuno mi puntasse un coltello sul costato, all'altezza del cuore, pronto a trafiggerlo. Coglierla sul fatto era stato come se quel coltello improvvisamente fosse stato spinto con forza dentro le mie viscere da qualcuno che per sadismo aveva poi iniziato a farlo ruotare per farmi impazzire dal dolore. E l'affondo della lama fu letale quando riconobbi nel l'uomo che stava baciando Marina il proprietario della nostra casa.

«Un urlo improvviso nella notte che ti lascia impietrito nel letto, una secchiata d'acqua gelida mentre dormi beato in branda durante il servizio militare: fu questa la sensazione che provai. Lo conoscevo da una quindicina d'anni: appena sposati siamo venuti ad abitare subito qua. Fu Marina a presentarmelo: 'Era socio di mio padre' mi spiegò. 'E da quando mio padre non c'è più, lui si è sempre occupato di tutte le scartoffie che ci arrivavano a casa'. E a quanto pare non si era occupato solo delle scartoffie.

«Fu terribile: rimasi impalato sul marciapiede con gli spartiti in mano e il commesso accanto a me, che cercava di farseli pagare. Gli rifilai dei soldi, certamente più di quanto dovevo, e mi avviai verso quella dannata macchina. Non si accorsero di me fino a quando non aprii, con tutto lo sdegno che potevo, la portiera dell'auto: Marina urlò sorpresa e il proprietario si coprì la faccia con le mani. Nessuno dei due ebbe il coraggio di guardarmi né di spiccicare parola: i miei occhi feroci su di loro, il mio respiro affannoso parlarono per me. Sbattei la portiera con la forza di un ossesso e mi allontanai. Feci pochi passi, scansando la folla pomeridiana di corso Buenos Aires, e un istinto incontenibile mi assalì: correre a scuola di Filippo, abbracciarlo forte e portarmelo a casa.

«Ero andato poche volte a prenderlo a scuola e fu felice di vedermi sulla strada ad aspettarlo insieme agli altri papà. Durante il tragitto fino a casa mi sforzai per non piangere.

«Marina rientrò un'ora dopo. Baciò Filippo e si ficcò sotto la doccia: mi ricordai di tutte le docce che aveva fatto ogni volta che rientrava di sera o di pomeriggio tardi, dopo aver incontrato il suo amante. Cenammo in silenzio, come sempre, e dopo, sul divano, lei mi prese la mano. Ero distrutto e non ebbi neppure la forza di scansarla quella mano: 'Forse dovremmo parlare' mi disse.

«Fu in quel momento che mi svegliai da un sonno che mi aveva rimbambito per anni. Se non l'avesse fatto lei, avrei lasciato passare qualche giorno e mi sarei ingoiato anche questa storia. Ero giunto al capolinea, ma non mi andava di scendere. Più guardavo Filippo dormire placido e più mi pesava affrontare quel problema: avrei urlato, avrei pianto ma, come sempre, l'avrei perdonata. Non era la prima volta che Marina me le faceva, in verità: diciamo che si era portata a letto metà dei miei amici. Forse. Lo sospettavo: me l'avevano detto in tanti. Davide, come sempre, cercava di mettermi in guardia: ma non ne avevo le prove e lasciavo correre; e poi c'era Filippo che annullava ogni mia reazione, ogni mio orgoglio.

«Ma fu proprio quel bambino il motivo della nostra separazione perché quella sera, mossa da chissà quale istinto crudele, Marina mi confessò quello che nessuna donna dovrebbe mai sbattere in faccia a un uomo, quello che nessuna mamma dovrebbe mai svelare a un papà: Filippo non era mio figlio.

«La implorai quella sera, la costrinsi a ricordare il giorno in cui aveva fatto l'amore con l'altro e sesso con me, la costrinsi a rifare i calcoli del concepimento di Filippo: sicuramente erano sbagliati, dissi. Filippo mi somigliava, me lo dicevano in tanti: tutti, tranne mia madre che per fortuna è morta sei anni fa e per qualche mese si è risparmiata questo dolore. O forse no, forse lei aveva capito già tutto: l'intuito di una madre fallisce raramente.»

«La mattina dopo Marina andò via con Filippo: fu un colpo tremendo da cui forse non mi sono ancora ripreso del tutto. Davide mi consigliò un terapista molto bravo che pian piano ha cercato di aiutarmi. Da quel giorno non ho più pagato l'affitto: era l'inizio del mio risarcimento per tutto il dolore che mi avevano procurato. Non mi avrebbe certo ripagato di tutto quel male, però almeno non sarei finito sotto i ponti. E il proprietario, in tutti questi anni, non si è mai presentato a esigere il dovuto.»

«E prima lo pagava l'affitto?» gli chiedo.

«Credo di sì. Se ne occupava Marina. Ma a questo punto cosa cambia? Forse non avrà mai pagato: io le consegnavo i soldi puntualmente ogni mese. Poi un giorno sei arrivato tu e mi hai portato la citazione per lo sfratto. Ho chiamato subito Marina per chiederle come mai dopo tutti questi anni il suo uomo si era svegliato. Mi ha spiegato che con la crisi aveva perso il lavoro e che se volevo rimanere in questa casa avrei dovuto ricominciare a pagare l'affitto, oppure me ne dovevo andare» risponde.

«E volevo andarmene già allora, sai» riprende. «Volevo lasciargliela, questa casa piena di ricordi, ma a Filippo piaceva: quando stava con me, nei fine settimana, era felice di tornare a dormire nella sua cameretta. E così ho resistito. Avevo intenzione anche di riprendere i pagamenti dei canoni dell'affitto, ma arrivò la depressione e allora mi licenziai dalla scuola e rinunciai alle lezioni private di chitarra e pianoforte. Poi Davide non mi ha mai abbandonato. Tre anni fa abbiamo deciso di aprire un agriturismo insieme, io ho investito quel poco di liquidazione che mi ha dato la scuola dopo che mi sono licenziato. Ma non è andata bene. La crisi ci ha azzannati subito e oggi siamo pieni di debiti. La bancarotta ha mandato in depressione anche Davide e così siamo finiti insieme dallo stesso terapeuta. Dopo quindici sedute eravamo ridotti peggio di quando abbiamo cominciato. L'unica cosa che sapeva dirci quel dottore era che dovevamo prendere le distanze da quello che era stato il nostro periodo peggiore, da quello che ci era accaduto e ricominciare dal momento in cui eravamo stati felici. Ma noi, i tempi in cui eravamo felici, li avevamo dimenticati. Poi una sera di un paio d'anni fa, con Davide abbiamo alzato il gomito per bene e durante quell'ubriacatura colossale ci siamo ricordati di quando eravamo i re dei Navigli e inaspettatamente abbiamo intuito il senso delle raccomandazioni di quel terapeuta. Da quella sera abbiamo cominciato a crederci davvero: potevamo riprovarci, suonare ancora nei locali sui Navigli. Simon & Garfunkel. Eravamo felici allora, urca se eravamo felici. E così ci siamo messi al lavoro per ritornare in pista.

«Stasera abbiamo la prima uscita: siamo alle Scimmie. Mi sento elettrizzato come allora e sono emozionato. Passa a bere qualcosa se ti va, così ascolti un po' di buona musica» ammicca sorridente.

«Vedrò» rispondo.

«E con Filippo come sei rimasto?» gli chiedo.

Mi guarda con gli occhi umidi. Ingoia la saliva e prende tempo.

«Gli ho fatto da padre per dieci anni prima che sapessi che non era mio figlio, e continuo a fargli da padre come se nulla fosse. Quello che gli è stato fatto è una cattiveria troppo grande: da una storia così, sarebbe difficile riprendersi. Ora vive con Marina e il proprietario di casa. Se fosse rimasto con me, non avrei saputo più come sfamarlo. Ma per lui sono sempre suo padre. Ci vediamo quasi tutti i giorni, qualche volta lo accompagno in palestra e non mi sono mai perso un suo torneo di judo. D'estate trascorriamo insieme quindici giorni. Ho cercato di riprendere con le lezioni private di chitarra e pianoforte, ma nessuno ancora mi ha contattato: sarà per la crisi, non so. All'epoca, mi ricordo che rifiutavo alcuni allievi perché avevo l'agenda piena. Oggi, se ne trovo un paio, faccio salti di gioia.

«Comunque a Marina gliel'ho detto: il giorno in cui Filippo verrà a dirmi che io non sono suo padre, gli racconterò la cosa come è andata poi andrò a comprare una pistola e correrò ad ammazzarla: inizio dal padre di Filippo però, poi ammazzo Filippo davanti a lei, e infine lei. L'ultimo proiettile lo conservo per me: io sono buono e la morte non mi spaventa» conclude gelido.

Sorrido leggermente e allargo le braccia. Non saprei dire altro in questo momento. Mi viene in mente il mio vecchio collega che forse aveva ragione a non voler ascoltare i suoi clienti che ti raccontano solo reati commessi o che commetteranno. Immagino che prima o poi qualcuno parlerà e Filippo dovrà fare i conti con questa storia. E allora il mio cliente prenderà una pistola e li farà secchi tutti e così mi toccherà andare dalla polizia e dire quello che so. O forse no. Forse Filippo sa già tutto ma finge di non sapere. E in questo modo ricambia l'amore nei confronti di quel padre che lo ha cresciuto. Chissà.

Paolo si alza e mi consegna le chiavi. «Vado a vestirmi, dieci minuti e vado via» mi dice.

A sentire la sua storia, tutti i timori delle appropriazioni indebite sono svanite, di cosa c'era o non c'era in questa casa non mi frega più nulla e tantomeno degli eventuali danni arrecati dall'inquilino o dei senzatetto del quartiere pronti a intrufolarsi nell'appartamento vuoto: afferro il cellulare e chiamo l'avvocato del proprietario.

Mi risponde la segretaria: «L'avvocato è in udienza!»

Spiego a lei che per l'immobile è tutto okay, che il conduttore l'ha rilasciato e che di pomeriggio può mandare il proprietario nel mio ufficio, a ritirare le chiavi.

«Riferirò all'avvocato» risponde con una voce metallica la ragazza. Temo che il mio cellulare si stia scaricando.

«Così guarderai che faccia ha il padre di mio figlio e se questo ragazzo assomiglia più a lui che a me» sussurra Paolo, mentre afferra una foto dal portafogli e me la mostra. La guardo: il ragazzo somiglia alla madre, è identico. Paolo mi scruta, attende una risposta. Sorrido. «In genere i ragazzi somigliano alle madri.»

Avrò detto una cavolata, dico subito tra me e me. Poi cerco di rimediare: «Cosa vuoi che ti dica, per come ricordo io la faccia del proprietario quando è venuto in ufficio con l'avvocato, qualche mese fa, non mi sembra che somigli al padre».

«E questo mi basta, non aggiungere altro» risponde Paolo, mentre ripone la foto e si avvia verso le valigie.

«Allora io vado, ci pensi tu a chiudere?»

«Sì» rispondo, «però dovresti firmarmi il verbale.»

Appone una sigla veloce e se ne va.

«Ma dove vai a dormire stanotte?» gli chiedo, mentre si allontana.

«Per un po' da Davide: da sei mesi si è separato anche lui. Ci divideremo il canone d'affitto e le spese fisse. E poi speriamo che Simon & Garfunkel ci portino un po' più fortuna questa volta.»

Entra nell'ascensore, chiude le porte e mi guarda.

«Ricordati di stasera, siamo alle Scimmie. Se puoi passa» sussurra attraverso il vetro.

Annuisco, poi alzo la mano e lo saluto, mentre l'ascensore si avvia. Sto per chiudermi la porta alle spalle, quando l'occhio mi cade sul libro che Paolo voleva regalarmi: *Come cambiare lavoro ed essere soddisfatti della propria vita* è ancora lì, sul mobile dell'ingresso. Esito qualche secondo, ma alla fine mi arrendo. Rientro in casa, afferro il volume e me lo ficco in borsa: durante le vacanze potrei leggerlo: mi sarà utile? Spero di sì.

Mentre mi dirigo verso il Giambellino mi fermo presso una società di consulenza informatica per notificare un decreto ingiuntivo, poi entro in un negozio di scarpe per un pignoramento. La signora che mi accoglie è affranta, mi spiega che ha rilevato il negozio da suo padre che se n'è andato in pensione. «Con questo negozio» mi dice, «mio padre ha sfamato tutta la famiglia per una vita: ci ha fatto studiare e ci ha maritate, me e mia sorella. Oggi con questa crisi, non riesco più a pagare nemmeno le bollette.» Do un'occhiata intorno: ci sono scatole piene di scarpe invendute. Scatto qualche foto ad alcuni stivali che potrebbero essere battuti all'asta. Redigo il verbale di pignoramento e affido la custodia degli stivali alla signora. Le spiego che, se non pagherà, il creditore potrebbe chiedere la vendita degli stivali, e allora si presenterà l'addetto dell'istituto vendite giudiziarie e li porterà via. Lei annuisce con gli occhi umidi. Le chiedo di firmarmi il verbale e poi la saluto. L'ultimo pignoramento, prima del Giambellino, dovrebbe essere in un bar che però ha la saracinesca abbassata: «Chiuso per cessata attività» recita il cartello affisso. Entro nel negozio accanto per chiedere informazioni sui proprietari: «Non so nulla» s'affretta a spiegarmi, con aria diffidente, un uomo di mezz'età. «È da due mesi che è chiuso.» Ringrazio ed esco. Percorro pochi metri ed entro in un'agenzia immobiliare per notificare un'intimazione di sfratto. Non è la prima volta, in questo periodo, che notifico intimazioni di sfratto alle agenzie immobiliari. Il mattone è un settore in crisi da tempo oramai, e le agenzie stentano a piazzare persino i bilocali. I giovani venditori che alla fine degli anni novanta giravano in Mercedes, oggi si spostano con le Smart alla ricerca disperata di clienti a cui piazzare le numerose case in vendita, case che nessuno riesce ad acquistare: le banche non concedono più mutui e chi ha un minimo di liquidità sotto il materasso preferisce, come suggeriva Eduardo, «aspettare che passi la nottata».

La figlia di Maurizio

Quando entro in casa di Maria, mi colpisce la luce fioca che si irradia a malapena nell'appartamento: una lampadina pende sotto un cerchio bianco di metallo, una lampadina sola che illumina una stanza squallida e senza finestre. Nell'angolo, un letto matrimoniale; più in là, una cucina bianca, opaca, misera e vecchia, un divano con la stoffa logora, un tavolo di legno e tre sedie intorno con le spalliere di paglia sfilacciata; su una di esse siede una bambina esile, sette, otto anni più o meno: ha la testa china su un quadernetto a righe e stringe nella manina una penna Bic dal tappo smozzicato.

La casa di Maria è tutta qui: un monolocale nel ceppo degli alloggi popolari del Giambellino. È un paradosso essere sfrattati da una casa popolare. Anche da una casa popolare. È un paradosso tragico perché sai che dopo, non ti rimane più nulla. Sai che ti aspetta solo la strada. È un controsenso essere sfrattati da una casa popolare, ma può accadere. A Maria sta accadendo. Con Maurizio avevano occupato l'appartamento di un vecchietto, morto in solitudine, un paio d'anni prima. Lo aveva accudito Maria, quel vecchietto, fino all'ultimo respiro: ci passava tre volte al giorno, gli lasciava la colazione, il pranzo, la cena e rassettava. All'epoca abitava, con il marito e la bambina, in casa dei suoi genitori con i quattro fratelli: spazi angusti, ambiente soffocante. Sempre in urto gli uni con gli altri, per ogni cosa. Così alla morte del vecchietto, Maria non ci aveva pensato due volte, e ne aveva approfittato.

Si erano trasferiti di notte, appena la salma era stata portata via. Maria aveva svegliato Maurizio, lui aveva preso in braccio la bambina nel sonno, ed erano entrati in quella stanza, come ladri, cercando di non far rumore, di non insospettire i vicini. Speravano in un ritardo della polizia: se non fosse intervenuta subito, se nessuno l'avesse avvisata potevano sperare di farla franca e magari restare in quella casa per una vita intera. Molti altri nel quartiere avevano escogitato più o meno la stessa tecnica per conquistarsi un alloggio, avevano forzato la serratura di appartamenti disabitati o lasciati vuoti da vecchietti moribondi, ricoverati in ospedale prima della fine, e si erano intrufolati, senza ostacoli, nelle case popolari. Nessuno che li avesse cacciati. Altri ancora si erano rivolti ai boss del quartiere per avere un appartamento, boss che gestivano il racket degli alloggi popolari e li «assegnavano» facendosi pagare il pizzo. Per Maria, che possedeva anche le chiavi del l'appartamento, era stata un'occasione da non perdere, e si era piazzata in quel monolocale con la sua famiglia: lontana finalmente dalla camera a gas, pronta a esplodere, in cui si era trasformato il trilocale affollato di suo padre; lontana da quel campo di battaglia su cui ogni giorno lei e Maurizio si scannavano con i fratelli.

Tutto è filato liscio fino a un paio di mesi fa: poi qualcuno è andato a spifferare l'inganno agli ispettori dell'Aler, i quali una mattina si sono presentati a casa: la festa era finita e lei era diventata un'abusiva.

«Occupazione senza titolo» ha sentenziato il giudice per giustificare lo sfratto. E l'Aler ora spinge per una soluzione veloce della faccenda.

È la prima volta che un ufficiale giudiziario entra in questa casa. Precedentemente, il mio collega quando si era presentato per notificare gli atti di avvio dello sloggio non aveva mai trovato nessuno. Aveva già effettuato un accesso lì e aveva lasciato un avviso nella cassetta della posta, però non se ne ricordava, sebbene quel nome non gli suonasse del tutto nuovo. In ogni caso ora lo sfratto è imminente. Maurizio aveva ragione a preoccuparsi.

Maria non obietta nulla. Risponde alle mie domande con l'aria affranta e disincantata di chi non sa più dove andare a chiedere aiuto, di chi ha ricevuto promesse che non sono state mantenute.

«Sono qui per la casa» le dico. «In che senso?» chiede.

E io: «Per l'alloggio, sa» e con un occhio scruto la bambina. Giovanna scrive composta, una calligrafia impeccabile. Osservo la sua manina: le dita piccoline, esili, lo smalto scrostato sulle unghiette sporche e mangiucchiate intorno alla penna che solca lentamente le righe: Edmondo De Amicis ne avrebbe tratto certamente un racconto emozionante per *Cuore*.

Non pronuncio mai la parola «sfratto» – mi sembra suoni un po' come la parola «orco» – quando entro negli appartamenti dei miei clienti e vi trovo dei bambini. Rimango sul vago, la prendo alla larga. Dico appunto: «Sono qui per l'appartamento, per quella cosa del proprietario, si ricorda?»

Così le indico con la penna l'intestazione del verbale che stringo tra le mani: «Rilascio di immobile» c'è scritto. Maria legge, poi alza gli occhi e mi fissa per qualche istante.

«Volevo risolvere la questione, sa; ero andata presso l'istituto delle case popolari a chiedere se potevano regolarizzarmi o assegnarmi un altro alloggio» mi risponde.

«E cosa ha risolto?» domando.

«Mi hanno detto che devo aspettare i prossimi bandi di assegnazione delle case, e che nell'attesa devo comunque uscire: questo monolocale è stato assegnato a una signora anziana che ne ha diritto.»

«Ma non potrebbe cercare un altro appartamento, anche piccolo come questo?» chiedo.

«E come lo pago?» risponde. «La ditta, per la crisi, ci ha ridotto le ore di lavoro: prima erano quattro, adesso solo tre al giorno. Quello che prendo mi basta giusto per lei» conclude, accarezzando la testolina china della figlia che continua a scrivere.

«Sono stata proprio ieri dagli assistenti sociali» riprende Maria. «Abbiamo compilato la domanda da presentare all'Aler, ma i tempi sono lunghi e nell'attesa non hanno neppure un buco da offrirmi.»

«Lei ha spiegato che ci siamo quasi, che lo sfratto è maturo, e che dovrebbe uscire? L'Aler sollecita lo sgombero, quando si tratta di abusivi come voi.»

«Non so che cosa dirle. Quando sarà il momento di uscire vorrà dire che mi adatterò in un box, lo prenderò in affitto: con cinquanta euro al mese me la cavo. Una mia amica ha risolto il problema così.»

«Ma non potrebbe ospitarvi qualcuno, non so, la sua famiglia, in attesa che le diano un nuovo alloggio?» chiedo.

«E dove vado? I miei genitori sono morti e nella loro casa adesso ci sono i miei quattro fratelli con mogli e figli. Come faccio a portarci anche la mia bambina? Quella casa poi è un inferno, mi dicono che spesso arrivano i carabinieri: prima o poi si ammazzeranno tutti. Io non ne voglio più sapere.»

Giovanna alza la testa dal quadernetto e solleva l'indice come se fosse a scuola e volesse chiedere alla maestra il permesso di parlare. Io e Maria la guardiamo e lei, con una vocina chiara e incisiva che fuoriesce dalla boccuccia mezza sdentata, si rivolge a me dicendo: «La mamma è andata dappertutto a chiedere una nuova casa, ma le dicono sempre di aspettare, di aspettare. Non sa più dove andare, non lo vedi? Dovevamo nascere anche noi come le tartarughe, così non avremmo avuto il problema di trovare un appartamento».

La guardo e sorrido. Vorrei dirle qualcosa, vorrei rassicurarla.

«Non preoccuparti» interviene Maria, sorridendo. «Il signore lo sa che è difficile trovare una casa. Ci aiuterà.»

«Sì, però non capisce mamma, non lo vedi?» replica la bambina, puntando la penna verso di me per qualche istante. Poi si rimette a scrivere.

Maria le accarezza la testolina, mi avvicino per accarezzarla anch'io: «Cosa scrivi?» le chiedo.

La bambina non risponde, ma si blocca di colpo e lascia cadere la penna sulla pagina del quadernetto.

«Ehi, Giovanna. Il signore dice a te, rispondi» la incita Maria, accarezzandola ancora.

«E diglielo tu!» risponde lei impettita, sollevando la testa.

«Scrive pensieri per il suo papà» sussurra Maria.

Ho un attimo di esitazione. Sono tentato di dirle che conosco suo marito, che mi ha chiesto di darle una mano per quanto riguarda lo sfratto e che vorrebbe vedere la bambina. Ma non so perché, qualcosa m'impedisce di parlare. Vorrei sbirciare sul quadernetto di Giovanna per leggere qualche frase, poi vi rinuncio. Resto muto, alla ricerca di parole che potrebbero avere un senso. Mi assale il timore di dire cose fuori posto, di lasciarmi andare a commenti fessi, a valutazioni inopportune.

«Glielo posso dire, mamma?» dice Giovanna, fissandomi.

«Cosa?» chiede Maria.

«Glielo posso raccontare dove sta papà?»

«È importante per te, dirglielo?» chiede Maria.

E lei: «Sì, glielo voglio proprio far sapere!» E senza aspettare alcun cenno da sua madre, gira la pagina del quadernetto: c'è un disegno, vi punta un dito sopra e dice a bruciapelo: «Mio padre è qui!»

È un disegno perfetto: non potrei non capire dove si trova Maurizio. Giovanna solleva di nuovo la testolina e mi guarda: aspetta un mio commento, ne sono certo, e per non deluderla dico la prima cosa, la più stupida, che mi viene in mente. «Vedrai che presto verrà a trovarti.»

«Non ci pensare» risponde lei fissando il disegno. «Ci dovrà restare almeno dieci anni qua dentro» e con un ditino indica l'omino, che rappresenta Maurizio, seduto su una panchina dietro le sbarre che ha disegnato.

«L'hai disegnato proprio tu, questo?» chiedo.

«E chi, sennò?» risponde come un fulmine.

«E perché l'hai disegnato così, seduto su una panchina?» domando.

«Me l'ha detto nonna: quando è andata al processo, papà se ne stava lì seduto su una panchina, dietro le sbarre, ad ascoltare il giudice, e io l'ho disegnato. Ti piace?»

«Sì, sei brava» rispondo.

«La prossima volta che nonna andrà a fargli visita, andrò

pure io e glielo regalerò. Vero, mamma?» conclude Giovanna con un sorriso ammiccante che scopre di nuovo le finestrelle tra i dentini superstiti. Maria si avvicina e l'abbraccia.

Le guardo: due donne maltrattate dalla vita. Immagino la bambina che si reca in carcere con la nonna, mano nella mano, lungo il corridoio dalle pareti robuste, da cui giungono rumori ovattati. Il gesto di consegnare il disegno al suo papà, la sua contentezza. Sarà un regalo per lei: tutto il bene che una bambina potrà offrire a suo padre. Immagino Maurizio, la gioia di abbracciare sua figlia. Il gesto di appiccicare il disegno sulla porta del suo armadietto, dentro la cella. Lo guarderà ogni mattina quel disegno, Maurizio: prima di aprire l'armadietto, prima di lavarsi la faccia, prima di radersi. E poi dopo, ogni volta che lo chiuderà.

Immagino la tristezza sul volto di Giovanna, quando Maurizio andrà via dopo il colloquio; l'ultimo saluto a suo padre con la manina alzata, prima che una guardia gli chiuda la porta alle spalle. Una scena che non dimenticherà, un dolore inconsolabile. Un vuoto, che nessun altro uomo potrà mai riempire abbastanza.

Rinvio lo sfratto di un mese e mezzo.

«È tutto quello che posso fare» dico a Maria. «Spero che nel frattempo le assistenti sociali trovino un piccolo alloggio di emergenza in cui ospitarla, in attesa dei bandi di assegnazione delle case popolari. Ne ha diritto e spero che in qualche modo l'aiuteranno.»

«Speriamo» risponde Maria mentre afferra il foglio che le porgo, con la data del rinvio dello sfratto.

«Lo porti all'Aler questo. Così vedranno che tra un po' lei dovrà uscire.»

Saluto Giovanna con una carezza, poi Maria allunga di nuovo la mano e mi ringrazia.

Ruggero, un colpo al cuore

Sono le sei e mezza di sera quando varco la soglia del reparto rianimazione dell'ospedale San Raffaele di Segrate. Per tutto il tragitto mi sono chiesto se quest'idea di far visita a Ruggero sia o no sensata. Se dovesse reagire male, me ne andrò in silenzio. Spero tuttavia di potergli parlare, vorrei spiegargli che davvero non potevo fare più nulla per impedire il suo sfratto; che non è facile rinviare gli sfratti così, che a volte è anche troppo il tempo che si concede: il codice non lo prevede. Però abbiamo maree di sfratti da gestire e allora è inevitabile rinviare. Nonostante ciò il proprio turno arriva prima o poi, e occorre farsene una ragione e prepararsi in tempo affi nché la scena finale non sia troppo traumatica.

Sulle scale mi viene incontro Mariano: è allegro, mi sorride e mi abbraccia.

«Finalmente!» esulta.

«Spero che sia una buona idea» dico.

«Tranquillo» risponde lui. «Vedrai che ti accoglierà senza rancori. Chi esce dal coma conserva una pace soprannaturale. Una beatitudine contagiosa, paradisiaca. Ti sorprenderà.»

Ci avviamo lungo corridoi sterili che odorano di alcol, avvolti in una luce artificiale: «Da una settimana» mi spiega Mariano, «lo hanno trasferito nel reparto accanto: se fosse rimasto in rianimazione non potevi neppure avvicinarti».

Camminiamo per un paio di minuti, poi Mariano entra con passo spedito in una stanza. Ci siamo.

«Buongiorno Ruggero, guardi chi c'è?» esclama Mariano, trionfante.

Entro lentamente nella stanza: Ruggero è immerso in un groviglio di tubi e ha due aghi collegati alle flebo, uno per braccio. Accanto a lui, una donna: immagino sia la moglie. Ha un'aria sofferente e sperduta, quella signora, gli occhi spenti. Ruggero me l'aveva descritta più o meno così, l'ultima volta che si era presentato nel mio ufficio, a supplicarmi per l'ennesimo rinvio. Accarezza la faccia di Ruggero con una mano e con l'altra gli stringe le dita. Della donna depressa, vi è ogni traccia. Mi avvicino al letto e alzo la mano per salutare. Ruggero mi risponde con un sorriso placido. È un sorriso che irradia un mondo di luce, e sono consolato da quest'accoglienza.

«Ciao» sussurra.

«Come stai Ruggero?»

Non risponde subito, ma annuisce e sorride ancora. Poi dice: «Non mi hanno voluto lassù, hai visto? Mi hanno rispedito indietro».

«Vuol dire che non è il tuo momento di andare. Devi stare ancora qui con noi, a quanto pare» rispondo, mentre avverto un gran senso di pace.

«È proprio così» sorride. «Dicono che a volte la condanna per chi vuole farla finita è continuare a vivere quaggiù, visto che lì si sta così bene» e con la mano indica il soffitto.

«Dice che è stato in un posto meraviglioso» sussurra la moglie di Ruggero rivolgendosi a Mariano.

«Stavo bene di là, dottore. Stavo proprio bene» aggiunge Ruggero.

«Lo dicono in tanti che si sta bene di là, tanto che inizio a crederci anch'io» risponde Mariano, raggiante.

«Ci creda dottore. Perché davvero qui non possiamo immaginare cosa sia quel posto: i suoi giochi di luce, la sua pace innaturale, la serenità inalterabile, e poi la musica soave che ci accompagna, che ci accarezza i sensi, una musica mai ascoltata prima, e poi quella leggerezza così gradevole, sorprendente, che c'incanta e c'innalza senza fatica. No, non possiamo cogliere cosa sia essere stati là, se non ci siamo mai stati» conclude Ruggero, con sguardo sognante. Poi si rivolge a me: «Ti sei spaventato quella volta, vero?»

«Ti sei chiuso in bagno e ho temuto che non ce l'avrei fatta a sfondare la porta.»

«Chi tu? Con quella stazza? Avevo previsto tutto: sapevo che mi avresti salvato» conclude con un sorrisetto amabile.

«Sì vabbe'» rispondo, sorridendo a mia volta. Poi aggiungo: «Spero solo che tu non ce l'abbia tanto con me. Ho cercato di aiutarti ma poi ho dovuto eseguirlo, il tuo sfratto. Lo sai come funziona, no?»

«Non importa» risponde lui. «Hai fatto il tuo dovere. E grazie a te me ne sono andato a fare un giretto dal l'altra parte a vedere come si sta. Un po' mi dispiace essere tornato» conclude, con lo sguardo rivolto alla moglie, come a dire che se non ci fosse stata la sua famiglia ad aspettarlo, se ne sarebbe stato tranquillamente di là.

Non so cosa dire, resto immobile per qualche secondo.

«Dove abitate adesso?» chiedo.

«Ci siamo adattati a casa di mia madre, non è grande ma ci stiamo bene» spiega la moglie di Ruggero.

«E i mobili che avevate, ci sono stati tutti nella casa di sua madre?» domando.

«Molte cose le abbiamo lasciate ai nuovi proprietari, a noi non servivano più. Ne faranno legna per il camino, o le butteranno, non so e non m'interessa. Mi basta quello che ho, adesso» risponde Ruggero.

«Sono felice di vederti così sereno» gli dico.

Ruggero sorride: «Ti ricordi com'ero? Tutta quell'ansia, quella rabbia, quella disperazione che mi distruggeva quando venivo nel tuo ufficio a supplicarti di rinviare lo sfratto?» Annuisco.

«Svanita!» riprende lui. «Era una disperazione fasulla, legata al possesso, all'avere. Quanti giorni ho avvelenato per difendere tutto ciò? Dovremmo farlo tutti un viaggio dall'altra parte e poi tornare, per capire quanto tempo sprechiamo qui, in cose futili e quanta gioia invece potremmo ritrovare se vivessimo come ho vissuto io in quell'immenso giardino fiorito in cui sono stato tutto questo tempo: non c'era nulla, eppure c'era tutto quello che bastava. La sensazione di benessere che ho provato lì sarà la guida a cui mi affiderò, sarà il mio nuovo traguardo da raggiungere ora che sono tornato. Adesso so che devo assaporare fino in fondo tutti i giorni che mi restano ancora da vivere su questa terra, per me è questa la strada giusta da seguire, l'unico modo per ritrovare un briciolo di quella gioia autentica goduta lassù.»

«Ce la farai, ne sono certo» è l'unica cosa stupida che mi viene da dire. E la sua risposta, lo conferma appieno.

«Ce l'ho già fatta!» replica lui, sorridendo.

Mariano ci interrompe: avverte che tra un po' passeranno per la cena e forse è meglio se andiamo.

«Mi ha fatto piacere che sei venuto» mi dice Ruggero.

«Era da un po' che aspettavo di farlo» rispondo.

«Grazie» aggiunge la moglie di Ruggero.

Mariano mi accompagna fino all'uscita del San Raffaele: «Cosa ti avevo detto?» mi ricorda, prima di salutarmi. «Quando tornano da lì sembrano cambiati, se ne infischiano di tutte le beghe che hanno lasciato qui. Sembra che non siano più turbati da nulla. Sarà che si sta veramente bene di là?»

«Non lo so» ribatto sorridendo. «Sei tu l'uomo di scienza, non io.»

«Sì, ma anche tu sei sempre stato un po' filosofo, e certe cose le intuisci prima di me» risponde lui.

«Ti sbagli. Io conosco a malapena quei quattro articoli del codice di procedura civile che cerco di applicare. Non chiedermi ipotesi sulla vita dopo la morte che mi perdo.»

«Al liceo non eri così arido, però. Sarà questo lavoro che fai che ti ha prosciugato l'anima?»

«A volte lo penso anch'io.»

Sorridiamo insieme.

«A me invece tutta questa storia dell'aldilà non lascia per nulla indifferente» riprende Mariano. «Da quando lavoro al reparto rianimazione, rimango stordito da quello che mi raccontano, quando si svegliano.»

«È una materia interessante, lo ammetto» rispondo, «però credo che la sfida sia cercare di vivere bene qui, adesso. Per l'aldilà ci sarà tempo.»

«Ecco, adesso ti riconosco» scherza Mariano mentre ci abbracciamo per i saluti.

Lui rientra al reparto, io mi avvio verso il parcheggio col pensiero di Ruggero e della sua trasformazione. Ricordo la prima volta che lo incontrai e fatico a riconoscere l'uomo serafi co che riposa in quel letto d'ospedale.

Fu il mio collega calabrese a presentarmelo: «È un amico» mi disse, «se puoi cerca di dargli una mano. Non lo dimenticherò». Rocco era così: non si tirava mai indietro se c'era d'aiutare qualcuno. Che fosse un amico, un conoscente o una persona qualunque presentatasi davanti alla sua scrivania a raccontargli le sue disgrazie in cerca di consiglio o di clemenza.

Lui ascoltava con calma poi, passandosi una mano tra i capelli impomatati, commentava in calabrese stretto: «*Mannaia, ma dicu eu, non sannu usimentunu a discutiri cu tranquillità, dicu eu? Sempi chisti libri ndannu umentunu nto menzu* (Mannaggia, ma dico io, non sanno mettersi a discutere con tranquillità, dico io? Sempre questi libri devono mettere in mezzo)».

I libri erano i codici di procedura e lui non ci poteva passare: «*Ma picchì non vannu usifannu na mangiata nsemi e risorvunu tuttu megghiu ca chi leggi* (Ma perché non vanno a farsi una mangiata insieme e risolvono tutto meglio che con le leggi)» diceva, e in fondo aveva ragione. Molte volte sarebbe bastato organizzare una bella tavolata con anche il proprietario e l'inquilino per sgonfiare il tutto, senza rancori. E invece, no. Alcuni erano cocciuti, ostinati come muli, non si spostavano dalla loro decisione fino a quando non li trascinavi davanti a un giudice. E lui non si capacitava che ogni contrasto dovesse necessariamente passare attraverso quei benedetti articoli del codice di procedura civile.

«In Calabria» raccontava, «molte faccende le risolviamo parlando e mangiando: un bicchiere di Cirò, un pezzo di caciocavallo, una fettina di 'nduja, una stretta di mano e la parola data rimane impressa sulla roccia come un tatuaggio, scolpita, perenne e indelebile agli umori degli uomini e alle tempeste di Dio.» Era un uomo d'altri tempi il mio collega calabrese, lo so.

Cercava di dare una mano a tutti, cavalcando interpretazioni larghe della legge: perciò ogni tanto finiva nei guai. C'era sempre qualche avvocato scontento che lo accusava: «Ha rinviato lo sfratto di tre mesi, sono troppi!» contestava uno; «Ma cosa aspetta a notificarmi l'intimazione dello sfratto, è da un mese che gliel'ho consegnata!» protestava l'altro; «Con lei è sempre la stessa storia: per farle eseguire uno sfratto occorre inginocchiarsi» concludeva un altro ancora, e ogni giorno nella sua stanza, che era anche la mia, c'era un viavai di avvocati che minacciavano denunce per omissioni d'atti. Ma lui non si lasciava intimidire: se aveva deciso di eseguire lo sfratto procedeva, altrimenti rinviava all'infinito o comunque fino a quando non fosse giunta qualche lettera minatoria che lo inchiodava al suo dovere di ufficiale giudiziario, e solo allora si attivava. Chiamava il suo cliente al telefono e gli ordinava perentorio di lasciare l'appartamento: «Vengo il tale giorno, e il tale giorno te ne devi andare!» Sì, gli dava del tu senza troppi sofismi, e il suo cliente ubbidiva rassegnato: lo aspettava sull'uscio e gli consegnava le chiavi dell'appartamento senza protestare.

Si vantava poi di non aver mai eseguito uno sfratto con l'ausilio della forza pubblica e di non aver mai avuto necessità di far aprire la porta da un fabbro perché l'inquilino moroso era scappato senza lasciare le chiavi.

«Lo sanno benissimo che non voglio perdere tempo aspettando un fabbro che forzi la porta e mi lasci entrare in casa» spiegava spesso. «Io li rispetto e loro rispettano me: se gli dico che posso aiutarli con un rinvio sanno che non andrò a rompergli le scatole, però quando gli dico che se ne devono andare, mannaia! Che non c'è più nulla da fare, che siamo giunti al capolinea, mannaia! Mi devono fare la cortesia, si devono accomodare fuori di corsa. E loro, eseguono.»

Ultimamente però Rocco era sempre giù di tono, arrivava in ufficio stanco, affaticato. Credo fosse esaurito. Intavolava discorsi strani sul nostro lavoro, diceva che gli stava rubando la gioia di vivere e che s'era accorto di come ci fossero solo un sacco di responsabilità e poche gratificazioni, sia morali sia economiche. Era stufo di tutte queste tarantelle, stufo di combattere, tutti i giorni, con avvocati dalla denuncia facile, con proprietari di alloggi perennemente incazzati e con inquilini o troppo poveri o troppo furbi per pagare l'affitto.

Così un giorno ha deciso, e detto: «Basta, lascio!» a bruciapelo, senza timore di sbagliare strada. Se fosse venuta a me quell'idea, mi sarei chiesto mille volte se stavo guardando dalla parte giusta tutte le possibili incognite, e alla fine, sono convinto che mi sarei tenuto stretto il mio bel posto fisso, «lo stipendio a fine mese assicurato» come diceva mia madre.

Invece lui non ci ha ricamato su per tanto tempo: è arrivato una mattina tutto in ghingheri, come al solito, e ha detto: «O cambio, o muoio! E io ho deciso di non morire». Quindi ha presentato le dimissioni e ha aperto un negozio di abbigliamento. Un pazzo.

«Con questa crisi» gli ho chiesto «cosa speri di vendere?»

«Alta moda, bello!» mi ha risposto a tono. «Ci sono i miliardari russi che corrono in Italia a comprare Prada, Versace, Trussardi, Ferragamo. Non vedi come viaggiano le loro quotazioni in borsa, mannaia? Hanno sempre la bandiera che svetta sul pennone. Per quella gente lì, la crisi è fantascienza» ha sussurrato. «Chi li aveva i piccioli, continuerà ad averli e chi prima metteva insieme il pranzo con la cena, oggi s'ammazza». Quando si dice, saperci fare.

«Sarà» ho risposto. Adesso un po' mi mancano le sue metafore colorite e per certi versi lo ammiro: ha avuto il coraggio di cambiare clienti mentre io sono ancora qui che combatto con i miei sfrattati da consolare, debitori da consigliare e creditori da soddisfare.

Così, il mio collega calabrese mi aveva lasciato in eredità

Ruggero, un imprenditore dichiarato fallito da tempo.

«Sono un ingegnere» mi disse la prima volta che mi si presentò davanti, e lo disse con l'aria di chi vuole venderti una merce che non possiede. Voleva passare per uno scafato, uno che la sapeva lunga, ma non m'incantò per niente. Disse che aveva creato società in ogni buco del mondo, che ne aveva salvate a bizzeffe da un sicuro fallimento e altrettante ne aveva vendute rastrellando soldi a palate che però aveva subito reinvestito: era così che agiva, secondo lui, un imprenditore di razza. E più mi raccontava dei suoi successi, più mi domandavo come mai avesse finito per perdere la casa all'asta.

Se mi fossi appellato a quel primo incontro per emettere un giudizio, avrei dovuto condannarlo a vita. Un po' come accade agli uomini con le donne al primo appuntamento: sbagliano l'approccio ed ecco che si sono giocati la partita. Funziona così.

Perciò lo lasciai parlare a lungo. Ero certo che prima o poi sarebbe crollato ed ero pronto a raccogliere la sua confessione: com'era stato possibile che un presunto squalo della finanza come lui si ritrovasse seduto di fronte a un probabile burocrate come me?

«La crisi mi ha preso alla gola» spiegò. «Avevo progetti ambiziosi per quell'azienda. All'inizio il lavoro non mancava. Andavo alla grande, credimi.»

Senza alcuna autorizzazione, aveva preso a darmi del «tu». E come sempre non dissi nulla. In genere non dico mai nulla quando i miei clienti mi danno del «tu». Dovrei farlo, dovrei spiegare loro che io sono un funzionario di un tribunale di questa Repubblica, che rappresento lo Stato e che dovrebbero rispettarmi e darmi del «lei». Ma non riesco. «Hanno già i loro guai» dico per giustificarmi e questi formalismi da quattro soldi potrebbero ostacolare il mio cammino verso l'obiettivo finale: farli uscire dall'appartamento senza isterismi, senza tragedie, senza danneggiamenti di suppellettili e soprattutto senza spargimenti di sangue. Un uso ragionevole del potere che mi viene attribuito dalla legge: è questo quello che conta per me.

A volte continuano a darmi del «tu» anche il giorno dello sfratto, davanti ai proprietari nei quali affiora immediato il sospetto che tra me e i miei clienti ci sia stato qualche accordo criminoso.

«Perché si fa dare del tu?» mi rimproverò una volta un proprietario durante uno sfratto. «Vi conoscete per caso?»

«Nient'affatto» risposi solerte. «È per stemperare l'aria di tragedia che si genera nelle case durante lo sloggio» mi giustificai. «A lei del resto cosa importa?» rincarai subito dopo. «L'appartamento le è stato restituito, mi sembra. Cos'altro pretende?»

E il proprietario divenne rosso e ammutolì, scusandosi.

«Questa crisi ci sta cucinando per bene» continuò Ruggero. «Ho eseguito dei lavori per il ministero della Salute e sto aspettando che mi paghino da due anni e mezzo. Poi mi sarebbero dovuti entrare quasi centomila euro da una grande azienda farmaceutica, ma il mio avvocato mi ha detto che hanno appena presentato richiesta di concordato preventivo che sarebbe un po' l'anticamera del fallimento: sarò fortunato, mi ha spiegato, se mi daranno un terzo di quello che mi spetta. E chissà quando me lo daranno. Speravo nel rimborso dell'Iva, ma anche lì è tutto bloccato. Così ho iniziato io, a non pagare: prima i fornitori e poi le rate del mutuo che avevo acceso sulla casa per avviare l'azienda. Come facevo?»

Lo guardavo, annuendo. Per me era una scena già vista, racconti già ascoltati. *L'effetto domino delle insolvenze*; gli economisti chiamano così questo fenomeno che si presentava in carne e ossa davanti ai miei occhi da un po' di tempo: io non ricevo i pagamenti dai miei debitori e a mia volta non posso pagare i miei creditori, alla fine crolliamo tutti come tessere del domino.

«Se almeno lo Stato mi avesse pagato...» riprese Ruggero.

«È un po' il problema di tutti voi che avete lavorato con

la pubblica amministrazione. Non vedi che stanno chiudendo anche i piccoli tribunali per risparmiare?» gli dissi per rincuorarlo. E lui riattaccò: «Sai per quanto me l'hanno pignorata la casa?»

Sollevai il mento.

«Venticinquemila euro. E sai quanto dovevo percepire in totale tra rimborso Iva e i lavori per il ministero? Ottantamila euro. Se me li avessero dati, oggi non sarei qui, davanti a te, a chiedere una proroga.»

«E io come posso aiutarti?» gli chiesi. «Prima o poi dovrai uscire da quella casa.»

«Vorrei che mia moglie non venisse a conoscenza di questa storia dello sfratto» rispose.

«E come farai a tenerla all'oscuro di tutto?»

«Finora ci sono riuscito. Tutte le volte che la banca mandava solleciti di pagamento non c'era mai nessuno in casa e andavo io a ritirare le raccomandate alla posta. Dopo sono arrivate le notifiche e sono riuscito a intercettare pure quelle. Mia moglie ha una forma di depressione molto forte, devo tenerle nascosto tutto: non sa nulla dell'ipoteca, dello sfratto. Ne morirebbe. Dirle che abbiamo perso la casa così su due piedi sarebbe un colpo tremendo. Il medico che la sta curando mi ha consigliato di prepararla piano piano. Lei proprio non sa come sono messo con i debiti. Finora le ho detto che tutto procedeva bene, che non doveva preoccuparsi di nulla. E lei in me ha una fiducia incrollabile.»

Lo ascoltavo in silenzio, immaginando una moglie inebetita dai tranquillanti che lo aspettava a casa per cena, che si affidava a lui ciecamente. Una moglie che se ne andava a letto ciabattando, con i suoi fantasmi. E lui a rigirarsi tra le lenzuola, sveglio tutte le notti.

«E io come posso aiutarti?» gli chiesi di nuovo.

Mi guardò con un'aria complice e riattaccò: «Sto cercando di ricomprarla: la settimana prossima ho un appuntamento con l'avvocato dei signori che si sono aggiudicati la mia casa all'asta, è una coppia giovane che vuole sposarsi; gli farò una proposta vantaggiosa, accetteranno!»

«Ma lo sfratto è tra dieci giorni, se non accetteranno dovrai uscire, lo sai? Il loro avvocato sta spingendo, e io devo procedere prima o poi» gli spiegai.

Ma lui ribatté convinto: «Vedrai che la cosa si accomoda e tu non dovrai neppure presentarti a casa tra dieci giorni. Mangi salumi?» concluse.

Lo guardai incuriosito.

«Ti piacciono i salumi?» precisò. «Ho un amico di Parma che me ne manda di quelli buoni. Sono di qualità. Te li porterò io per festeggiare e ringraziarti.»

«E questo che c'entra. Non credere di risolvere chissà cosa con dei salumi. Quando sarà il momento dovrò farti uscire lo stesso» risposi serio, fissandolo.

Ruggero abbassò lo sguardo e arrossì: l'uomo spavaldo del primo approccio si era liquefatto.

«Comunque mi piace il prosciutto crudo» dissi sorridendo, per toglierlo dall'imbarazzo. «Sappi però che se non va in porto la trattativa con l'avvocato, dovrai dirlo a tua moglie e lasciare l'appartamento tra dieci giorni.»

«Vedrai che ci riesco. Vedrai!» rispose trionfante, mentre si alzava e mi stringeva la mano in mezzo alle sue, per ringraziarmi a dovere.

«Fammi sapere» gli dissi mentre si allontanava.

Dopo qualche giorno l'avvocato degli acquirenti della casa di Ruggero si presentò nel mio ufficio per concordare l'orario dello sfratto: la trattativa era fallita.

«So che voleva farvi una proposta di riacquisto della casa, avvocato. Magari ai suoi clienti conviene rivendergliela» dissi.

«Guardi ufficiale, la proposta che ha fatto quel signore è ri-di-co-la!» sillabò l'avvocato. «E poi i miei clienti hanno comprato quella casa all'asta per andarci ad abitare. Si sposeranno tra qualche mese, vorrebbero iniziare i lavori di ristrutturazione. Non l'hanno acquistata per speculare. A loro la casa piace e non hanno intenzione di rivenderla, a nessuno» concluse.

«Quindi lei mi dice che non ci sono margini di trattativa.»

«Nessun margine dottore. Mi dice a che ora ci vediamo?» tagliò corto l'avvocato.

Afferrai il fascicolo di Ruggero e iniziai a sfogliare le pagine: il mio collega calabrese aveva concesso già due rinvii e l'avvocato aveva acconsentito senza protestare: infatti non si era mai presentato, nei mesi precedenti, per sollecitare l'esecuzione dello sfratto. Aveva concesso tutto il tempo che poteva, tutto il tempo che di prassi viene lasciato ai nostri clienti, anche se non gli spetta, affinché prendano coscienza che la scadenza si avvicina e che devono prepararsi a lasciare l'immobile. Ora, anche per Ruggero quel tempo era scaduto.

Aprii l'agenda e scrissi in corrispondenza del 7 febbraio: «via Roma, 13 ore 10 eseguire».

«Alle dieci allora, ufficiale» ribadì l'avvocato che aveva sbirciato mentre scrivevo sull'agenda.

«Alle dieci» confermai, annuendo.

Il giorno prima dell'accesso in via Roma 13, Ruggero mi aspettava davanti al mio ufficio dalle nove. Venivo da una mattinata faticosa e triste: avevo sfrattato, a malincuore, dopo l'ennesimo rinvio, una famiglia con tre bambini, e quando giunsi in tribunale, alle dodici, e vidi Ruggero lì, impalato ad attendermi, fui tentato da un progetto di fuga su una spiaggia esotica. Ma era troppo tardi. Ruggero mi avvistò non appena imboccai il corridoio dell'ufficio e si affannò subito a salutarmi. Ero in trappola.

Mi avvicinai e mi tese la mano. Notai la sua faccia stanca: era una bestia ferita in attesa dei soccorsi. Lo invitai a sedersi mentre tiravo fuori dall'armadio il suo fascicolo.

«Ho saputo che non è andata bene con l'avvocato, vero?» gli dissi.

«Sono degli sciacalli» rispose. «Prima mi hanno detto che non bastava quanto gli stavo offrendo, poi quando ho spiegato che potevo recuperare altri soldi, hanno detto che non erano interessati alla vendita, bensì alla casa.»

Allargai le braccia: «Mi sa che domani sarà dura che ti lascino ancora lì».

«È per questo che sono venuto» rispose, mentre tirava fuori dalla sua borsa un piccolo fagotto che appoggiò sulla scrivania.

«In ogni caso, io le promesse le mantengo» disse. «Non è prosciutto crudo, ma culatello: il mio amico ha sbagliato a mandarmelo. Spero ti piaccia comunque.»

Gli sorrisi. «Guarda che domani ci sarà l'avvocato, e ci saranno gli acquirenti. Dovrai giocartela con loro. Il tuo sfratto è stato rinviato già due volte dal mio collega, domani sarà il terzo accesso, e sarà molto difficile che io possa aiutarti ancora.»

«Vorrei che mi lasciassi in quella casa almeno fino a giugno» disse tutto d'un fiato.

Lo guardai perplesso. «Siamo a febbraio, fino a giugno sono cinque mesi. Anche volendo, è impossibile che io possa rinviare lo sfratto fino a quella data.»

«Almeno fino a giugno ti prego» ripeté e, dopo alcuni secondi di pausa, riprese: «C'è un'altra cosa che non ti ho detto la volta scorsa».

«Me l'hai detto! Tua moglie ha problemi di depressione, ma io non posso farci nulla. Mi dispiace, davvero.»

«C'è dell'altro purtroppo» chiarì.

Sgranai gli occhi. Lui abbassò lo sguardo e iniziò a parlare lentamente, fissando il suo fascicolo aperto sulla scrivania.

«Ho mio figlio che va al liceo, vorrei che almeno finisse l'anno scolastico. Poi mi organizzerò per il trasloco. Anche lui non sa nulla di tutta questa storia. Come facevo a dirglielo? Vorrei che studiasse con tranquillità, ha già una madre mezza matta.»

Mi aveva spiazzato: un intervento a gamba tesa su cui ruzzolavo senza riuscire a fermarmi.

Accennai un sorriso nervoso: «Ma non puoi parlare con gli acquirenti domani? Offrigli dei soldi e chiedi se ti lasciano nell'appartamento ancora un po'. Quei soldi che volevi dare per ricomprarti la casa, usali per guadagnarti una proroga. Portali domani! Dimostra che puoi anticipargli già qualche mensilità almeno fino a maggio, poi a giugno darai quel che manca» gli consigliai.

Mi guardò come se non avessi compreso, e in effetti non avevo capito granché. Ruggero abbassò lo sguardo lentamente, poi lo rialzò e mi fissò negli occhi. Intuii che c'era qualcos'altro che doveva confessare. Lo sollecitai con lo sguardo, insistentemente, e lui prese coraggio: «Ma io non ho un centesimo» disse. «La proposta che volevo fargli era un bluff. Se avessero accettato avrei guadagnato del tempo. Avrei cercato di tirare fino a giugno con la speranza di trovare nel frattempo una via d'uscita» concluse.

Non potevo crederci. Feci un respiro lungo e sbottai: «Ma come pensavi di potercela fare senza offrirgli dei soldi, eh?» dissi urlando. «Credi che in giro ci siano dei fessi? Sveglia, Ruggero! Quella è gente che ha comprato la tua casa all'asta, sa come muoversi, ha il fiuto per gli affari. Fammi capire, ma credevi veramente che ti avrebbero rivenduto la tua casa, o avrebbero rinunciato allo sfratto, senza vedere un euro?»

«Io ci ho provato. Cosa potevo fare?» rispose con una voce flebile. «Se penso che devo andare a casa e raccontare tutto a mia moglie e a mio figlio, piuttosto esco da qui e mi lancio sotto il primo metrò che passa» concluse piangendo. Mi aveva sgambettato di nuovo, e questa volta ruzzolai ancora più a lungo.

Immaginai la sua disperazione sulla banchina del metrò, al di là della linea gialla di sicurezza, pronto a saltar giù all'arrivo del convoglio. Il suo corpo stritolato, le gambe maciullate. I passeggeri avrebbero urlato, sconvolti. Mi gelai. Aveva lo sguardo smarrito: un condannato a morte di fronte al suo boia.

Pensai al suo ultimo desiderio, e così come se gli stessi offrendo l'ultima sigaretta, dissi l'unica cosa che avrebbe voluto sentirmi dire, in quel momento: «Dai, domani vedrò cosa posso fare, promesso».

Sapevo di mentire, ma non me ne curai. Volevo rassicurarlo. Volevo che uscisse dal mio ufficio per tornarsene a casa, non per ficcarsi sotto un metrò. Che andasse via con un piccolo raggio di speranza, un appiglio a cui aggrapparsi: io potevo essere ancora la sua ultima carta da giocare. Ammiravo in lui il tentativo disperato di preservare la moglie da ogni dolore, l'istinto paterno di protezione nei confronti del figlio: entrambi da tener lontani dalle insidie del suo fallimento.

Ci sono padri che non si curano di versare un centesimo di alimenti per i propri bambini dopo la separazione; che seviziano i figli; mariti brutali, spietati, che massacrano la moglie e in molti casi la uccidono, mentre Ruggero lacrimava sconfitto davanti a me, annientato da una disperazione cupa, dall'incapacità di salvaguardare la sua famiglia. Così gli mentii, spudoratamente. E lui mi credette.

Sapevo che non avrei potuto fare più nulla per lui: il giorno dopo ci sarebbero stati ad aspettarmi un avvocato determinato e una giovane coppia che non vedeva l'ora di buttar giù qualche parete della villetta di Ruggero per ricavarne l'ambiente perfetto per la loro piccola famiglia che probabilmente si sarebbe formata di lì a qualche mese. Il giorno dopo ci sarebbe stato ad aspettarmi un fabbro pronto a cambiare tutte le serrature delle porte d'ingresso, del box e della cantina e Dio sa quanto può costare un fabbro per questi lavori. E non avrei potuto certo rinviare ancora una volta lo sfratto, perché di motivi per rinviare non ce n'erano più: nessuna eccezione giuridica a cui appellarmi, nessuna ragione fondata da poter addurre a sostegno di un'ulteriore proroga.

Ma io dissi comunque che gli avrei dato una mano, che avrei visto cosa potevo fare. Dico sempre così quando i miei clienti si aspettano un aiuto. Lascio una speranza, anche quando so con certezza che non riuscirò a mantenere la parola. Proprio non riesco a dire spietatamente che dovranno uscire e che io non tenterò di aiutarli. Non mi va di essere sincero fino in fondo. «Dai, vedrò cosa posso fare», e così me la cavo.

D'altra parte quando entro in scena io, i giochi sono già stati fatti: ci sono state udienze in cui i miei futuri clienti hanno avuto modo di difendersi; c'è stato un giudice che li ha condannati a rilasciare l'immobile, e ci sono state notifiche di atti giudiziari per invitarli a uscire senza forzature.

In fondo io arrivo solo per dire di raccogliere i cocci della brocca che essi hanno rotto nel momento in cui hanno sospeso il pagamento dei canoni d'affitto, o delle rate del mutuo. E si sa che quando i cocci sono a terra è difficile incollare tutti i pezzi come prima.

Il giorno successivo, quando parcheggiai davanti la casa di Ruggero, la giovane coppia di acquirenti, l'avvocato e il fabbro erano già lì ad aspettarmi.

«Si presenta così senza forza pubblica, dottore?» chiese l'avvocato appena uscii dall'auto.

«Non credo che ce ne sia bisogno. Sa che deve uscire. Nel caso chiameremo i carabinieri» risposi.

«Sa, questo signore è un furbo, non vorrei facesse altre storie» ribatté l'avvocato.

«Che storie potrebbe fare?» domandai.

«Per via di sua moglie. Gliel'ha raccontata la storia che è depressa?»

«Sì» risposi, «vorrebbe tenerle nascosto lo sfratto. Ma oramai.»

«Lei ci assicura che esce oggi, vero?» esordì il ragazzo acquirente che teneva la sua ragazza per mano.

Li guardai: era la prima volta che li incontravo. Lui aveva il viso tondo e lo sguardo da buono sotto capelli neri e ricci. Lei invece, una faccia lentigginosa sotto capelli corti e rossicci. Aveva un'aria impaziente. Infatti, ascoltò il suo ragazzo perplessa fino a quando sbottò: «Come sarebbe a dire 'ci assicura che esce?'. Oggi deve uscire assolutamente. Senta dottore» incalzò la ragazza, «abbiamo l'obbligo di richiedere la residenza qui entro un anno dall'acqui sto, altrimenti ci pelano con le tasse, e lei lo sa. Abbiamo dichiarato che questa è la nostra prima casa per risparmiare con le imposte. Abbiamo ancora un mese di tempo, dopodiché scade l'anno dall'acquisto e l'Agenzia dell'Entrate è pronta a colpire».

«Sa, lei è una ragioniera» intervenne il ragazzo per giustificarla.

«Capisco» risposi. «Il problema non è l'inquilino, ma sono i mobili, gli arredi, che ci lascerà dentro. Dovrò dargli del tempo per ultimare il trasloco.»

«Quanto tempo pensa di dargli dottore?» intervenne l'avvocato.

«Non ho idea, vediamo quanta roba ha dentro e poi mi regolo» dissi mentre mi avviavo verso l'ingresso.

Citofonai: il cancelletto del giardino e la porta della villetta si aprirono contemporaneamente, e Ruggero apparve. M'incamminai verso di lui seguito dall'avvocato e dai proprietari. Invitai il fabbro ad aspettare sulla strada: «La chiamerò quando ci sarà da cambiare la serratura» e lui si stoppò di colpo.

Ruggero aveva la faccia livida. «Ciao» esordì, con un filo di voce. Ecco ci risiamo, pensai. Di nuovo quel «tu».

«Buongiorno» risposi, sperando che intuisse il messaggio e senza dargli tempo di continuare, chiesi: «Senta è pronto? Lo sa che lei oggi deve uscire?»

«Ecco» rispose lui, rivolgendosi alla coppia, «volevo avere la possibilità di parlare ancora con voi. Un domani avrete dei figli e forse mi capirete. Intanto accomodatevi.»

«Oh grazie» rispose la ragazza. «Vorrei anche vedere, è casa nostra!»

«In verità non ancora» disse Ruggero, con un moto di dignità.

«Certo che sì, l'abbiamo pagata tutta, sa! E lei la sta occupando abusivamente» ribatté la ragazza, con aria arcigna.

La guardai fissa negli occhi e lei capì all'istante. «Mi scusi dottore, ma questa faccenda mi fa rabbia. È quasi un anno che abbiamo acquistato ed è la prima volta che entro in questa casa: il signore non ci ha mai permesso di entrare. Volevamo iniziare a prendere le misure per la ristrutturazione, ma ogni volta inventava una scusa.»

«Certo, è ancora casa mia!» replicò Ruggero, stizzito: era una bestia inferocita che difendeva la sua tana.

«Era, casa sua!» precisò l'avvocato.

«Signori!» urlai. «Se continuate così sarò costretto a chiamare i carabinieri, non per lui» precisai, guardando Ruggero, «ma per voi. State calmi e ascoltiamo cosa ha da dirci il signore.»

«Ma cosa vuole che abbia da dirci, dottore?» s'infuriò l'avvocato. «E poi, mi scusi sa, lei minaccia di chiamare i carabinieri. Li chiami, per favore! Così lo cacciamo via e non se ne parla più.»

Rischiavo di perdere il controllo dell'operazione. A volte accade: sembra che i proprietari, il giorno dello sfratto, stuzzicati dalla presenza dell'ufficiale giudiziario colgano l'occasione per dirne quattro agli inquilini morosi. Sfogano la rabbia accumulata in tutto il tempo che hanno dovuto attendere per la liberazione dell'immobile. Si fanno scudo dell'ufficiale giudiziario e sparano mitragliate senza pietà. E così ogni volta mi tocca spiegare che in fondo se è passato tanto tempo non è certo colpa di chi ha perso la casa. «È la procedura» spiego. Il pignoramento di un immobile ha tempi lunghi, lunghissimi. Vendere o acquistare una casa all'asta non è come giocare a monopoli. Ci sono prassi da rispettare. Perizie da esperire. Udienze, ricorsi e controricorsi. «Insomma, signori, lo sapete come funziona, no?» ripresi. «Al momento è così. Se un giorno cambieranno le procedure meglio per tutti. E poi voi» dissi, rivolgendomi alla giovane coppia «siete stati abbastanza fortunati: avete aspettato solo un anno. So di gente che combatte da cinque anni per entrare in possesso di un immobile.»

L'avvocato annuiva. La ragazza strabuzzava gli occhi, il ragazzo guardava l'avvocato e Ruggero sembrò riprendere colorito. Mi rivolsi a lui: «Senta, mi fa vedere quanti mobili deve ancora portare via?»

«Certo, venga» e ci fece strada.

La villetta era zeppa di mobili. In alcuni angoli c'erano pile di scatole di scarpe.

«Scusate, troverete un po' di disordine» disse Ruggero «sapete, mia moglie...»

«Ecco, anche la questione di sua moglie» lo interruppe l'avvocato. «Lei l'altro giorno è venuto in ufficio a chiedere la proroga per sua moglie ammalata, ma qui di sua moglie non c'è traccia. Ha detto che non potrebbe allontanarsi dall'appartamento, ne soffrirebbe. Però adesso non c'è. Quindi può uscire?»

«L'ho portata da sua madre. Le ho detto che dovevo incontrare dei clienti. E poi come fa a dire che non c'è traccia, guardi» e s'avviò verso la camera da letto: c'erano armadi sul punto di esplodere per la quantità di vestiti che contenevano, lenzuola sgualcite e coperte lasciate alla rinfusa sul materasso.

«Da quando mia moglie s'è ammalata, non riesce più a gestirla questa casa» disse Ruggero, affranto.

Lo guardai. Cercava di suscitare pietà nel cuore degli altri. Ce la metteva tutta. E io sapevo che da lì a poco sarebbe dovuto uscire.

«È un motivo in più per andarsene via, oggi» infierì la ragazza.

Ruggero non rispose. Continuò a camminare e ci condusse nella sala: c'era un tavolo con sei sedie. Ci accomodammo. «Volevo dirvi» riprese Ruggero, rivolgendosi alla coppia «che potrei darvi la garanzia al cento per cento di uscire da questa casa il 20 giugno. Mio figlio finirà la scuola e non avrò più problemi» concluse mentre da un pacchetto sul tavolo estraeva una sigaretta, che non accese.

Il ragazzo guardò la fidanzata. Lei scosse la testa: «Non se ne parla!»

«Perché il 20 giugno?» intervenni. «Come fa ad avere questa

certezza?»

«Ho firmato un contratto d'affitto per una nuova casa. Sarà libera a giugno. Vi prego!» rispose Ruggero rivolto ai due ragazzi.

«È passato quasi un anno. Abbiamo aspettato. Ora io pretendo di entrare in questa casa, dottore!» disse la ragazza, rivolgendosi a me.

Aveva ragione. A Ruggero erano stati già concessi due rinvii, un tempo sufficiente per organizzarsi. Avrebbe potuto approfittarne per confessare tutto alla moglie, ma gli era mancato il coraggio. Avrebbe potuto parlarne con il figlio: era un ragazzo, si sarebbe ripreso e se ne sarebbe fatta una ragione. I ragazzi a quell'età per fortuna sono incoscienti, hanno una corazza di cinismo che per qualche anno ancora li protegge, li rende impassibili agli affanni degli adulti, li aiuta a non vivere i fallimenti dei genitori come fossero i propri. Sarebbe bastato spiegare che certe volte nella vita le cose non vanno come vorremmo, dirgli che in quel momento c'era da sudare in un trasloco e forse il ragazzo sarebbe anche stato contento di non andare a scuola per qualche giorno.

Sapevo che non avrei potuto aiutarlo e glielo dissi tutto d'un fiato: «Senta, posso darle un mese di tempo per effettuare il trasloco. Non un giorno in più. Ora chiamerò il fabbro e farò cambiare le serrature di tutte le porte d'accesso. Da stanotte si trovi un posto dove dormire. Potrà venire qui a prendere la sua roba accordandosi con i proprietari. Adesso porti via denaro, beni preziosi e gli indumenti di prima necessità: nei prossimi giorni verrà a prendere il resto. Non farò alcun inventario delle cose che lascia qui e i proprietari ne accetteranno la custodia senza alcuna pretesa. Sappi che se entro un mese non porterà via tutto, i proprietari saranno autorizzati a trasportare i suoi mobili, e tutto quello che lascia qui, in un deposito pubblico o, in discarica, se un giudice glielo consentirà. Tutte le spese per il trasporto e la custodia nel deposito, dopo questo mese, saranno addebitate a lei».

Ruggero ascoltò la mia sentenza senza replicare,

stropicciando la sigaretta che aveva tra le mani. Aveva l'aria stanca e delusa. Gli avevo promesso che l'avrei aiutato, che avrei cercato di vedere cosa potevo fare. Invece mi stavo rimangiando la parola data, senza rimorsi. O forse no. Forse era lui che aveva tradito me, non curandosi affatto di tutte le notifiche ricevute, in cui veniva informato che doveva lasciare quell'immobile; non curandosi affatto di tutte le volte che gli avevo detto che il suo tempo era scaduto; di tutte le volte che gli avevo consigliato di parlare a sua moglie e a suo figlio; di non aspettare il giorno dello sfratto per risolvere la faccenda. Ma lui niente, aveva aspettato e sperato in un mio aiuto, come se tutto potesse risolversi con l'ennesimo rinvio.

Certo se gli avessero rimborsato l'Iva, se avesse ricevuto i pagamenti per i lavori eseguiti per il ministero della Salute avrebbe potuto onorare tutti i pagamenti, avrebbe potuto pagare le rate del muto e non avrebbe perso la casa all'asta. Ma non era andata così. Pensai a Rocco, il mio collega calabrese che me l'aveva presentato e che l'aveva aiutato rinviando per ben due volte lo sfratto. Chissà cosa si sarebbe inventato questa volta, per aiutarlo, lui che odiava l'idea che per appianare qualsiasi diverbio si dovesse ricorrere ogni volta ai libri di procedura civile.

Mi alzai. Chiesi all'avvocato di chiamare il fabbro. Ruggero lasciò cadere la sigaretta stropicciata sul tavolo, vi appoggiò i gomiti e si prese la testa tra le mani. Il ragazzo fissò la fidanzata e le afferrò un braccio, quasi a implorarla con gli occhi affinché acconsentisse a un'ultima proroga. Lei si liberò bruscamente e sbottò di nuovo: «Gli darà un mese per il trasloco, cos'altro pretende?» Il ragazzo annuì, intimorito.

Mi avvicinai a Ruggero. Gli misi la mano sulla spalla. «Senta, perché non inizia a prepararsi. Tra un po' il fabbro avrà finito e lei dovrà uscire. Prenda le cose essenziali per lei, per sua moglie e suo figlio. Poi penserà al resto.»

Mi guardò con occhi arrossati. Non riuscii a trattenere il suo sguardo di dissenso esplicito, smarrito: lo sguardo di un uomo pugnalato alle spalle.

Si alzò lentamente e s'avviò nella camera da letto. Tirò giù una valigia grande, l'aprì e andò verso l'armadio. Spalancò le ante e molti indumenti, già in bilico, scivolarono a terra. Afferrò dei vestiti a caso e iniziò a riempire la valigia. A un tratto mi squadrò con gli occhi, sempre più rossi.

«Ho dei pantaloni che non uso più, li vuoi?» disse, mostrandomeli.

Lo guardai perplesso: era un'offerta insolita e accennai un sorriso. «No, no grazie» risposi.

«Posso andare in bagno?» domandò.

«Vada pure, perché me lo chiede?»

Mi squadrò ancora una volta e si avviò. Lo seguii con lo sguardo. Prima di chiudere la porta del bagno gettò di nuovo gli occhi verso di me: aveva un ghigno diabolico.

Fu quando la serratura scattò che tutto mi apparve chiaro e mi lanciai verso la porta del bagno urlando: «Ruggero! Non fare sciocchezze. Apriii!»

Ma lui non rispose. Furono attimi lunghissimi. Poi sentimmo il colpo di pistola, uno solo, secco; e subito dopo il tonfo del corpo che crollava sul pavimento. Iniziai a prendere a calci la porta, le assestai delle spallate robuste e dovetti faticare duramente per aprirla. L'avvocato urlò: «Si è ammazzato!»

«Chiami un'ambulanza» gridai, mentre mi lanciavo sul corpo di Ruggero che si teneva una mano sul petto. Mi accorsi che respirava ancora.

«Glielo dice lei adesso a mia moglie, vero avvocato?» biascicò, con un filo di voce.

«Ho chiamato il 118, arriveranno presto» annunciò l'avvocato, mentre si allontanava ansimante.

Furono minuti lunghi un secolo: dal petto di Ruggero il sangue fluiva attraverso le fughe delle piastrelle. Fu un sollievo sentire le sirene avvicinarsi.

Quando l'ambulanza andò via, il ragazzo sedeva sulle scale con le mani sulla faccia e la ragazza era in piedi davanti all'ingresso. I carabinieri ci portarono in caserma e ci chiesero di ripetere com'erano andati i fatti, per tre volte. Dopodiché firmammo i verbali e ci lasciarono andare.

214

In ferie, finalmente

Dall'ospedale San Raffaele alla Darsena impiego molto più del previsto. In piazza XXIV Maggio ci sono rallentamenti a causa di lavori in corso per l'Expo 2015. Ho letto che il progetto di risanamento dell'area su cui insisterà l'Expo prevede costi per 3,2 miliardi di euro e l'Esposizione mondiale, una volta avviata, muoverà un giro d'affari di quattordici miliardi di euro: mi chiedo se questa quantità sproporzionata di quattrini messa in campo non faccia a cazzotti con il tema della manifestazione, ossia come combattere la fame nel mondo. Ci sono associazioni di volontari che con centoventi euro potrebbero sfamare bambini malnutriti per un anno intero. Come si possa conciliare tutto questo spreco con i ragazzi affamati delle favelas argentine o dell'Africa subsahariana è un enigma insondabile. E non mi soffermo sul calcolo dei contributi che potrebbero essere erogati, con queste somme, a tutti coloro che sono in difficoltà con il pagamento dei canoni d'affitto per aver perso il lavoro. Secondo i calcoli di Save the children, in Italia circa un milione di bambini vive in uno stato di povertà. Un bambino su tre non può permettersi l'apparecchio per i denti: quanta sofferenza potrebbe essere cancellata con quattordici miliardi di euro.

È un progetto faraonico l'Expo: sono previste centoventicinque chilometri di piste ciclabili, un immenso parco verde con laghi artificiali e corsi d'acqua navigabili. A quanto pare avremo anche a Milano il nostro Central Park e per me, che non sono stato ancora a New York, potrebbe andare bene. Nel frattempo, per l'assegnazione degli appalti fioccano, come al solito, mazzette e arresti eccellenti di politici, direttori di cantieri, manager e faccendieri: il fantasma di Tangentopoli continua a infestare impavido le valli della prosperosa Padania. E la sfida è concludere i lavori prima che termini l'Expo. Non c'è ricchezza che non nasconda un delitto, avrebbe detto Balzac.

Parcheggio in un viottolo dietro la stazione di Porta Genova e mi avvio verso l'Alzaia Naviglio Pavese. Le vetrine dei locali espongono buffet colossali a prezzi convenienti: alle diciassette è iniziata la liturgia dell'happy hour, l'ora felice, e con meno di otto euro, si può mangiare a sazietà fino alle ventidue: pastasciutte, tartine, cosce di pollo e prelibatezze d'ogni genere, o presunte tali. In questi tempi di crisi molti ne approfittano e si rimpinzano ben bene, massacrando fegato e stomaco senza rispetto. Attraverso il ponte sul Naviglio e sono in via Ascanio Sforza.

Paolo e Davide sono già all'opera quando entro alle Scimmie. È venerdì e il locale brulica di gente dall'aspetto interessante: uomini di mezz'età, donne in tailleur, vivaci ragazze dell'Est e universitari stranieri con la «faccia da Erasmus». Quante emozioni può offrire ancora questa città. Quante happy hours inaspettate.

The Sound of Silence è appena iniziata e mi sembra un'ottima colonna sonora per concludere la mia giornata intensa e infinita. Non ci sono tavoli liberi, mi avvicino al bancone e ordino una birra: sono assetato e la butto giù in due sorsi. Ne ordino un'altra, la porto via. Mi appoggio a un pilastro e cerco di assaporare quanto più posso il miglior pezzo dei Simon & Garfunkel.

Paolo canta disinvolto dietro il microfono fisso: la chitarra agganciata al collo. Ha l'aria felice e ammicca al pubblico con un sorriso accattivante e il viso scavato da rubacuori. Quanto tempo ha sprecato dietro una donna che non lo ha mai amato? Una ragazza mora gli lancia un biglietto. Lui lo raccoglie, lo mette in tasca e le strizza l'occhio. Un gruppetto di ragazze inizia a cantare. Partono fischi di approvazione. La ragazza mora lancia un orsetto sul palco, Paolo lo raccoglie e lo appoggia sul pianoforte di Davide, che ringrazia annuendo. L'atmosfera è bella calda e la gradazione della birra si fa sentire. In un angolo della sala, qualche coppia inizia a ballare. Ci sono ragazze disponibili intorno a me e potrei approfittarne, ma temo che non riuscirò a reggermi in piedi a lungo, e allora me ne sto appoggiato al pilastro ancora per un po'. Vorrei salutare Paolo e cerco di avvicinarmi al palco: c'è molta gente in piedi e non posso procedere. Lo cerco con lo sguardo, ma ci sono luci soffuse e non riesco a vederlo. *The Sound of Silence* finisce; i due attaccano subito con *Mrs Robinson* ed è un'esplosione di urla e di fischi, un esultare di corpi che ballano e si dimenano, di volti che ridono tra un viavai di camerieri con vassoi pieni di bicchieri che sfiorano teste e tavoli lasciati vuoti per correre tutti a ballare. Ne approfitto e mi avvicino al palco e aspetto che *Mrs Robinson* termini, sperando che ci sia una pausa.

Ha la faccia incredula Paolo quando realizza che sono proprio io quello che si agita davanti al palco e cerca di salutarlo. Mi punta l'indice e socchiude gli occhi come a chiedersi: dove ci siamo incontrati? Poi tutto gli diventa chiaro: si avvicina e batte il palmo della mano sulla mia.

«Hai sentito che pezzi, eh?» urla.

«Avevi ragione, siete proprio bravi» ribatto.

«Rimani, che ne abbiamo ancora per un paio d'ore» mi dice.

«Lo so, ma devo andare. Verrò ancora.»

«Ma no dai, resta che ti diverti. Hai visto quante ragazze?»

Sorrido annuendo. «La prossima volta mi fermerò, promesso.»

«Allora prima di andar via, bussa ancora una birra a mio nome» urla Paolo mentre si avvicina di nuovo al microfono per riprendere il concerto.

Gli dico che ne ho già bevute due e che per stasera può bastare. Ma lui insiste, e apre il microfono e urla forte verso il barman: «Nick! Una per lui» dice, additandomi, e così mi scolo la terza birra, mentre scorrono le prime note di *America*.

C'è un venticello niente male che mi tiene sveglio mentre m'incammino verso la macchina. I locali all'aperto hanno ripulito le mensole dai buffet colossali e ora ai tavoli si servono solo alcolici. Mi piace camminare tra i Navigli in questa sera di fine luglio, con l'alcol che mi invade la testa lentamente e insinua in me una leggera euforia. Era da tempo che non avvertivo una felicità così ingiustificata: tre birre fresche e della buona musica possono condurti in paradiso, a volte.

Mi lascio alle spalle il brusio dei canali, entro in macchina e mi avvio verso casa: il finestrino aperto mi aiuterà a smaltire la sbornia. Per non addormentarmi accendo la radio, ed è come precipitare in un abisso: a Roma stamattina, racconta un giornalista, ci sono stati sei feriti negli scontri tra manifestanti e polizia durante un corteo di protesta per il diritto al lavoro e alla casa. Mentre a Bologna i collettivi hanno occupato, per alcune ore, la sede dell'UNEP con lo scopo di bloccare l'esecuzione degli sfratti. Si prospetta un autunno caldo, come sempre. Nel 2013 le persone che si sono tolte la vita a causa della crisi, continua il giornalista, sono state centoquarantanove: quasi una ogni due giorni. Nei primi sei mesi di quest'anno se ne contano già più di quaranta. Quello che preoccupa è che nel 2013 l'impennata di suicidi per motivi economici si verificò negli ultimi quattro mesi dell'anno. È uno scenario che fa tremare tutti. E chissà, mi chiedo, mentre imbocco la tangenziale ovest che mi porta verso casa, se in questi numeri sono inclusi anche coloro che si sono tolti la vita a causa dello sfratto, se in questa statistica sono compresi, non so, tanto per citare i primi nomi che mi vengono in mente, Giovanni Guarascio, il muratore che si è dato fuoco a Ragusa ed è morto dopo sette giorni d'agonia, o il cinquantenne Roberto Canavese operaio metalmeccanico che si è impiccato a Torino, oppure Alessandro Comani, l'imprenditore che si è sparato a Bologna il giorno del terzo accesso dell'ufficiale giudiziario. E come loro, tanti altri. E soprattutto, mi chiedo, se hanno incluso anche Silvia in questo lungo elenco triste. Silvia, che aspettava ancora la decisione del giudice di restituirle il suo bar.

«Non ha saputo?» mi ha risposto con una faccia triste, la sua vicina, ieri mattina.

Ero entrato nel palazzo di Silvia per notificare due citazioni davanti al giudice di pace a due famiglie del secondo piano che si erano azzuffate in una riunione condominiale e così mi sono permesso di bussare alla sua porta.

L'8 luglio, la data fissata per il secondo accesso, non ero andato a casa sua: l'avvocato del proprietario non aveva ripresentato la richiesta dello sfratto e io mi ero guardato bene dal ritornarci. D'altra parte, non avrei avuto alcun titolo, alcuna ragione, che giustificasse un mio intervento. Ho pensato che l'avvocato di Silvia fosse riuscito a spuntarla e che le avessero restituito il bar e che avesse convinto il proprietario a rinunciare allo sfratto poiché, riottenendo il bar, avrebbe potuto riprendere il pagamento dei canoni d'affitto.

Nei giorni precedenti, mi ero ritrovato a passare sotto casa sua, e ogni volta mi ricordavo di lei e del suo bar, e buttavo l'occhio di sfuggita al suo balcone, ma le persiane erano sempre chiuse. E così l'altra mattina, quando sono entrato nel suo palazzo, la curiosità di sapere come fosse finita la faccenda mi ha spinto a bussare.

Ho aspettato un po' ma non si è fatto vivo nessuno. Stavo andando via quando è apparsa la vicina e mi ha domandato chi cercassi. Le ho chiesto di Silvia. E lei mi ha spiegato cos'era accaduto.

«È morta il 18 giugno, il giorno dopo l'udienza. Secondo il medico è stato un infarto, come lo ebbe suo marito. Ma io ci credo poco, sa? Da quando aveva ceduto quel bar è iniziata la sua disgrazia. Secondo me ha ingoiato qualcosa per farla finita.»

«Mi dispiace» ho detto. «Ma com'era andata l'udienza, le avevano restituito il bar?»

«E secondo lei se le avessero restituito il bar, la faceva finita? Era disperata, povera Silvia. Mi ha fatto leggere la carta del tribunale. 'Leggi' diceva, 'rinviata al 27 novembre. Non riavrò mai quel bar.' Ripeteva.»

Ho salutato la vicina e mi sono allontanato col ricordo della sua voce accorata al telefono, la prima volta che mi chiamò. Quella voce che implorava aiuto.

Negli ultimi tempi di fronte alle domande legittime dei miei clienti sulle cause che hanno determinato lo stato disastroso della nostra giustizia trovo sempre più difficoltà a cercare risposte accettabili.

Tuttavia ho cercato di formarmi un'opinione realistica sulla nostra giustizia che non funziona, sul pachiderma che non muove un passo; è un'osservazione su tutta questa lentezza colpevole e insopportabile che l'attanaglia, sulla sua incapacità di garantire un dignitoso recupero dei crediti alle aziende, ai commercianti, alla gente comune; è un'analisi sulle sue contraddizioni irrisolte di cui i cittadini pagano le spese; un esame sulla poca stima che il nostro sistema giudiziario gode all'estero, sul suo discredito che blocca gli investimenti stranieri: gli imprenditori oltre confine hanno timore, qualora costretti ad azioni legali, di restare impantanati per anni nelle nostre aule di giustizia, di rimanere invischiati nelle diavolerie burocratiche del nostro iter processuale, di annegare nelle paludi delle mille eccezioni e dei mille rinvii. E così sono giunto a una conclusione imbarazzante e amara, frutto di una constatazione paradossale e sconfortante: tutti i governi degli ultimi vent'anni nel campo della giustizia sono stati fallimentari. Tutti. Da quando ho iniziato a lavorare in tribunale, appunto più o meno una ventina d'anni fa, si sono succeduti sulla poltrona di ministro della Giustizia, l'altisonante Guardasigilli, rappresentanti di tutto l'arco parlamentare. Quasi tutti i partiti politici hanno appoggiato le loro mani, avide e grassocce, sul corpo molliccio e deforme del pachiderma che non muove un passo, senza alcun risultato concreto: le hanno appoggiate senza mai affondarle, senza mai impegnarsi a plasmare quel corpo, adiposo e sgraziato, i socialisti con Claudio Martelli, gli indipendenti con Giovanni Conso e Filippo Mancuso, i forza italici con Alfredo Biondi, gli ulivisti con Giovanni Maria Flick, i comunisti con Piero Fassino e Oliviero Diliberto, i democristiani con Clemente Mastella, i leghisti con Roberto Castelli e i pidiellini con Angelino Alfano; poi le hanno appoggiate, le manone, i ministri cosiddetti tecnici, con Paola Severino e Annamaria Cancellieri, un cognome impegnativo per un ministro della Giustizia. E adesso le sta appoggiando e speriamo che le affondi, il democratico Andrea Orlando.

Fino a oggi nessuno è riuscito ancora a scalfire lo zoccolo duro dell'inefficienza del nostro sistema giudiziario cosicché la Commissione europea per l'efficienza della giustizia continua a bacchettare l'Italia per la durata eccessiva dei processi, sia civili che penali.

Nell'attesa che qualche ministro illuminato, sostenuto da un governo solido, ponga fine a questa via crucis giudiziaria, mi domando quante altre voci femminili, dall'altra parte del telefono, dovranno combattere anni nei tribunali per riottenere i loro bar, i loro crediti, per riaffermare i loro diritti senza rischiare nel frattempo lo sfratto, o peggio ancora l'infarto. Perché non si dimentichi, come ammoniva Enzo Tortora, che la giustizia negata è spesso l'anticamera della malattia, se non della morte.

Lido Gabbiano

Mia moglie e i miei tre bambini dormono già quando m'infilo nel letto.

È l'ultima notte prima delle ferie. Domani mattina, dopo aver riempito il bagagliaio della station wagon con un milione di valigie, partirò per la riviera romagnola. Mi fermerò, in quel posto pieno di gente, per due settimane. Soggiornerò nella solita pensione e affitterò, come sempre, una sdraio nella prima fila del lido Gabbiano. La mattina leggerò il giornale e, ogni tanto, darò una sbirciata al libro di Paolo: *Come cambiare lavoro e essere soddisfatti della propria vita*; di pomeriggio, farò un giro con i bambini sul pedalò, come tutti i bravi papà. Se ci riuscirò cercherò di non pensare a nulla: ma so già che sarà un insuccesso. Mi accade ogni volta d'estate, su quella sdraio, di ripensare a tutto ciò che non è stato nella mia vita. Penso ai miei sogni svaniti, a quando ho smesso d'inseguirli e se avrò mai la possibilità di resuscitarli. Chissà dove saranno stati seppelliti? E come sempre, anche quest'anno mi ripeterò che forse è arrivato il momento che inizi a scrivere quel dannato romanzo che mi gira nella testa da troppo tempo oramai. Prima o poi lo scriverò. Prima o poi mi avvierò verso una vita da grande romanziere, lo sento. Sarà magari una vita un po' meno dissennata di quella di Bukowski: senza puttane e solo qualche goccetto ogni tanto; forse sarà una vita un po' meno avventurosa di quella di Hemingway: qualche partita a calcetto, le vacanze a Bellaria, e se dimagrisco qualche chilo, chissà, magari ci scappa pure qualche amante: dicono che uno scrittore che si rispetti ne dovrebbe avere almeno un paio; o forse no, forse mi basterà solo una vita leggermente raffinata, quasi come quella di Scott Fitzgerald: happy hour, jazz e...null'altro visto che ho una moglie e tre figli a cui badare.

Due settimane passeranno in fretta, e io ritornerò a questa vita molto presto. Se fosse stato per me, me ne sarei andato a New York questa volta, per vedere finalmente com'è. Ma i miei figli sono ancora piccoli per affrontare un viaggio così lungo e la riviera romagnola offre un sacco di divertimenti per i bambini. Forse.

Ringraziamenti

Un caloroso grazie a Cecilia Perucci, direttrice editoriale Corbaccio, che ha saputo indicarmi la strada giusta affinché questo libro avesse un senso;

ad Alessandra Querzoli e a Luisa Azzolini per l'editing che ho accettato senza remore, certo di essere in buone mani;

al professore Pasquale Matrone, generoso di consigli e incitamenti che fanno bene a uno scrittore alle prime armi, come me;

a Valentina Trevisi addetto stampa premurosa e incomparabile;

a Monica Tavazzani e Carlo Alli sempre attenti alle mie richieste;

a Franco Pugnaloni, per tutte le presentazioni che abbiamo fatto per *E i bambini osservano muti* e che spero faremo anche per questo libro;

al Luogotenente Giorgio Stracquadanio e al Carabiniere scelto Gerlando Terrana per le loro consulenze;

ad Anna Talò, perché sappia quanto le sia grato.

Un grazie particolare a Piero Colaprico per aver letto il libro in anteprima e per averlo apprezzato.

Un grazie infinito a Stefano Mauri, il mio editore.

E un grazie immenso, come sempre, a Cinzia: essere la compagna di uno che scrive non credo sia sempre facile.

Un pensiero infine va a tutti i miei «clienti» con la speranza che se la passino un po' meglio dall'ultima volta che ci siamo incontrati.

E un grazie a Te, caro lettore, per avermi letto fino in fondo. Ti sarei grato se tu volessi rilasciare una recensione sincera del testo su Amazon.it